数字出版与数字传播研究

SHUZI CHUBAN YU SHUZI CHUANBO YANJIU

陈丹 周卓 / 主编

知识产权出版社
全国百佳图书出版单位
—北京—

图书在版编目(CIP)数据

数字出版与数字传播研究 / 陈丹, 周卓主编. — 北京 : 知识产权出版社, 2022.1
ISBN 978-7-5130-6849-9

Ⅰ. ①数… Ⅱ. ①陈… ②周… Ⅲ. ①电子出版物—产业发展—研究—中国 Ⅳ. ①G237.6

中国版本图书馆CIP数据核字(2021)第275642号

内容提要:

本书为北京市印刷学院十几年来数字出版人才培养成果的一次总结和展示,主要分为“出版融合”“数字版权研究”“书业观察”“在线教育与知识服务”“网络视听研究”“网游动漫及IP产业研究”六个板块,研究内容涵盖了出版产业转型的五种业态,关注了在5G、人工智能、大数据等技术的推动下,当前出版传播格局正在发生的深刻变化。

本书适合新闻出版行业管理者、高校相关学科专业师生阅读。

责任编辑:阴海燕　　**责任印制:**孙婷婷

数字出版与数字传播研究

SHUZI CHUBAN YU SHUZI CHUANBO YANJIU

陈　丹　周　卓　主编

出版发行:知识产权出版社有限责任公司	网　址:http://www.ipph.cn
电　话:010-82004826	http://www.laichushu.com
社　址:北京市海淀区气象路50号院	邮　编:100081
责编电话:010-82000860转8693	责编邮箱:laichushu@cnipr.com
发行电话:010-82000860转8101	发行传真:010-82000893
印　刷:北京中献拓方科技发展有限公司	经　销:各大网上书店、新华书店及相关专业书店
开　本:710mm × 1000mm 1/16	印　张:17.5
版　次:2022年1月第1版	印　次:2022年1月第1次印刷
字　数:286千字	定　价:88.00元

ISBN 978 - 7 - 5130 - 6849 - 9

前　言

北京印刷学院作为最早在全国开设数字出版专业的高等院校之一，秉承“传承印刷文明、创新出版文化”的办学传统，发挥学科专业特色，扎根行业、服务北京，始终坚持以立德树人为根本任务，把人才培养放在中心地位。数字出版专业自2008年面向全国招生以来，已经向全国各大出版社、期刊社、报社、文化公司等各类传媒单位，互联网公司、数字媒体公司等新媒体企业以及政府相关部门输送了大量专业人才。数字出版专业建设发展的这十几年也正是我国新媒体技术、新媒体业态和新媒体产业迅速发展的时期。随着以信息技术为代表的现代科学技术的普及与应用，我国出版产业正在经历着巨大变化，它的转型可以分为五种业态：一是传统出版，二是数字化出版，三是数据化出版，四是信息化出版，五是知识化出版。北京印刷学院主动适应北京“四个中心”建设与出版传媒产业转型升级需求，实现了出版人才培养制度、理念、模式和路径的创新，建立了开放多元的人才培养体系。多年来，学校始终领跑全国出版专业，牵头成立全国高校出版专业教学指导委员会、全国高校数字出版联盟，并成为秘书处设立单位。教育部2019年启动一流本科建设“双万计划”以来，数字出版专业先后获批省级和国家级一流专业建设点。

在数字出版专业建设中，北京印刷学院积极推行“教研结合”的人才培养模式，有组织、有计划地引导学生关注出版学研究领域和出版行业的热点和重点问题，开展各种形式的科研活动，不断提升科研创新能力。本书的出版正是十几年来数字出版人才培养成果的一次总结和展示，主要分为“出版融合”“数字版权研究”“书业观察”“在线教育与知识服务”“网络视听研究”“网游动漫及IP产业研究”六个板块，研究内容涵盖了出版产业转型的五种业态，关注了在5G、人工智能、大数据等技术的推动下，当前出版传播格局正在发生的进一步的深刻变化。

面对全球疫情常态化的形势，文章还特别探讨了数字出版行业面临的新问题、新机遇和新挑战。

青年学生既是出版强国建设的未来生力军，也是数字出版行业的核心用户群，他们以较广阔的学术视野和新颖的学术视角，聚焦国内外数字出版研究和行业实践前沿，关注数字出版行业的现状和发展，力图呈现开放性研究观点和多元化研究方法。但囿于他们学术经验有限，仍有诸多不足之处，还请同行专家多批评指正。

目　录

出版融合

数字版权研究

数字阅读研究

书业观察

在线教育与知识服务研究

网络视听研究

网络动漫及IP产业研究

出版融合

古籍数字化发展路径探析

——以中国国家图书馆为例

魏　蔚

摘　要：古籍是我国珍贵的历史文化遗产，具有不可再生性。随着现代信息技术的发展，数字化技术不断改变着各行各业的生产方式。在古籍保护和利用领域，数字化技术也发挥了巨大作用。古籍数字化能够真实、清晰地反映古籍原貌，促进传统典籍文化传播，有效解决古籍保护和利用的矛盾。本文运用文献研究法，展现了中国国家图书馆古籍数字化的发展状况，剖析发展过程中存在的问题并提出了相应的解决方案。希望本文的研究能够为古籍数字化工作略尽绵薄之力。

关键词：古籍　数字化　古籍保护

绪　论

（一）研究背景

2019年4月，法国地标性建筑巴黎圣母院突遭大火，许多珍贵文化遗产遭遇灭顶之灾。值得庆幸的是，巴黎圣母院早已于2015年利用现代科技建立了精确的数字档案，这将在未来的重建工作中发挥不可磨灭的作用。由此观之，利用数字信息技术开展古籍保护工作，让古籍在二进制的世界中永远留存，可以更好地让先人的智慧穿越历史的长河，惠及后世。我国的历史上古籍文献资料可谓浩如烟海、灿若星辰，这与中华民族始终重视古籍的整理与保护工作密不可分。然而，目前留存于世的古籍只是沧海一粟、九牛一毛，大部分的古籍或毁于自然灾害，或被人为破坏，令人不胜惋惜。除了这些失传已久的古籍，我国珍稀古籍流失海外的形势也十分严峻。在此背景下，充分利用大数据、人工智能等新兴技术，实施古籍数字化战略，有利于古籍的保护和利用，有助于传统文化复兴。

（二）概念界定

1. 古籍

在文献研究工作中，许多学者往往将“古籍”和“古典文献”混为一谈。实际上，“文献”一词所包含的内容远远大于“古籍”，“古籍”是“古典文献”中最为重要的部分之一。

关于古籍的概念，学术界一直以来颇有争议，主要有以下几种观点。

其一，《汉语大词典》对古籍的解释为“古代典籍，泛指古书”。而这一概念是相当模糊的。其二，《中国古籍善本书目》（目前我国最具权威性的古籍善本联合目录）指出，“以辛亥革命（1911年）为断限，凡辛亥革命以前记录古代文献之书籍，通称为古籍”。其三，古籍当以清朝灭亡、民国成立（1912年）为界限，原因是民国政府主张不拜孔子，不读四书五经，这一政策在一定程度上促进了现代书籍的发展。此外，还有部分学者认为应以“五四运动”（1919年）为限判定古籍。该定义提出的“五四运动”，实为我国新民主主义革命的开端。[1]以上几种说法，分别从不同的角度来界定古籍的概念，皆有一定的合理性，但同时也都存在一定的疏漏。1983年，在古籍整理出版规划工作座谈会上，时任规划小组组长的李一氓表示，“现在讲古籍，不能仅限于印刷品，也不能仅限于文字的东西”。[2]这一观点亦是笔者所认同的。

综合上述观点，笔者认为：古籍指的是1911年之前历代出现的简册、帛书、卷轴、抄本、写本和刻本，后来出现的排印本和影印本，以及以其他形式承载的古代中华文化的经典著作。

2. 古籍数字化

“古籍数字化”这一概念的最早提出是在2000年。北京师范大学李运富教授认为，“古籍数字化，是利用先进的信息技术，将以往各个朝代的写本、抄本、雕印版、活字版、套版以及以其他方式呈现的文献资料，用数字形式展现出来的一种现代古籍整理方式”。2001年，兰州理工大学教授乔红霞提出，“古籍数字化

---

[1] 刘尚恒. 古籍概念浅谈[J]. 图书馆工作与研究，1985(2)：49-50.

[2] 徐金法. 谈我国古籍的概念及其界定时限[J]. 河南图书馆学刊，1993(2)：56-57.

指的是运用多媒体、数据库、数据压缩、光盘存储、网络传输等技术手段把印刷型、缩微型、音像型等传统介质的文献转化成数字化光盘或网络信息的工作”。2003年，工人作家毛建军在采访中说：“古籍数字化即以利用和保护古籍资源为出发点，将图文内容转化成计算机语言，从而形成古籍文献数据库的一项工作。”❶

随着技术的快速更新迭代，学术界对于古籍数字化的认识已经不再局限于载体和技术的转换方面，而是上升到学术研究的高度。诚如武汉大学李明杰教授所说，“从本质来看，古籍数字化不只是一个简单的技术问题，更是一个学术问题”。❷

综合上述观点，笔者认为：古籍数字化指的是以保存、整理和利用古籍资源为目的，运用现代技术对古籍资料进行电子化扫描和录入，使读者能够通过计算机、手机等终端设备进行古籍阅读和检索的一项系统性工作。

一、古籍数字化发展现状

（一）国内外古籍数字化建设现状

1．国外古籍数字化建设现状

相对于国内，国外古籍数字化建设起步较早，成果颇丰。在美国，哈佛大学图书馆拥有十几万册的中文古籍资料，还有大量的中文善本和孤本，目前均已实现了数字化，其内容均可在联合目录数据库中进行检索。在法国，其国家图书馆已经建立起完备的数字资源系统，其中收录了数万卷古籍和画册，全部免费向公众开放。不仅如此，法国国家图书馆积极倡导并参与了“欧罗巴娜”数字图书馆计划，实现了与其他欧洲国家数据库资源的共建共享，从而最大限度地满足读者对古籍资料的需求。在加拿大，其国家图书馆启动了古籍数字化项目，对已有的各类古籍资源进行整理和优化，成功实现了古籍资源的数字化工作。在日本，政府很早就提出了图书馆系统计算机化战略，建立起多个中文古籍书目数据库，实

❶ 毛建军．古籍数字化的概念与内涵[J]．图书馆理论与实践，2007(4)：82-84.

❷ 李明杰，张纤柯，陈梦石．古籍数字化研究进展述评(2009—2019)[J]．图书情报工作，2020(6)：130-137.

现了古籍数字资源的开放存取。在韩国，政府十分重视古籍资源的开发和保护工作，先后建设了"古籍检索系统""奎章阁古籍书目数据库"等古籍书目数据库，其中包含了众多我国失传已久的珍贵古籍资料。❶

对于一个国家来说，古籍文献具有传播知识、传承文化的重要价值。因此，古籍的数字化整理和保护受到了各个国家的高度重视。在信息化时代，古籍资源的数字化建设也为古籍的传承提供了新的渠道。

2. 国内古籍数字化建设现状

我国古籍数字化建设最早开始于台湾地区，虽起步较晚，但发展迅速，规模和水平都已远超国外。1983年，台湾地区开启了古籍数字数据库工作。1990年，台湾地区"中央图书馆"编成《台湾地区善本古籍联合目录》，读者可以直接通过作者、书名、出版者等信息进行图书内容检索。1998年，台湾地区多家图书馆联合编制"中文古籍书目数据库"，收录了数十万册/条古籍文献。2002年，台湾地区的"中央图书馆"建成"家谱联合目录数据库"，相关学者可以利用该数据库进行人文社会科学的研究。2007年，国务院开始实施"中华古籍保护计划"，逐步建立起一系列"古籍数字资源库"。2009年，政府主管部门联合多家国内文化单位建立"国家级古籍修复中心"。2016年，国务院进一步规划"中华古籍保护计划"，提出要加快建成"古籍数字资源库"。❷

近年来，许多文化机构和学者都在古籍文献数据库的建设中做了一些探索，而且成果丰硕。1983年，红学研究者彭昆仑研制出《红楼梦》检索系统，利用计算机研究其中的人物年龄问题，取得显著成效。1996年，北京书同文公司开展了古籍文献的数字化整理工作，陆续完成了《四库全书》《四部丛刊》《四部备要》等书籍的数字化工作，方便读者进行全文检索。1998年，北京国学时代文化传播股份有限公司实现了《国学宝典系列》和《中国历代基本典籍库系列》等文献的数字化。同期，北京爱如生数字化技术研究中心推出了"中国基本古籍库"数字资源。2001年，北京大学建立"中国基本古籍光盘库"工程，相较之前的数据库，增加了版本对照的功能。与此同时，北京大学图书馆开启古籍数字化内容计划，并根据古籍类型的差异采取不同的扫描加工标准。此后，清华大学研制了"建筑

❶ 王井辉. 从古籍整理出版工程看中华传统文化的出版与传播[J]. 出版广角，2020(12)：54-56.

❷ 同❶。

数字图书馆”，用数字动画的形式展现古籍内容，这是以往的数据库所不具备的。2014年，中华书局推出“中华经典古籍库”，它的最大优势是古籍的底本较好。此后，多家公共图书馆也加快了古籍数字化的步伐。❶

然而，目前的这些古籍文献数据库采用的都是非结构化数据，只能够作为一种检索工具，并不能帮助使用者完成统计、分析、比较等工作。如何更加有效地利用古籍数字化资源，是我们必须思考的问题。

（二）中国国家图书馆古籍数字化进程

中国国家图书馆（以下简称“国家图书馆”）是我国古籍收藏最丰富的单位之一。自20世纪90年代起，国家图书馆就开启了古籍内容数字化的工作。2007年，国家图书馆积极响应中华古籍保护计划，加挂“国家古籍保护中心”牌子，加大了对古籍保护的经费投入。2012年，国家图书馆启动了馆藏善本缩微胶片的数字化工作，目前已经完成了数万部古籍的数字化。2014年，“中华经典古籍库”在国家图书馆发布。此后，国家图书馆又陆续投建了“馆藏普通古籍数字化”“馆藏少数民族文字古籍数字化”等特色资源数据库项目。2016年，国家图书馆创建“中华古籍资源库”，截至2020年初，该资源库已经成功发布古籍32000部，点击量仅次于国图数字方志和中文图书。2017年起，国家图书馆开始联合各个地区的公共图书馆、博物馆、科研机构等组织举办数字古籍资源共享发布活动，使读者足不出户就能免费阅览古籍影像，赢得了社会的广泛关注。与此同时，国家图书馆还和上海图书馆、云南图书馆、浙江图书馆和天津图书馆等古籍公藏单位达成了良好的战略合作关系，在不用于商业开发的前提条件下交换数字古籍资源的使用权。这一举措有利于维护国家的文化安全。❷

我国是世界上古籍流失现象最为严重的国家之一。国家图书馆为实现海外珍贵古籍的回归，与许多国外图书馆开展了古籍数字化合作项目。

---

❶ 范桂红，赵纯洋．基于知识图谱的古籍数字化研究前沿热点及演化趋势分析[J]．出版广角，2020(11)：85-87.

❷ 李玉安．对现阶段古籍数字化的思考：第二届中国古籍数字化国际学术研讨会论文集[C]．北京：五洲传播出版社，2011.

1．哈佛大学哈佛燕京图书馆

2009年，国家图书馆与哈佛燕京图书馆启动合作项目，将燕京图书馆内所有中文古籍善本和齐如山专藏进行数字化加工整理。2010年，国家图书馆发布"哈佛燕京图书馆藏中文善本特藏资源库"，共计完成古籍善本数字化近千部。

2．日本东京大学东洋文化研究所

2009年，国家图书馆与日本东京大学东洋文化研究所达成合作意向。东洋文化研究所把4000余部的中文数字化古籍无偿捐献给国家图书馆。这是又一次海外机构所藏中文古籍的大规模数字化回归。

3．其他

2015年，国家图书馆启动"海外中华古籍调查暨数字化合作项目"。法国国家图书馆、英国阿伯丁大学图书馆和牛津大学波德利图书馆等国外机构所藏的一批珍贵古籍资源通过数字化的形式实现了回归。

由此可见，国家图书馆的古籍数字化工作已取得了不小的进展，为其他公藏机构提供了一定的示范效应。正如国家图书馆副馆长张志清所说，"古籍数字化服务是迟早要做的事"，它能够真正摆脱时空的限制，实现了古籍资源的共享。古籍数字化是一件功在当代、利在千秋的大事，是解决古籍保护和利用之间矛盾的最佳方案，也是繁荣和发扬中华传统文化的新契机。

二、中国国家图书馆古籍数字化存在问题

国家图书馆的古籍资源保护和利用工作取得了显著的成效，但因为发展速度过快，难免会出现一些问题，主要表现为以下几个方面。

（一）选题质量欠佳

国家图书馆实现了数量众多古籍资源的数字化，但是精品项目数量较少，重复出版现象十分严重。古籍文献数字化出现跟风现象，例如《四库全书》和《二十五史》的电子版本都有四种以上。这就导致了人力、物力、财力和时间等资源的严重浪费。此外，许多古籍管理人员未能打破传统管理观念的束缚，依旧秉持"重藏轻用"的观念。这也是造成选题单一的重要因素。古籍资源作为我国的文

化瑰宝，与其束之高阁，倒不如物尽其用，发挥其最大的价值。❶

（二）专业人才缺失

古籍文献数字化是一项复杂的工作。古籍文献工作者既要掌握有关古籍的专业知识，又要掌握现代信息技术，并且能够将两方面的知识融会贯通。虽然国家图书馆已经安排了工作培训，但是部分管理人员的计算机操作水平不高，造成工作效率低下。目前从事古籍资源数字化工作的人才十分稀缺，复合型人才更是匮乏。虽然我国部分高校已经开设了古籍数字化的相关课程，但是招生人数十分有限，而且大部分学生毕业后还是会选择从事互联网这样的热门行业。古籍数字化工作的低薪资往往很难留住人才。

（三）标准体系不规范

古籍数字化是一项艰巨的系统工程，各个单位长期各自为政，难以实现共同开发利用和数据共享。尽管国家有关部门已经出台了《古籍描述元数据著录规范》等标准体系规范文件，但是由于数字化建设初期没有统一的标准，造成各类古籍文献在元数据标准、著录规则、格式转化和文字编码等方面存在差别。此外，目前仅能实现内容检索功能，在其他功能方面并未涉足，这不利于古籍资源的深度开发利用。为了保护自身的版权，国家图书馆还开发了专有的数据库系统，另一角度来看，这并不利于数字化资源的共建共享。

（四）资金投入不足

十年前，国家图书馆每年用于古籍数字化工作的资金是1000万元。十年后，国家图书馆每年用于古籍数字化工作的资金还是1000万元。1000万对于现在的古籍数字化建设可以说是捉襟见肘。尽管古籍数字化工作愈发受到国家的重视和支持，但是古籍数字化建设的资金和古籍资源保护的经费是一体的。政府部门并没有对古籍数字化建设资金单独立项，这是制约发展的一大难点。让更多优秀的古籍资源实现数字化，需要古籍工作者的奉献精神，更需要大量资金的支持。国家图书馆研究员赵文友提到，“如果将全国尚未进行数字化开发的40余万个版本的古籍资料全部实现数字化，那么组织、采集、加工、存储和管理

❶ 李静．国家图书馆积极推进古籍数字化工作［N］．中国文化报，2019-08-02(001)．

等费用至少需要60亿元”。由此，每年1000万的投入只是杯水车薪。

（五）技术更新速度慢

国家图书馆最早开展古籍数字化工作时，采用的是当时最为先进的技术，但是随着科学技术的快速更新迭代，原来的技术早已无法满足现在的需要。目前，国家图书馆的数字技术每年都会更新，但是更新频率过慢，急需开发一套能够适应当今技术的全新系统，为其他图书馆、博物馆等单位做出表率。很多专家认为，技术问题是迟早可以解决的，如何为读者提供更多高质量的数字化古籍，满足读者的文化需求，才是我们真正应该面对的挑战。[1]

三、中国国家图书馆古籍数字化解决方案

针对目前存在的这些问题，国家图书馆应该从长远出发，统筹规划古籍数字化工作，从以下几个方面多做努力。

（一）实施数字古籍精品化战略

目前，数字化古籍的品质还远远不能够满足读者的要求。因此，国家图书馆必须控制规模、优化结构，实现古籍数字化工作的高质量发展，着力打造传世精品。古籍研究员必须从选题、编辑、印刷和发行等全流程着手，确保每一个环节的精确化，出版一批体现国家精神、人民群众喜闻乐见的精品力作。此外，不能盲目从众，不能拘泥于古籍资源的载体形式，避免重复出版和跟风出版现象的发生，引领全国的古籍数字化工作向着更加科学的方向发展。[2]

（二）培养复合型人才队伍

人才资源是最重要的资源。在大数据时代，我们必须培养一批既有一定计算机基础知识，也有一定数字人文研究经验的复合型人才队伍。其一，在高校设立古籍数字化专业，与出版单位合作进行跨学科的人才培养。其二，积极开展国际古籍数字化人才的交流与合作，实现优势互补，为古籍数字化建设提供充足的

---

❶ 梁俊．浅谈馆藏古籍的有效保护与利用[J]．文物鉴定与鉴赏，2018(5)：142-143.

❷ 钟劲松．基于新媒体平台的古籍保护与文化传承研究[J]．河南图书馆学刊，2019，39(5)：119-120.

人才保障。其三,提高古籍从业者的薪资水平,吸引相关专业的学生就业。此外,还应该加强不同领域人才的交流活动,培养综合性的知识体系。❶

(三)统一规范标准体系

政府应整合已有的古籍资源,进一步制定和完善切实可行的古籍数字化标准体系。张文亮博士结合生命周期理论,提出了适合我国国情的古籍资源数字化标准体系的框架,包括版本选择标准、项目规划标准、数字化生产标准、数字化保存标准和数字化发布标准。因此,国家图书馆在日后的古籍数字化建设中必须采用兼容的格式和统一的处理标准,并制定专业的数据加工整理和数据库检索标准,实现古籍资源的统一管理。❷

(四)加大资金扶持力度

作为公益性文化事业,政府应加大对古籍数字化的资金扶持力度,逐步将古籍数字化建设的资金和古籍资源保护分开立项。也应出台相应的奖励措施,鼓励社会机构与政府共同参与建设古籍资源数字化项目。与此同时,加快建设一批国际化、高水准的古籍数字化平台,以此带动我国古籍数字化事业实现高质量发展。此外,国家图书馆必须从自身出发,利用好有限的资金,采取合作共建、资源互换等方式实现资源共享,避免无意义的重复性建设。共享数字化古籍资源,既能够提高服务质量,又有利于保障国家文化安全。❸

(五)紧跟技术更新的步伐

自古以来,技术在出版领域都占据了极其重要的地位。现代信息技术取代了大量繁琐性的手工工作,例如古籍标点符号的标注、古籍语法的勘误和添加生僻字句的笺注等,大大提高了工作速度和准确率。首先,进一步完善"国家数字图书馆汉字规范处理"工程。其次,提升数据库检索技术,制定相应的规范,提高检索的准确性。此外,将地理信息系统(geographic information systems,GIS)技术应用于古籍开发和利用。GIS技术在国内数字出版领域的应用虽然刚刚起步,

❶ 袁祖笑. 图书馆古籍移动管理探析[J]. 河南图书馆学刊,2019,39(11):55-57.

❷ 陈得媛. 古籍数字化工作统筹协调机制的构建[J]. 中国图书馆学报,2009,35(5):47-51.

❸ 葛怀东. 古籍数字化的学科建设[J]. 科技教育创新,2012(1):156-157.

但是也产生了一些成果。我国古籍数量庞大，地点分散，缺乏统一的规划和指导，若将GIS技术应用到古籍资源的整合上，可以形成清晰的知识图谱体系，便于我们更好地实现古籍的数字化。[1]

结 语

浩如烟海的文化古籍是中华优秀传统文化的重要组成部分，是中华民族乃至全世界人民的宝贵精神财富。古籍数字化是古籍资源利用和保护的一种方式，能够在很大程度上促进中华古籍的传播。同时，数字化也是保护古籍最快、最经济的办法。做好古籍数字化工作，能够满足大众对中华传统文化的阅读需求，促进文化的传承与传播。"古籍数字化是对传统思维方式的彻底颠覆，借助更先进的人工智能技术，或许有望破解隐藏在上古文字、神秘文化、诗词曲赋中的文化密码，进而探寻祖先们的精神世界"，吉林大学沈文凡教授如是说。古籍数字化，任重而道远。

[1] 陈诚. 数字人文时代图书馆古籍文献资源的数字化长期保存机制探讨[J]. 中国中医药图书情报杂志，2019(3)：6-9.

我国学术数据库出版发展浅析与思考

玄甲轩

摘　要：本文以学术数据库为研究对象，主要运用文献研究的方法，总结了学术数据库的发展现状，指出了存在的问题，主要包括：在内容层面，用户体验不够良好；在受众层面，受众面狭窄限制了品牌影响力的传播；在技术层面，技术难题成为出版机构开发数据库的阻碍；除此之外，还存在定价过高、社会责任意识不强等问题。接着提出学术数据库在未来的发展策略，主要包括：开发时要注重对内容的加工和技术的使用，运营中要以用户为本位、以社会为依托，还要加强版权保护，注重优化服务，以及加强对复合型人才的引进和培养。

关键词：学术数据库　版权　增值服务　复合型人才

一、概念界定

（一）数据库

目前，数据库虽已成为一个广泛使用的概念，但关于它的定义却十分多样，并不统一。其中，人们从不同的维度对它进行解释及人们对数据库的边界认识还比较模糊是造成以上问题的主要原因。

从广义上来看，“数据库是存储在一起的相关数据的集合”。[1]贺子岳的《数字出版形态研究》《出版词典》（修订本）编委会编写的《出版词典》，以及多篇学位论文中均使用过这种定义。此时，数据库并不完全是一种数字出版产品，比如，纸质版的字典、词典，乃至独立成书的索引、目录、汇编等都可以称得上是一种数据库。

从狭义上来看，周庭荣、谢新洲和王亚平等学者均对数据库的概念进行过阐释，其共通点大致有以下几个方面：以计算机为存储载体，内容是可共享数据的

[1] 王伟．数据库的法律保护问题研究［D］．成都：西南财经大学，2009：6.

集合,利于检索。不难发现,由于以磁带、磁盘、光盘等为存储介质的数据库产品形态逐渐退出历史舞台,并不包括在上述学者所认可的范畴内,所以狭义的数据库多指网络数据库。

数据库既然是一种内容的集合,就往往具有大容量的特点。比如,作为一个图书数据库,其收录的图书只有几十本或是几百本必然是行不通的,因为这在当下图书出版市场中的占比是微乎其微的,如此就很难满足用户的使用需求。但是,大容量并不等同于囊括所有的内容,但应该尽可能多地收录最常用的部分、最新的部分及最权威的部分。此外,这里容量大小的划分维度有时不是以单个完整的出版物个体而论的,而是以出版物拆分后的内容片段而论的。比如,“德国海德堡大学晚清和民国时期中国女性杂志数据库”在众多的女性杂志中只收录了《女子世界》《妇女时报》《妇女杂志》和《玲珑》这四种,但是每一种期刊都被拆分为许多的文章,其内容体系同样庞大。商务印书馆的“《辞源》网络版数据库”也是同样的道理。

这里所指称的数据库也是一种狭义的概念,现将其定义为:将相关内容进行全面收集和加工后,经过技术处理存储在计算机等载体中,以数字化形态呈现的供用户检索和使用的一种集合体产品。那么,学术数据库则是指为了解决用户的科研需要而建立的数据库,一般包括图书库、报刊库、学位论文库等。

(二)数据库出版

关于数据库出版的定义,目前学界也尚未归纳出一个统一的定义。周庭荣更多地将其看作一种技术,他指出:数据库出版是利用数据库技术实现电子出版的过程和技术。[1]贺子岳则更多地将其归为一种出版活动,她认为:数据库出版是指运用数据库技术为主的多种技术,借助计算机或者类似设备,将零散的独立作品、数据或其他材料经过系统或有序的编排,存储在磁、光等介质中,并最终形成可通过计算机或者类似设备单独加以获取的数据库产品的出版活动。[2]二位的总结其实也有相同点,一是都强调技术在数据库出版中的作用,二是有着相同的落脚点,因为数据库建设归根到底也是一种出版活动。所以,数据库出版就是

---

[1] 周庭荣. 网络出版[M]. 北京:科学出版社,2004:172.

[2] 贺子岳. 数字出版形态研究[M]. 武汉:武汉大学出版社,2015:38.

利用数字技术,围绕数据库产品的开发、运营和服务的一种数字出版活动。在一个完整的数据库出版链条中,开发商往往是出版社、高校或图书馆,他们利用自身的资源优势将内容整合,然后自行或委托技术商共同进行产品的开发。有时,他们也还担任着运营商和服务商的角色。

二、学术数据库的发展现状

(一)种类越来越多,特色愈加鲜明

目前,我国的各类数据库保守估计也有上百种之多,在各个学术领域基本都有专门的数据库。除了这类专业数据库,很多机构还把自身拥有的独特的内容资源开发为数据库,如少数民族文献数据库、特色古籍资源库等就是其中的典型代表。其中,很多省级图书馆根据当地的特色也开发了一系列的数据库,比如广西壮族自治区图书馆有“八桂诗词库”“广西文坛”等数据库,这类数据库已经成为宣传本地文化的一个重要切入口。

(二)期刊数据库的数量最多

目前,学术数据库可以分为图书库、期刊库、报纸库、古籍文献库、工具索引库、音视频多媒体库等。相关统计表明“期刊全文数据库是最主要的,其次是报纸和图书数据库”。[1]

(三)出版机构愈发活跃

据不完全统计,目前出版行业面向机构客户提供的电子书、期刊类数据库有近百种之多,而五年前,市场还处于两三个平台独大,采购供不应求的状态。[2]近几年,由出版社建设的数据库越来越多,其中不乏一些已经得到市场高度认可的精品,比如,人民出版社的“中国共产党思想理论资源数据库”,社会科学文献出版社的“皮书数据库”等。出版机构积极开拓市场,将同一内容进行多次开发,既顺应了用户的阅读需求和使用习惯,又顺应了当下融合出版的转型升级,在取得

---

[1] 贺子岳. 数字出版形态研究[M]. 武汉:武汉大学出版社,2015:54.

[2] 温强. 方寸回眸:数据库出版的现状及反思[J]. 出版广角,2019(23):16-18.

不错的经济效益的同时,取得了良好社会效益。

三、学术数据库发展中存在的问题

(一)学术数据库自身存在的问题

1. 内容层面:用户体验不够良好

第一,部分数据库存在着信息有误、信息缺失的情况。学术数据库的检索往往比搜索引擎中的检索更具有学术性,专业性也更强一些。但是有的数据库标注的信息有误,从而会妨碍用户进行科学研究。如“读秀”数据库中收录的很多新中国成立初期的图书就大范围存在着版本信息标注错误的问题。此外,也有一些图书存在着缺页、漏页、页面空白等情况。显然,与传统的经过三审三校的纸质图书相比,很多数据库在内容审查方面的力度还远远不够。

第二,部分数据库呈现的内容不够清晰。这类数据库多为古籍类和民国时期的书报刊类,如“鼎秀古籍全文检索平台”“全国报刊索引”等。由于原件年代距今较远,纸质版本身就有一定程度的老化、泛黄等问题,所以通过扫描呈现出的内容,往往会出现字迹模糊、色泽不均、内容缺失等问题,比较影响用户的使用感。而且,很多数据库平台囿于后台服务器的容量,为了在有限的空间中存储更多的内容,只能以牺牲扫描件的分辨率为代价。

第三,部分数据库存在着检索不匹配性和不便捷性。所谓不匹配性,即关键词与搜索结果不对应。以“读秀”数据库为例,笔者曾经在查找《湖南农民运动考察报告》这本书时,输入书名后没有任何搜索结果,但是在输入“运动考察报告”这几个字后,前几页网页弹出的结果却都是《湖南农民运动考察报告》。所谓不便捷性,即很多数据库存在着搜索条目时只能使用繁体字或简字体的情况,给用户增加了额外的时间成本,在古籍数据库中较为明显。

2. 受众层面:受众面狭窄限制了品牌影响力的传播

现在,绝大多数的学术数据库,如“鼎秀古籍全文检索平台”“中国历史文献总库”等,只对学校、图书馆、其他科研单位和企业等机构开放,用户通过登录单位的IP地址或VPN即可访问。虽然上述机构的用户是当下使用学术数据库的主体,但是此举也限制了某一学术领域的爱好者在内的其他用户进行使用,屏蔽了一定的用户资源。尤其是那些专业的学术数据库,用户的规模本来就相对较小,如果不扩大开放,那么该平台的品牌影响力将十分薄弱。比如"高校古文献资源库(学苑汲古)",它由全国的24家高校图书馆创建,用户也仅局限于这24家高校内的师生,由于其传播范围有限,知道这个数据库的人并不多。

3. 技术层面:技术难题成为出版机构开发数据库的一大阻碍

在当下的数据库市场中,以"中国知网""维普中文期刊服务平台""万方数据知识服务平台"等为代表的资本雄厚的数据库均是由科技公司主导或发起的,出版机构自主建设的数据库总体上数量偏少、规模较小。出版机构虽然掌握着丰富优质的内容资源,但对技术的研发程度还远远不够。出版机构只是当下技术浪潮中的受益者而非开拓者。仅就数据库的开发而言,目前出版机构缺乏对核心技术的应用,与相关技术的磨合也未达到理想的预期。此外,出版机构重视对内容的把关审查,但对技术人员的投入较少,复合型人才更是出版机构的稀缺资源。所以,技术人才的相对匮乏导致出版机构很难独立开发数据库,更多的出版机构只能选择外包给科技公司。

4. 定价层面:不断引发社会讨论

当下,学术数据库的盈利来源主要依靠用户付费,按照用户的不同又可分为各机构包时段付费和个体用户按篇章付费,前一种较为主流,可以按月、按季或按年付费。而近年来被人们诟病最多的莫过于数据库定价过高,且逐年上涨的问题。像北京大学这样资金实力雄厚的高校也很有压力。2016年3月,北大图书馆发布公告称"由于数据库商涨价过高","'中国知网'可能中断服务"。[1]可见,"中国知网"虽然有着广大的用户群,但定价过高,市场反响却并不如意。

5. 社会层面:社会责任感不够强烈

在学术数据库中,既有免费向公众开放的数据库,比如国家图书馆建立的"碑帖菁华"资源库、"数字方志"资源库等;又有仅限于机构内自用的数据库,比如北京师范大学图书馆的"北京师范大学藏50年来整理出版清代诗文集书目""北京师范大学藏中文珍稀期刊题录库"等。这类数据库往往有国家社科基金等

[1] "中国知网"可能中断服务通知[EB/OL].(2016-03-31)[2021-03-05]. https://www.lib.pku.edu.cn/portal/news/0000001219.

各种社会性质的资金支持，公益性或自给性较强，通常不会向个体用户收取费用。

而除此之外的其他数据库在正常情况下大都会向用户收取一定的费用，以转化为数据库开发、运维过程中投入的人力、物力等成本。2020年初新冠肺炎疫情防控期间，“知网免费开放”登上微博热搜。“中国知网”发出免费下载论文的公告，但人们发现，下载论文依然需要付费，所谓的免费其实是“中国知网”的“OKMS汇智”平台。

（二）制约学术数据库发展的外部环境

1. 侵权盗版现象严重

学术数据库存在的侵权盗版现象主要分为两种。一种是通过使用不合理的手段获得内容资源，随即对其进行重新包装出售，以图书、期刊类数据库最为突出。很多售卖电子书的网站就是将网页版的内容转化为PDF或DJVU格式的文件，然后对数据库资料明码标价。比如，《东方杂志》、“国家图书馆特色资源方志丛书”等的电子版在网络上几近泛滥，这严重影响了商务印书馆自行开发的“《东方杂志》全文数据库”和国家图书馆的“数字方志”资源库的运营，给两家单位造成了巨大的经济损失。

另一种是违法登录数据库平台。淘宝、闲鱼等交易平台和QQ、微信等交流群中隐藏着很多出售各种数据库平台账号的商家，他们会按一定的使用时间或者永久地将账号售卖给用户，价格在十几元至几百元不等，比起正常登录下载所需的费用，确实很“实惠”，但这侵犯了数据库平台的版权。而通过这种渠道登录数据库，页面往往非常卡顿，且数据库中的内容资源并不完整，只有几个小库，由于数据信息并不完整，这会影响用户研究所得结论的精确性。

2. 资源重复建设严重

以《女子世界》这份刊物为例，仅笔者所见，就发现其被收录于“全国报刊索引”、国家图书馆“民国期刊”数字资源库、“大成故纸堆”“大学数字图书馆国际合作计划”等多个数据库中。而“中国知网”“维普中文期刊服务平台”“万方数据知识服务平台”中重复收录的期刊比例也非常高。由于当下的数据库用户以单位居多，这就造成了各单位的购买成本的一部分浪费。

四、学术数据库的发展策略

(一)数据库产品的开发:内容先行,技术为辅

1. 注重对内容的挖掘和采集

对于数据库而言,内容为王是其生存的不二法则,谁的内容资源最丰富,谁也就更容易成为同类产品中的佼佼者,所以要尽可能多地把内容资源囊括在内。“全国报刊索引”和“大成故纸堆”这两个数据库所收录的均是晚清民国的书报刊,但是前者收录的资源更丰富,所以基本会被各学术机构所购买,而后者的影响力则稍弱一些。

2. 构建自身独特的内源资源板块

在同类数据库中,内容资源最丰富的往往只有一个,对于其余的数据库而言,在无法做到“人无我有”的情况下,应该将发展的策略转为“人有我优”,走小而精的发展路线。

3. 对内容资源进行解剖与重组

在数据库的结果呈现页面,可以利用大数据技术优化内容资源的颗粒度,保证内容的精准匹配,同时根据数据标引呈现出相似度较高的内容。此外,可以考虑根据用户的检索习惯,提供对用户的个性化推荐服务等。要针对不同类型的内容资源进行不同的重组与优化。对于现代化的数字图书、数字报刊等,要加强其包含的关键词和所属专题的关联,能够从不同维度描摹出知识图谱,能够尽可能多地被用户检索出来,以提高该内容的传播效率和使用价值。对于年代久远的读物,要利用数字化扫描和修复技术尽可能保存并呈现出作品的原始形态,使作品的文献价值得以保留。同时,可以在网页上分栏以对原始的文本进行现代化的解读,包括点校、注释、整理等,提高作品的现代活力。

4. 注重对功能的优化和处理

比如,在搜索入口,通过OCR识别技术等使产品做到繁简字体的自动切换和高效识别;对于一些常见的内容资源,可以使用语音输入。

(二)数据库产品的运营:以用户为本位,以社会为依托

营利性的学术数据库作为知识付费产品的一种,应该追求的是越来越大的用户市场空间,而不能仅仅局限于专业用户群。这类数据库应该尝试开放个体用户访问通道,通过入驻各种知识服务平台,利用微信公众号、微博等各种客户端作为宣发渠道为产品引流,这样也能拓宽数据库产品的盈利渠道。

可以建立知识社群,将有着共同科研兴趣的人聚合在一起。一方面,可以听取用户的意见,及时改进产品;另一方面,可以及时在社交群里预告并推出刚上线的产品,吸引用户下载使用。

虽然学术为天下公器,但是某些学术数据库并不是社会公益性质的数据库,其运营和服务都是在资本正常运转的情况下才能进行的,所以收取一定的费用也合情合理。但是它们应该遵守行业的规范制度,自觉接受社会的监督,合理收费。应该努力培养社会责任感,把社会效益放在首位,积极参加各种公益活动。

(三)加强版权保护

我国已经颁布施行了新修订的《著作权法》,其中对数字出版物的保护提上了一个新的高度。但是,无论是数据库的开发商、运营商还是服务商,都不能掉以轻心,除了加强自身的维权意识之外,还要善于利用技术手段进行版权保护,数字水印技术、数字加密技术、数字指纹、区块链技术等在版权保护方面有着广泛的应用。比如"全国报刊索引"就对每篇文档添加了版权标记,同时进行加密保护,普通用户无法修改文档的内容,也无法对多篇文档进行合成,这有利于保护晚清民国时期文献的原貌,也有效地防止了内容的外泄。另外,多家数据库平台可以尝试建立旨在打击侵权盗版的联盟组织,及时向社会披露有关的侵权行为,并利用法律手段追责。

(四)注重增值服务

学术数据库本质上是一种知识服务产品,但当下很多数据库只是提供了知识获取的渠道,供用户在其中检索、采集自己需要的信息。这种运作模式与传统出版社的发展模式相同,都缺少产品与用户的对接,忽视了一部分用户的需求。未来,学术数据库应该努力构建起用户与平台资源之间的新的联系。

其一，可以开通人工服务通道。将用户需要的内容进行一站式检索，在做好登记在册的同时，直接传递到用户的手中，同时尽可能地添加一些稀缺资源到数据库存储器中。

其二，可以建立知识互动社区。以“中国知网”为例，在搜索栏输入关键词进行检索后，其呈现的不仅仅是一篇篇的论文，还有相关搜索，其中的内容主要是关键词以及相关领域的专家学者等。一些学术数据库平台还可以开通专家问答栏目，尝试让用户直接与专家学者在线对话，这更加有助于用户对知识的理解和梳理。

（五）加强对复合型人才的引进和培养

出版机构要想在数据库发展的道路上更加主动，就必须加大力度引进和培养复合型人才。复合型人才需要具备创新的思维模式，具备数字编辑、内容可视化表达、信息检索与快速加工的能力，具备产品规划与设计的能力，具备对海量数据深度挖掘、提升数据价值的能力，以及具备可实现内容跨媒体、跨界传播的能力等。[1]出版机构只有在内容资源与技术手段方面双管齐下，才可以独立地创建数据库平台。

结　语

数据库作为数字出版产品的重要形态，是在技术的推动下不断聚合内容资源的产物。学术数据库作为其中的重要分支，兼具商业性与学术性，盈利是应有之义，但如何使优质的内容资源惠及更多学人，是学术数据库在未来发展中应该不断思考的问题。

---

[1] 黄孝章，周健华，张志林．数字出版实用教程［M］．北京：知识产权出版社，2018：157.

图书馆云服务平台对数字出版发展的影响探究
——以“THATSBOOKS 中国内容外文图书馆云服务平台”为例

迟家宁

摘　要:5G 时代来临,大数据技术不断发展,资源也被要求进行不断地整合,现阶段的图书馆在建设中都会搭建云服务平台,以保证其发挥数字资源的完整性与快捷便民性优势。本文将“THATSBOOKS 中国内容外文图书馆云服务平台”作为研究对象,以说明云服务平台构建的背景,通过研究该平台的优势与劣势,进而对整个图书馆云服务平台进行分析探讨其优势和不足。并对如何弥补其中的不足提出建议。

关键词:云服务　新兴技术　新媒体;　互联网　数字图书馆

一、研究背景

如今,国家越来越重视数字出版与新兴科学技术相结合,通过新兴技术不断促进出版业的发展,各大出版社不断优化自身产品结构,完善、整合自身资源,为出版业的进一步发展增添动力。部分出版社致力于整合国内的优秀数字文化资源,并翻译成各种语言,传播知识和力量。

在 2016 年,北京航空航天大学图书馆馆长姚养平教授就提出了“中国云图书馆”的构想,他建议将行政的力量作为推动力,采用云计算技术,构建一种新型的信息资源管理和服务模式,从而打造一个统一的数字知识服务平台。未来要进行全方位的资源整合,创建新的中国图书馆的云生态模式。2017 年,全国人大代表张涛再次呼吁:拥抱分享经济,构建国家云图书馆。[1]显而易见,搭建图书馆云服务平台已经得到了业界的广泛关注与认同。

随着我国经济水平的不断提高和通信息技术与互联网技术的不断发展,越

[1] 张洋. 面向读者需求的数字图书馆云服务平台构建分析[J]. 图书馆学刊,2020,42(12):89-92.

来越多的人感受到了新媒体、新技术给我们生活带来的翻天覆地的变化。云计算是当下的新技术之一,它使得“中国云图书馆”的构想实现成为可能。

图书馆云服务平台支持多终端移动式同步阅读,支持PC端、手机App、微信等多平台同步阅读,可以转换多种语言,方便各个国家的读者随时随地想读就读,并自动同步阅读的进度,还支持手机、电脑随时随地检索推荐导购,及时了解图书状态。

二、“THATSBOOKS中国内容外文图书馆云服务平台”发展趋势

2020年中共北京市委宣传部主办的“数字新引擎·出版新动能”北京数字出版精品内容推介会上,五洲传播出版社凭借“THATSBOOKS中国内容外文图书馆云服务平台”从全市百余家出版单位中脱颖而出。五洲传播出版社和国内10多家出版社(包括外文出版社、商务印书馆、中国摄影出版社、中国传媒大学出版社、世界图书出版有限公司、人民教育出版社等)形成“走出去”的凝聚力,合作构建“THATSBOOKS中国内容外文图书馆云服务平台”。“THATSBOOKS”中文含义是“那是一本以中国为主题的书”。该项目目前是中国最大的数据库内容项目,资源涵盖了英文、阿拉伯文、法文、德文等十多种语言,其中最为主要的是阿拉伯文,主要面向阿拉伯国家的受众群体。平台在2019年年底上线,通过大学公共图书馆、海外公共图书馆、国外中国研究智库等机构向公众进行展示。该项目还入选了中宣部“2020年度数字出版精品选荐计划”。

“THATSBOOKS中国内容外文图书馆云服务平台”是中国文化与中国制造结合的最佳体现,该平台不仅与华为签订了定向App合作协议,还实现了与海外三大电信运营商的合作。这是首家为海外电信运营商提供手机阅读定制服务的中国出版社。目前该App在谷歌市场的下载量超过540万次,月活跃用户约80万,平台日均访问量5万多次。

“THATSBOOKS中国内容外文图书馆云服务平台”主要发展方向是整合中国与阿拉伯地区较为分散的外文版的中国本土内容资源或是中文版的国外内容资源,并利用数字技术进行优化再通过移动互联网的途径进行传播,搭建面向阿拉

伯地区的数字阅读与服务平台。利用中国的新兴技术与新媒体实现中国内容的“走出去”与国外内容的“引进来”。这里的“走出去”不再是之前简单的出版走出国门，而是真正做到中国内容的“走出去”与“走进去”。该平台目前已经与16个国家的110多家出版商达成合作，已上线的电子书种类超过1000多种，是目前全球最大的阿拉伯语数字阅读平台，被阿拉伯媒体称之为“给阿拉伯读者的中国礼物”。

“THATSBOOKS中国内容外文图书馆云服务平台”可满足个性化的用户需求，针对不同国家的用户可实现不同种类的语言切换，同时又能满足用户不同的个性化需求，实现在不同的设备之间的资源共享。[1]“THATSBOOKS中国内容外文图书馆云服务平台”有中文、英语、西班牙语三种语言。售卖书籍以介绍中国文化为主，设计了参考书、新发布、专题、最高评级四个页面导航，满足用户的不同需求。

近几年来，信息技术不断地发展，尤其云计算技术得到了广泛应用。云计算技术可以取代之前的软硬件设施，减少维修的费用，并有利于充分利用资源。搭建图书馆云服务平台这样一个虚拟平台，可以及时根据用户的反馈进行相关的可视化处理。图书馆云服务平台充分地利用大数据分析技术、人工智能技术等新一代的信息技术，根据用户的个人喜好、工作类型、专业背景建立起用户的专属画像，主动感知用户的个人需求，以便为用户提供精准化、个性化的专属服务。同时对数据进行不同程度的整合，对处理好的数据进行知识的深度挖掘，对挖掘的知识板块重新进行聚合，发现彼此之间的关联，最后形成可视化的知识图谱，按照用户的需求，提供智能化的专属服务。

图书馆云服务平台可以为各类平台提供定制化的学科服务与情报服务。将图书馆内部的内容系统进行全面升级，将内部工作程序进一步地智能化，允许馆内工作人员与人工智能密切配合，如此，可以为图书馆工作人员节省大量的时间与精力，提高知识资源的组合效率。

---

[1] 顾佐佐，陈虹，李晓玥，等．智慧图书馆动态知识服务体系构建与平台设计[J]．情报科学，2020，38（10）：119-124.

三、图书馆云服务平台的优势与劣势分析

(一)优势分析

目前我国的图书馆云服务项目主要有以下几类:云存储服务、虚拟服务器资源池、个性化虚拟云桌面、读者荐购、电子书阅读、资源获取、信息检索。图书馆云服务平台的项目众多,但侧重点有很大的不同,基本的信息检索、电子书阅读服务在各平台中都保留,其他项目则根据自身的运营特色有侧重地进行选择(见图1)。

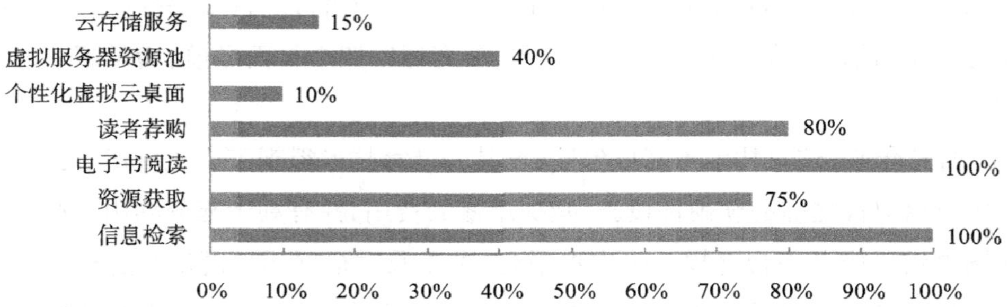

图1　图书馆云服务项目图

资料来源:高斌.图书馆云服务平台的发展趋势:以Alma与WMS系统为例[J].图书馆研究与工作,2020(10):27-32.

我们还以网络问卷的形式就图书馆云服务的现状对200位读者进行满意度调查,回收有效问卷188份,有效回收率达94%。具体情况如表1所示。

表1　图书馆云服务读者满意度调查

单位:%

调查内容	满意度		
	满意	基本满意	不满意
文献资源检索服务	72	17	11
云资源的获取	53	22	25

续表

调查内容	满意度		
	满意	基本满意	不满意
云服务互动平台	23	16	61
个性化桌面服务	19	33	48
云存储服务	8	2	90
云服务安全系数	48	2	50

综上所述,我们可以总结出图书馆云服务平台具有以下三个优势:

1. 资源共建共享的机制

我国的图书馆云服务平台采用的是资源共建共享的机制,用户可以在自己所属的平台获得自己想要的资源与服务,同时用户也可以将自己已有的资源进行上传,互联互通,以此实现资源的共享。无论是设备之间,还是图书馆之间都可以实现资源的共享、数据的互通,以减少数据资源的浪费。

2. 满足用户的个性化阅读

在图书馆云服务平台中,用户可以根据自己的个性化需求进行选择,在云服务的模式下,无论所处何处,无论什么时间都可以根据自身需求选择所需的数据资源。同时用户的平日喜好、习惯都会经过大数据的分析,定向聚焦,将用户可能会喜爱的内容置入界面之中;也可以根据用户不同情况的需求,智能地切换手机端与PC端。云服务平台在一定程度上可以帮助用户完成资料的收集、保存、整理、分类等服务,从而真正满足用户的个性化需求。

3. 云端数据存储

传统意义上的数据资源存储于服务器中,一旦发生设备故障可能就会造成数据的丢失,而图书馆云服务平台是将数据资源存储于云端,即使发生设备故障,也不会造成数据的丢失。同时存储数据的容量不再受限制,可存储数据资源的容量是无限大的,这也极大地为图书馆的云服务平台扩充内容提供了便利,从而提升了资源的丰富性。

（二）存在的问题

图书馆云服务平台有其自身的优势，但也存在着自身的不足。

1．云服务平台的建设问题

图书馆的云服务平台是由多个图书馆共同搭建并共同参与运营的，这不仅需要有专业的技术支持，还要实现多方之间的统一规划与管理。但目前图书馆云服务平台的规划管理还停留在较为初级的阶段。要解决这一问题，可以由资金充裕且技术成熟的图书馆先行搭建一个图书馆的云服务平台。云服务平台形成之后，给其他图书馆提供一个范本，待资金、技术到位后，它们就可以开始建立自己的图书馆云服务平台，从而逐步实现图书馆群的合作共享。

2．技术方面的问题

即使目前5G、区块链、人工智能等技术都在不断地发展，但是仍然存在很多的技术难题尚未被攻克。因此技术的不完善也会使得图书馆云服务平台系统在实际应用中存在一些缺陷。然而随着技术的不断进步和发展，这些问题将得到优化或解决。

四、对图书馆云服务平台建设的建议

图书馆云服务平台是数据资源高度整合的产物，它以用户的体验为中心，运用新一代的信息技术，推动图书馆线下与线上服务的融合，促进图书馆管理理念的更新，在新兴云计算技术的基础上主动满足用户的个性化需要，提升图书馆的服务能力与服务水平。同时要对平台内各个项目不断地进行优化重组，寻求最优的搭配。针对知识系统化服务的全流程，在不同的群体，不同的组织提出不同的需求后，要努力做到为不同用户提供差异化的知识服务。

基于对图书馆云服务平台的优点与不足的分析，笔者将试着对其发展提出以下建议：

首先，目前图书馆云服务平台仍处于起步阶段，同时受到各种外界因素的影响，所以应充分发挥每个平台的优势，共同建立统一的管理标准，为未来图书馆云服务平台的建设提供机制保障。其次，应加强图书馆对内容资源体系的管理能力，同时促进图书馆馆内合作和图书馆之间合作，构建以图书馆云服务平台为基底的共建共享系统，减少成本，实现资源的优化配置。最后，要注重对人才的培养，不断提升图书馆员工的知识技能和职业素养，提高其新技术的应用水平和意识，更新服务理念，从而有效地提升图书馆云服务平台的信息服务水平。

图书馆云服务平台的建设是图书馆建设的未来发展趋势，它不仅可以服务高校的师生，还可以推动中国内容真正地实现从“走出去”到“走进去”，并让更多的用户享受到丰富的数据资源和专属的个性化定制服务。

参考文献

[1]芦晓红，赵迎春．融合区块链技术的图书馆云平台建设[J]．大学图书情报学刊，2020，38(1)：113-116，128.

[2]侯淑香．关于数字图书馆云服务平台构建研究[J]．信息记录材料，2019，20(5)：179-180.

[3]吴玉灵．国内外图书馆云服务平台调查与分析[J]．图书馆研究，2018，48(5)：108-114.

数字版权研究

新时代网络文学版权贸易助力中国出版“走出去”

李桑羽

摘　要：中国网络文学经历二十余年的蓬勃发展，已从“小众创作”成长为今天成规模、成体系且有世界影响力的文化现象。与此同时，网络文学的作者也从传统的“精英”层面逐渐向大众的“草根”群体转向，我国文学作品的种类和内容愈加丰富。而网络文学版权运营模式的完善，版权管理制度及法律的健全，使得网络文学成为新时代中国海外版权贸易的新兴力量，加快了中国成为出版强国的进程。

关键词：版权贸易　网络文学　版权运营　出版强国

2020年，党的十九届五中全会通过的《中共中央关于制定国民经济和社会发展第十四个五年规划和二〇三五年远景目标的建议》明确提出到2035年建成文化强国的远景目标，并强调在“十四五”时期推进社会主义文化强国建设。除此之外，近年来国家一直倡导“推动中华文化走出去”战略，为中国网络文学推行到全球市场奠定了坚实的基础，同时“一带一路”的优惠政策也为我国的版权贸易打开了更大的市场。中国书籍出版社出版发行的《“一带一路”国际出版合作发展报告（第二卷）》显示，2016—2019年的四年间，我国与“一带一路”相关国家的出版合作空前繁荣，尤其是版权输出数量迅猛增长，相关版权输出数量占我国版权输出总量的比例由41%增加到60%。[1]中国版权贸易涉及地区和国家的范围越来越广，版权贸易的内容和数量逐年攀升，而网络文学作为我国版权产业的重要支柱之一，为中国版权贸易发展增添了更多的可能性。

---

[1]《“一带一路”国际出版合作发展报告（第二卷）》出版发行[EB/OL].[2022-05-19]. https://www.sohu.com/a/435336372_120060294.

一、网络文学版权贸易的发展现状

随着中国特色社会主义进入新时代，以习近平同志为核心的党中央把知识产权保护工作摆在了更加突出的位置，强调知识产权的保护工作，充分体现了总书记对知识产权保护工作的高度重视和殷切期望，明确了与版权相关工作未来努力的方向。

（一）版权贸易政策环境良好

当前国家对中国文化对外传播和发展的政策支持越来越完善，2016年11月1日，中央深化改革领导小组通过的《关于进一步加强和改进中华文化走出去工作的指导意见》中重点强调，加强和改进中华文化走出去工作，要坚定中国特色社会主义道路自信、理论自信、制度自信、文化自信，加强顶层设计和统筹协调，创新内容形式和体制机制，拓展渠道平台，创新方法手段，增强中华文化亲和力、感染力、吸引力、竞争力，向世界阐释推介更多具有中国特色、体现中国精神、蕴藏中国智慧的优秀文化，提高国家文化软实力。第二届中国“网络文学+”大会“网络文学走出去”论坛和自贸港背景下的网络文学出海论坛以及2020首届上海国际网络文学周的相继举办，则给予市场更大的信心。因此在海外网络文学的版权贸易中，国家的政策支持是其创新发展的“定心丸”，也是版权贸易持续健康发展的重要支撑。

（二）版权产业占比稳步提升

国家版权局公布的“2019年中国版权产业经济贡献”调研报告显示：2019年中国版权产业的行业增加值为7.32万亿元人民币，同比增长10.34%；占国内生产总值的比重为7.39%，比上年提高0.02个百分点。中国版权产业在国民经济中的比重稳步提升，总体规模进一步壮大。[1]2020年，中国网络版权产业在继续保持健康可持续发展，市场规模达到11847.3亿元，较2019年增长23.6%，“十三

---

[1] 国家版权局. 2019年中国版权产业增加值已占到GDP的7.39%[EB/OL].[2022-05-19]. http://www.ncac.gov.cn/chinacopyright/contents/518/425851.html, 2020.

五”期间年复合增长率近25%。[1]其中,具有近5亿用户规模的网络文学行业对版权产业的贡献率不可小觑,以网络文学为源头进行改编的有声书、广播剧、动漫、电影、影视剧、文创产品的版权开发与运营,极大地推动了版权产业的快速发展。

(三)海外网络文学市场广阔

网络文学虽然在中国已发展得如火如荼,但海外市场却基本处于空白状态,因此,成熟的中国网络文学市场通过复制自己的市场模式,弥补海外网络文学领域的缺失。据《2020网络文学出版发展白皮书》显示,2019年海外中国网络文学用户数量已超393.5万人,海外网络文学市场规模为4.6亿元。2021年,中国网络文学出海实现阶段性跨越。2021年10月,中国作协发布的《中国网络文学国际传播发展报告》指出,中国网络文学共向海外传播1万余部。其中,实体书授权超4000部,上线翻译作品3000余部;网站订阅和阅读App用户1亿多,覆盖世界大部分国家和地区,国际传播成效显著。[2]而海外市场的用户群体以学生等中青年为主,他们作为互联网的原住民,已培养起移动端阅读的用户习惯,与网络文学的传播和阅读特点完美契合。通过“一带一路”的政策引领,未来会有越来越多的地区和国家接触中国的网络文学,中国出版将逐步实现“走出去”。

二、网络文学版权贸易的现存问题

虽然当前中国网络文学海外发展之路已现雏形,政策支持和广阔市场也为其发展提供了许多有利条件,但网络文学作为输出文化和价值观的版权贸易产品,目前还存在许多问题,受到包括海外政策环境、中西文化差异、作品翻译质量、侵权盗版行为等许多条件的限制。

---

[1] 全文《中国网络版权产业发展报告(2020)》发布[EB/OL].[2022-05-19]. https://new.qq.com/rain/a/20210616A0689S00.

[2] 刘江伟. 2021中国网络文学发展研究报告:网文出海实现跨越[EB/OL].(2022-04-15)[2022-05-19]. http://cul.china.cn/2022-04/15/content-41940912.htm.

(一)版权环境:海外版权贸易政策繁杂

当前国际的版权贸易较为复杂,各国之间对版权的重视程度不一,政策也不尽相同,同时版权涉外事务较为繁多,双边、多边和区域问题复杂。随着我国国际的地位提升和国际竞争加剧,版权涉外应对形势更加复杂、任务更加繁重。[1]传统图书的版权贸易尚且如此曲折,网络文学的版权贸易则更加困难,许多国家还没有针对网络文学的版权贸易制定相关的法律或文件,或者直接套用传统版权贸易的法律进行管理。但网络文学版权是一种新兴的数字版权,相较于传统的版权具有新的特点,它拓宽了版权的内涵与外延,原来粗犷的管理方式与借助互联网兴起的网络文学自身特点并不适应,未来可能会对海外版权贸易的发展产生阻碍。

(二)制作过程:作品翻译质量较难保证

网络文学作为文化精神产品,作者本身的语言习惯和文化背景会对作品本身产生影响,而在作品翻译的过程中,许多文学作品语言的亮点会被掩盖甚至是曲解。我国网络文学作品的翻译首先始于粉丝翻译,他们凭借着自己对作品的热爱和语言功底,成为最早的网文翻译主体,但这种兴趣爱好者的翻译毕竟无法满足大量的市场需求,因此专业翻译团队接过了接力棒,他们的翻译时效和准确度相比之前都有大幅提升,但同样提升的还有运营的成本。机器翻译虽然也能够完成对文字的翻译,却缺乏对作品人物情感的把握,翻译的内容较生硬和机械,有时甚至会误导读者对作品的理解。因此如何保证翻译质量成为网络文学在海外的发展中的关键问题,只有翻译的文字具有吸引力才能让更多的海外读者喜爱网络文学。

(三)传播过程:侵权盗版行为难以规避

我国每年都会通过“剑网”行动打击盗版和侵权行为,但每年仍有大量的盗版链接和隐蔽的侵权行为未被打击,国内的版权保护仍旧处于进行时,因此对海外网络文学作品版权进行保护则更为不易。而海外的各种民间网络文学翻译网

[1] 上海艾瑞市场咨询有限公司. 中国网络文学出海研究报告2020年[R]. 艾瑞咨询系列研究报告,2020(8):42.

站虽然打开了国际市场,但也间接侵害了部分作者的著作权,由于全球互联网治理体系仍未不健全,且侵权网站不少都位于海外,因此海外侵权盗版的行为暂时还难以规避。同时,网络文学在海外的衍生品,例如影视剧、广播剧等内容是否构成对原作的侵权都处于较难界定的状态,因此维权显得更加困难。

三、网络文学版权贸易的发展策略

当前网络文学已成为国家文化强国发展战略的重要组成部分,无论是政策法律还是相关企业,都在为网络文学的持续发展营造良好的社会氛围和经济条件,为了让网络文学更好地“走出去”,为出版强国助力,我们要积极解决网络文学“出海”的各种问题,立足文化自信,扩大海外影响力,向世界展示一个真实、立体、全面的中国。

(一)国家层面:完善法律政策,积极对外宣传

网络文学在海外进行版权贸易,需要国家和相关政府单位完善法律政策。当前国家版权局在这方面已做出了许多努力,例如,在“十三五”期间,不断推动建立以合作共赢为核心的新型多双边版权关系,加强与世界多国、多地区组织的版权合作,完善了版权涉外的应对机制。同时,积极参与版权国际规则制定,加强了《著作权法》与我国加入国际条约的衔接,特别是积极推动《视听表演北京条约》在2020年4月28日生效,使之成为中华人民共和国成立以来第一个在我国缔结、以我国城市命名的国际知识产权条约。[2]

除此之外,版权保护部门也在着力提升涉外版权保护水平,开展版权海外风险防控研究项目,切实维护中国版权企业的海外权益,为对外版权贸易保驾护航。未来也应注重对网络文学版权的保护,积极与他国管理部门沟通,协商如何进行网络文学作品的版权贸易及管理。同时还需要不断提升涉外版权宣传水平,利用各种对外宣传的平台开展国际版权宣传,为中国的出版作品“走出去”铺平道路。

(二)行业层面:探索商业模式,讲好中国故事

有人曾概括当下的“世界四大文化现象”为美国好莱坞电影、日本动漫、韩国

电视剧和中国网络文学,而前三者的媒介形态都可以由网络文学进行改编和演变,因此网络文学的IP运营成为未来行业变现的渠道之一。打造海外网络文学的全产业链,可以以国内IP版权的全产业链运营为参照,打造具有影响力的IP,并对一个IP的版权进行多次开发,提升IP的知名度。随着网络文学的海外发展不断深入,整个行业也在探索着多种商业模式,包括出售版权、投放广告、打赏作者、付费阅读等方式,由于国外用户早已培养起知识付费、音乐付费的习惯,因此普及付费阅读的模式应较为容易。

习近平总书记曾指出,推进国际传播能力建设,关键是要讲好中国故事,提高国家文化软实力。网络文学利用各种数字技术和互联网平台,向海外读者积极输出我国的文化,为传播中国文化、讲好中国故事做出了巨大贡献。未来,整个产业应不断进行技术、内容、渠道的创新,向数字化、智能化、移动化转型,推动越来越多的优秀网络文学作品走出国门,传播到世界各地,让世界了解中国的同时,不断增强中华文化的国际影响力。

(三)企业层面:发展革新技术,打造精品内容

在中国网络文学积极"出海"进行版权交流与贸易的背后,少不了国内的大型出版企业的支持和引导。阅文集团作为国内最早探索网络文学版权贸易的企业之一,收购了在海外粉丝翻译网站中排名第二的Gravity Tales,正式上线了"起点国际"这一海外网络文学翻译网站,率先推广国内的付费阅读商业模式,改变了中国网络文学海外传播的格局,并与WuxiaWorld这一最大的粉丝翻译网站形成竞争。掌阅科技则在多个国家上线了具有本地化特征的产品,并将网络文学内容翻译成多种语言,覆盖40多个"一带一路"沿线国家和地区,进行国际版权合作,不断输出优质的网络文学作品。以技术为主导的推文科技则利用AI技术解决翻译痛点:人工翻译成本极高,机器翻译却并不准确,影响用户对作品的理解。随着人工智能翻译技术的发展和以AI翻译为核心的内容开发平台的出现,网络文学的翻译效率有了质的提升,不仅大大降低了人工翻译的成本,还提高了原本机器翻译的准确程度,改善了海外读者的用户体验,满足了海外市场不断增长的网文作品内容阅读需求。[8]

当前,我国拥有1400多万网络文学作者,其中有70万左右为签约作者,网络

文学作品2500多万部,作者众多且作品规模巨大,内容题材极其丰富,其中不乏各种文学精品。未来,各网络文学相关企业应秉持传播中国文化、讲好中国故事的理念,不断从这些精品中选取适合当地民众的、具有代表性的、能够传播中华优秀文化的作品,经过精心翻译后输出到更多的国家,让全世界更加了解中国,提升中国的国际话语权,推动中国出版"走出去"。

结　语

中国的网络文学经过长期发展,不断提升自身的发展优势,从国家政策到产业格局,从作品内容到用户规模,已形成一个较为完整的网络文学产业,并有着不断更新的法律法规为其保驾护航,整体的网络文学版权贸易环境良好。但在中国网络文学在海外进行版权贸易、版权输出的过程中,海外版权政策的模糊含混、中西方之间的文化差异、网文作品质量参差不齐、侵权盗版行为屡见不鲜等这些现存问题始终禁锢着海外网络文学版权贸易的发展。

因此,当前版权贸易工作要从被动适应国际规则转变到主动参与、引导国际规则制定,不断提升版权国际话语权和影响力。从国家层面不断促进国际社会推动相关法律法规的制定,构建一个和平、安全、开放、合作、有序的网络空间,并不断宣传中国的网络文学版权作品;从行业层面积极探索多元化的商业模式,推动网络文学平台的数字化、智能化转型;从企业层面要不断发展革新技术,打造具有影响力的精品内容,传播中国文化,讲好中国故事,加快中国出版强国的建设,推动中国出版"走出去",向世界展示一个具有千年文化古韵的、温和的、亲切的、极具包容性的中国。

短视频平台的音乐版权侵权问题探析

熊晓如

摘　要：随着互联网以及各种移动通信技术的发展，短视频正以锐不可当的态势成为网络时代下的热门新媒介。短视频产业从萌芽到鼎盛仅用了短短几年时间，凭借着“音乐+内容”的形式，以及即时性、碎片化的特点，吸引了大量的网络用户，一定程度上推动了社会的经济增长；但同时不可忽视的问题是由于短视频产业过于迅猛的发展导致相关规范机制落后于平台的发展速度，其中尤为明显的当属短视频中频发的音乐侵权问题。本文将从短视频涉及的音乐版权侵权问题出发，阐述短视频平台的音乐版权保护现状，分析构成短视频音乐侵权现象的成因，并为日后短视频平台的良性发展和建立音乐版权保护规范提供建议。

关键词：短视频　音乐侵权　版权保护

绪　论

互联网媒体技术的发展以及快节奏生活状态下带来的用户注意力碎片化特性，使短视频凭借其长度短、门槛低、社交性强[1]等特点受到了诸多网民的追捧，逐步扩展丰富了人们的精神娱乐生活。尤其浏览“抖音”“快手”等当下大热短视频平台的视频占据了网民的大部分业余时间，对于类似短视频平台的“爆火”，其背景音乐的作用可以说是功不可没。但并非所有短视频制作者都是其背景音乐的原创人，因此导致了在当下网络和数字技术裂变式发展的环境下，著作权的侵权行为却日益猖獗的问题。[2]对于当下频繁发生的音乐侵权事件，短视频平台应当如何应对，是包括“抖音”“快手”等在内的各短视频平台亟须解决和改善的问题。

---

[1] 徐晶．短视频著作权问题研究［D］．杭州：浙江大学，2017.

[2] 杨双贵，张敬宇．网络环境下音乐作品著作权保护研究［J］．戏剧之家，2018（29）：44-45.

（一）研究背景

在媒体融合的社会背景下，大部分网络用户逐步选择社交媒体平台作为线上互动交往的重要空间。第47次CNNIC数据显示，截至2020年12月份，我国的网民规模已达到9.89亿，其中仅网络视频用户数量就达到了9.27亿，相比2020年3月增长了7633万；另外，短视频用户数量也较2020年3月增长了1亿，用户规模达到了8.73亿，占网民整体的88.3%。[1]由此可见，我国大部分的网民均为网络视频用户，同时由于当下短视频平台“井喷”式的发展，视频用户也正逐步向短视频领域过渡。如今，短视频行业虽呈现出一种高速发展的状态，但由于存在社会相关政策制度落后、平台体制监管不力及部分网民缺乏音乐版权保护意识等问题，短视频平台上侵犯音乐版权的事件频繁发生。音乐侵权事件的频发引发了人们对于相关音乐版权问题的思考，在短视频行业迅猛发展的当下，社会及视频平台都应加强对相关音乐版权的保护。本文正是通过对典型短视频音乐侵权案例进行梳理，分析短视频中现存的音乐侵权问题与背后成因，提出相关建议，以期促进短视频平台音乐版权问题的解决。

（二）研究意义

短视频行业的快速发展离不开数字音乐的辅助，正如有研究者指出“快抖之火，一半是视频，另一半是音乐”，[2]也就是说数字音乐在短视频制作中发挥着越来越重要的作用。以“抖音”“快手”为代表的音乐类短视频App走红网络，更加印证了音乐与短视频是相辅相成、相互依赖以及相互促进的关系。所以，短视频中存在的音乐版权问题理应受到社会的关注，这样才能平衡好短视频平台、视频创作者、视频音乐原作者等方面的利益，促进短视频市场的健康发展。

（三）文献综述

关于短视频音乐的版权问题的研究，以往研究者主要是聚焦其侵权现状、侵权问题出现的原因等方面，并提出自己的相关建议与观点。例如，王光文提出，

---

❶ 中国互联网络信息中心．第47次《中国互联网络发展状况统计报告》［R/OL］．［2022-05-20］．http://www.cac.gov.cn/2021-08/03/c_1613923423079314.htm.

❷ 李玉洋．快抖之火，一半是视频，另一半是音乐［N］．IT时报，2020-05-01（007）.

对于视频音乐的侵权问题，其中视频平台方或网站经营者应当对版权侵权问题负责，应履行作为平台方或经营者的义务，包括及时发现侵权行为以及时刻防范侵权风险；[1]龚逸琳则立足于短视频平台与内容创作者，以两者之间的利益衔接为出发点，提出当前短视频平台确实存在有放任侵权行为不管，以及具体侵权责任落实难等问题；[2]司思认为目前导致短视频音乐版权保护难的主要原因在于社会有关短视频音乐版权法规政策界限规定不明晰。[3]通过梳理短视频音乐版权研究的相关文献可以看出，目前学界对短视频音乐版权问题所产生的讨论有限，且关注层面不一。为此，本文将通过案例分析，探讨短视频中数字音乐的侵权问题，并提出相关解决举措与建议。

一、短视频平台中数字音乐侵权的典型案例

短视频"音乐+内容"的传播模式在极大丰富了人们的娱乐生活的同时，由音乐的使用而引发的各种侵权问题也接踵而来。其中，尤为典型的案例包括网红冯某在一次"斗鱼"直播活动中未播放了经授权歌曲片段，随后中国音乐著作协会以侵犯其著作权为由起诉了"斗鱼"直播平台。还有短视频MCN（Multi-Channel Network，多频道网络）平台"papitube"旗下其视频博主在一次广告短视频中，在未取得原作同意的情况下擅自使用了日本独立音乐厂牌"Lullatone"的原创歌曲被起诉至北京互联网法院。由于这两例侵权事件涉及的都是知名度较高的网红，所以本文将通过分析这两起案例，进一步探讨数字音乐侵权问题所在。

（一）冯某直播播放未授权歌曲致"斗鱼"平台被起诉案例

"网红"冯某在2018年一次直播互动过程中，播放了未获授权歌曲片段，之后"斗鱼"直播平台便被中国音乐著作权协会起诉至北京互联网法院，起诉理由是武汉斗鱼网络科技有限公司侵害了中国音乐著作权协会对词曲享有的信息网络传播权，该协会要求"斗鱼"直播平台对涉案歌曲的著作权侵权进行赔偿共计4万余元。此案在2018年12月27日由北京互联网法院作出一审审判，判决斗鱼

[1] 王光文．论视频网站UGC经营者版权侵权注意义务[J]．国际新闻界，2012(3)：28-34．

[2] 龚逸琳．UGC短视频中数字音乐权保护问题及对策研究[J]．新媒体研究，2019(11)：48-52．

[3] 司思．论短视频平台的数字音乐版权保护[J]．西南政法大学学报，2018，20(5)：113-121．

网络科技有限公司赔偿中国音乐著作权协会5200元，其中包括2000元的经济损失及因诉讼支出的合理费用3200元，同时驳回中国音乐著作权协会的其他诉讼请求。

（二）某视频博主某广告视频使用未经授权音乐被起诉案例

短视频MCN平台“papitube”旗下的一名视频博主于2018年8月份的一个“2018最强国产手机大评测！”的视频中，擅自使用了未经授权的日本音乐厂牌“Lullatone”的一首原创歌曲，之后被“VFine”平台起诉。“VFine”平台表示，“Lullatone”方在2018年12月得知自己的原创歌曲被该视频博主所盗用，便与“VFine”平台建立了合作关系，委托“VFine”方代理“Lullatone”厂牌在中国的所有维权事宜。于是“VFine”于2019年4月份以“papitube”侵犯了“Lullatone”的录音录像制作者权为由起诉了“papitube”，要求“papitube”方立即停止该涉及侵权的短视频在一切平台上传播，并赔偿其经济损失及维权合理开支共计25万余元。此案2019年8月30日在北京互联网法院的第五次开庭中作出一审判决，法院最终判决被告“papitube”确实构成侵权行为，需赔偿原告方及音乐原创者“Lullatone”方共7000元，包括经济损失4000元及合理支出3000元，至此这一侵权案才算尘埃落定。

此侵权事件一经曝光后，该视频博主便即刻下架了相关视频并在微博上发文致歉，表示确实是自身版权意识不强，未经许可就擅自使用了音乐，收到通知后立即将那期视频全网下架，也表示日后会更加注意音乐版权的问题。这起侵权事件曝光后迅速登上微博热搜，引发超过3万次的讨论度，点击阅读量超过3.6亿，被媒体称为“MCN商用音乐侵权第一案”，为短视频行业的版权管理敲响了警钟。

由此可见，不论是“斗鱼”还是“papitube”，“避风港原则”都不是平台的免责理由。随着直播、短视频相关行业成为全民热潮，平台内容的版权问题一再被暴露出来，如原创作品、素材未经许可擅自使用，以及二次篡改、盗播、剪辑等均可能对原创作者构成侵权。对于短视频平台来说，面对数量庞杂的UGC（User Generated Content，用户生产内容，也称UGC，User Usercrrated Content），更应该加强短视频中数字音乐的版权规范，其中既需要视频内容生产者强化自身版权意识，也需要短视频平台在内容引导、审核监管等方面进一步完善机制。

二、当前短视频中存在的音乐版权侵权问题

毋庸置疑，数字音乐是短视频制作的一项重要的元素，与视频内容之间是相辅相成的关系。同时，背景音乐与视频内容的融合使用户可以从听觉和视觉两个方面产生共鸣或兴趣，令短视频的传播形式和层次更丰富，为短视频行业发展注入了鲜活的能量。然而各种关于音乐版权的问题也接踵而来，有很多数字音乐在未经授权的情况下被二次创作与修改，更有甚者，直接在已有音乐作品的基础上，另外填词，使其成为自己的作品。总的来说，短视频中有关数字音乐版权的问题主要体现在以下几方面。

（一）未获授权，直接将原曲作为自己短视频的背景音乐

由于短视频的时长有限，一般在几十秒到几分钟之间，所以通常难以仅靠一段短视频就将故事表达清楚、完整，这种情况下，背景音乐就发挥了至关重要的作用，通过背景音乐的渲染可以优化视频内容，扩大传播效果。尤其在新媒体时代，随着信息碎片化趋势加深，“抖音”“快手”等短视频平台的传播内容凭借着扁平化、时效性等特点逐渐获得各大资本、平台和粉丝受众的拥护。[1]但并非所有视频制作者都是音乐原创人，所以就出现了在未获得原曲作者授权的情况下截取部分音乐片段或直接应用整首音乐作为自己的视频背景音乐的问题。这一问题在“抖音”“快手”等短视频平台中尤为常见。

（二）未经许可，私自“二翻”“二改”原曲

随着短视频平台的用户规模越来越大，网民对于短视频的音乐需求也随行业的发展不断变化，用户除了可以选择添加平台提供的音乐之外，也可以自己定义个性化音乐上传。然而在视频用户为短视频内容添加背景音乐时，有许多音乐作品未经原作授权就被直接用于二次创作与修改。通常来说，翻唱用户应该在短视频片头或片尾对词曲作者进行署名；另外，如果需要对原曲进行二次创作，翻改者需要获得词曲作者对应词曲的表演权、信息网络传播权，在此基础上

[1] 冯晓霞．短视频是风口还是炒冷饭[J]．光彩，2017(7)：40-41．

才能对原曲进行二次创作。

三、短视频音乐版权保护的现实困境

如今的短视频行业发展得如火如荼，其中构成音乐版权问题的成因也繁杂不清。对于短视频平台上存在的音乐侵权问题，其背后既有基于互联网等移动媒体技术发展不完善的现实因素，也有短视频行业，以及用户自身的版权意识淡薄的主观因素。

（一）音乐版权侵权认定界限模糊

短视频多是以背景音乐作为内容的支撑点，音乐是短视频的重要组成部分，但目前各方对于如何界定侵权行为却处于一种模糊不清的状态。一般在实践中，使用者是否用所采用的音乐来获取利益是判断其是否构成音乐侵权行为的边界，也就是说判断一个作品是否触犯了版权的标准是看该使用者是否依靠此音乐来谋利。

但在如今这个网络音乐泛滥的时代，短视频平台用户使用背景音乐究竟是出于喜欢而单纯分享还是出于私心营销自己，是没有一个明确的边界能够衡量的。于是，音乐版权侵权行为的界定就存在了界限模糊的问题，导致侵权行为在各短视频平台出现。

（二）侵权赔偿标准模糊

在当下这个热点事件不断更迭的社会，一件事情或一首音乐要想能持久被人关注，就需要不断地被提起，而刚好短视频平台就给予了那些本可能转瞬即逝的音乐作品持久传唱的可能，经过大量用户的转载与使用，音乐作品的商用价值得到了提高。因此，对于他人使用自己的音乐作为背景音乐，对音乐版权所有者来说一般不会有什么损失，反而是可以起到帮助提高自己音乐作品知名度的作用，而音乐版权所有者实际损失无非就是音乐使用者没有支付自己的著作权许可使用费。而对于具体侵权金额的判定标准目前没有明确法律规定，所以存在音乐侵权应赔金额标准缺失这一问题，而且，通常还会出现判决结果与原告要求金额相差甚大的情况，譬如“网红”冯某擅用他人曲目被诉侵权案件，原告要求赔偿4万余元，结果最终法院只判决5200元；还有“Papitube”短视频配乐被诉侵权案件，原告要求支付25万余元赔偿金额，法院最终的判决也只是赔付7000元。

（三）短视频音乐使用者版权意识淡薄

短视频中之所以存在不少数字音乐侵权问题，主要原因还是在于短视频制作者在应用音乐时没有意识到应提前获取原曲作者的许可，对于著作权的认识不够。

随着越来越多的未经授权使用他人音乐被诉案例的发生，网络用户才意识到原来短视频配乐也是会造成侵权的。另外从用户本身的角度来说，部分用户对音乐侵权问题也存有侥幸心理。在他们了解到大家都在这样做的时候，就会产生一种“法不责众”的心理。正是用户存有这种侥幸心理，短视频平台中关于音乐版权的问题才越来越多。

（四）平台和用户侵权的具体责任方不明晰

对于短视频平台频发的音乐侵权问题，具体的侵权责任应该落实到用户方还是平台方，至今仍没有相关的明确规定。通常来说，背景音乐应用于短视频的方式有两种：一是用户自己使用短视频平台已有的音乐在线制作视频；二是用户线下自己使用未授权音乐制作配乐然后上传到短视频平台中。针对第一种情况，如果直接追责平台方的侵权行为，就会出现责任转移的情况，因为如果令平台方去追责实质构成侵权行为的短视频用户，会出现追究空白期而导致追责难以落实；而针对第二种情况的追责，虽然此时侵权责任可以直接追责用户方，但同时短视频平台作为内容监管者，是否需要承担相应的责任，以及需要承担的责任是多少，也无法明晰。[1]

四、短视频数字音乐版权保护对策

短视频行业的发展前景较好，所以短视频音乐版权问题需尽快解决。另外，短视频平台中暴露出的音乐版权问题也恰恰说明了我国的短视频音乐版权保护机制目前仍处于一种不完善的状态，如果要建立一套完善的音乐版权保护体系，

---

[1] 司思．论短视频平台的数字音乐版权保护[J]．西南政法大学学报，2018，20(5)：113-121.

需要国家相关法律部门、短视频平台及短视频用户的共同努力。

(一)职能部门:完善相关的法律法规

在目前短视频行业兴盛的环境下,传统的音乐授权模式已经不能适用于当下即时性、碎片化的短视频使用需求,需要相关法律法规部门加以重视并完善有关视频音乐版权的法规体系,结合当前互联网传播的特点,建立一套完善高效的短视频音乐授权体系,从本质上解决原创音乐人与短视频用户之间的利益碰撞。目前,解决短视频音乐侵权问题主要还是依靠《中华人民共和国著作权法》,但随着网络的发展及短视频行业的变化,其适用性也应随之而有所改变,这就需要有关部门制定相应的法规政策、管理条例等来进行管理。

(二)短视频平台:提高自制力,加强音乐版权保护监管力度

短视频平台作为视频内容的监管责任主体,规避侵权问题发生的首要做法便是增加其授权的音乐作品数量,丰富授权曲库,争取从平台源头上解决短视频音乐版权问题。此外短视频平台也需要提高自制力和监管力,加大作品审核力度,定期下架处理构成音乐侵权问题的视频作品。

另外,短视频平台也应与音乐版权所有者进行交流与合作,为平台争取到更多的授权音乐来减少平台内的音乐侵权问题。同时,短视频平台也可以多鼓励原创作品,帮助短视频音乐人推广其作品,以此来促进短视频平台的长远发展。

(三)短视频用户:增强音乐版权意识

我国现有的网民基数十分庞大,同时短视频制作的低门槛特点使得众多网络用户加入短视频创作这一巨大流量池中,随着短视频行业的发展,不乏一些用户无视音乐版权,任意使用、改编其他音乐作品,从而构成侵权事件。所以应增强用户的音乐版权意识。但由于短视频平台用户十分庞杂,所以提高短视频用户的版权意识是一个长久的过程,需要多方合力,共同提高用户方的音乐版权意识。

结　语

短视频的"音乐+内容"模式在迎合受众的情感性、即时性需求的同时，也带来了一系列背景音乐侵权行为，阻碍了短视频与数字音乐行业的健康发展。音乐版权保护问题需要相关法律规范的完善与落实，也需要短视频平台加强监管与审核，同时作为短视频用户的我们也需要提高自身的版权意识来共同促进短视频行业的健康持续发展。

新媒体时代有声读物版权保护困境与对策分析

张　颖

摘　要：随着移动互联网的飞速发展，人们获取信息的方式越来越便捷，人们的阅读方式也逐渐被改变。有声读物从“看书”到“听书”的转变顺应了社会发展的趋势，受到越来越多用户的喜爱。但就目前的发展状况来看，有声读物行业仍面临很多问题。本文将对有声读物的缘起和发展现状进行梳理和概括，指出有声读物行业目前所面临的种种困境及其原因，并对有声读物版权保护问题进行策略探讨，为有声读物行业发展提供建议，希望能够为有声读物行业发展贡献力量。

关键词：新媒体　有声读物　版权保护

一、有声读物介绍

（一）概念

根据美国有声书出版商协会（Audio Publishers Association，APA）的界定，有声书是指包含不低于51%的文字内容，复制和包装成盒式磁带、高密度光盘或者单纯数字文件等形式进行销售的录音产品。根据有声书载体的差异，可将其分为实体有声书（physical audiobooks）和数字有声书（digital audiobooks），数字有声书因具有便捷的可下载性，因此也被称为可下载有声书（downloaded audiobooks）。[1]我国的有声读物的主要内容包括神话故事、经典名著、传统曲艺等。新媒体时代，科学技术的发展为有声读物的发展提供了更广阔的空间，有声读物不再局限于文字作品的有声化，也可以借助智能终端成为一种新的阅读方式，延伸范围更加广阔。

[1] 庄廷江．美国有声书出版与发行模式探析［J］．出版发行研究，2017（2）：89-92.

（二）发展概况

有声读物最早出现在美国，由美国盲人联合会出版，其目的是辅助盲人读书。美国的凯德蒙唱片公司是第一家以有声读物出版发行为主营业务的公司。我国最先出现的有声读物是20世纪90年代中期高等教育出版社音像中心出版的《世界名著半个小时》，之后相继出现了湖南电子音像出版社、北京鸿达以太文化发展有限公司、北京静雅思听信息咨询有限公司等机构出版发行有声读物。[1] 1994年先后出版的《高老头》《平妖传》等国内外经典名著的录音制品使我国的有声读物开始崭露锋芒。发展至今，从唱片、广播、磁带到网络电台，有声读物的市场规模越来越大，经过近年来的迅猛发展，目前已经初具产业规模。

二、我国有声读物现状分析

从我国有声读物的发展状况来看，早期阶段存在着内容质量不高、种类单一、行业标准不完善等问题。当时的人们普遍没有“听书”的习惯，对“听书”的认可度较低，并且市场监管力度较低导致盗版盛行。此外，内容编排不合理、产品制作水平低等问题导致盈利模式单一，难以形成完整的产业链和模式。我国有声读物的发展面临诸多困难。同时期国外的有声读物已经具备了成熟的产业链，例如“亚马逊”的Kindle，该平台上的书多数都有有声版供用户“听书”，该平台还针对不同的用户提供相应的“听书”门店，并且国外用户的版权意识和付费习惯也早已相对成熟。

根据马斯洛的“需求理论”，当人们基本物质需求得到满足后，就会开始追求更高层次的自我实现需求，有声读物的出现恰好能够使用户利用碎片化时间在精神上寻求熏陶和享受。据统计，2019—2020年，我国有声书的用户规模从4.78亿人增长至5.69亿人，市场规模从63.6亿元增长至94.7亿元，处于持续增长阶段。[2]目前，我国有声读物的受众群体大致可以分为三类：第一类是有阅读障碍的群体。对于这类群体来说，有声读物恰好满足了他们对阅读的需求，这类人群

[1] 田莹．新媒体时代有声读物的发展[D]．开封：河南大学，2013.

[2] 艾媒咨询．2020年中国有声书行业发展趋势研究报告[EB/OL]．(2020-12-18)[2021-01-08]．https://www.iimedia.cn/c400/75882.html.

也是我国有声读物的重要受众群体。第二类是缺乏阅读条件的群体。新媒体时代的到来，使人们处于快节奏、碎片化获取信息的状态下，由于生活节奏较快、工作压力较大等原因，很多用户没有较多完整时间和充足的条件去阅读纸质书籍，因此，有声读物恰好满足了这类人群的需求。第三类是以兴趣为出发点的受众群体。这类群体的最大特点便是对声音情有独钟，听有声书已经成为这类人群生活的一部分。

随着网络的便捷化发展，有声读物的内容来源也更加广泛，既有PGC（Professionally-generated Content，专业生产内容，也称PPC），也有UGC（User Generated Content，用户生产内容），还有PUGC（:Professional Generated Content + User Generated Content，专业用户生产内容或专家生产内容）。以“喜马拉雅”App为例，该平台便是PUGC的典型平台，其中既有专业团队制作的内容，也有用户自己的原创内容，但内容来源丰富的同时也出现了内容质量参差不齐等问题。我国的有声读物产业链主要由内容版权方、制作方、渠道方、服务支持方与用户等几个方面组成。虽然国内有声读物领域的企业逐渐增多，但是目前的竞争主要集中在头部平台，优质的内容和版权仍是各平台争夺的重点。目前，学界对有声读物的版权保护的研究主要以个案研究为主，虽然个案研究的针对性较强，但是就整个行业的发展来看，单一的个案对于整个行业的发展还不具有完全的适用性。因此，本文将从整个有声读物行业发展的角度来探讨有声读物所面临的问题及其发展路径，特别是制约我国有声读物良性发展的内容质量参差不齐和侵权问题。

三、有声读物发展过程中面临的问题

（一）从业人员版权意识淡薄，法律法规不完善

有声读物的版权不仅涉及作者、演播者和制作者，翻译、改编、传播等工作的相关人员都需要获得相应授权，而相关从业人员的版权意识淡薄，没有维护版权的观念。再者，从我国目前的法律法规来看，关于有声读物的法律法规位阶较低，且有针对性的法律法规少之又少，相关权利的规范概念模糊，维权难度大。版权保护规范不到位，一方面消减了生产者的创作热情，另一方面对于有声读物

行业的良好发展也有一定的消极影响。

（二）高品质产品成本高，版权保护难度大

在“注意力经济”时代，用户的注意力被各种软件分散，但是优质的内容仍是制胜的法宝。具体到有声读物行业，高品质的内容依然是赢得市场的关键。但由于高品质的有声书制作成本高，从购买版权到编辑再到后期制作都需要大量的费用，而由于内容的可复制性较高，抄袭者能轻而易举进行盗版，并且能在较短时间内通过修改内容或删除相关记录的方式造成版权方的无效举证。以上这些原因导致了有声读物版权保护成本高、难度大。

（三）内容同质化严重，质量参差不齐

网络的便捷化打破了时间和空间的局限，为有声读物的发展创造了更为便利的条件。现阶段国内市场上有大量的有声读物平台，例如“喜马拉雅”“荔枝FM”“懒人听书”等，除去专门的听书App还有以微信公众号为代表的听书渠道。面对众多的听书平台和渠道，没有统一的质量标准，很难保证各平台的内容质量，加之有声读物的制作成本较低，任何人只要有一部手机就可以完成录制、上传等操作，这也造成了作品质量参差不齐的问题。此外，我国的有声读物产业中，网络文学占了较大比重，内容制作方主要以网络文学网站为主，而目前网络文学作品的故事类型、情节设定都十分相似，内容同质化程度较高；而各传播渠道难以和版权方及内容制作方达成排他性合作，不能掌握优质的版权，致使作品水平良莠不齐，进而影响有声读物行业的整体发展。

四、版权保护困难的原因

（一）侵权责任认定困难

大数据、人工智能的发展使得人们获取信息的途径更加便捷，大部分有声读物都可以通过App平台下载和存储，甚至可以通过云盘等形式进行永久保存和传播，因此，在数字时代，有声读物几乎可以实现零成本的盗版复制。再者，新媒体时代人们接触网络文学的途径也较多，电子化的阅读方式为用户带来极大的

便利，同时也为盗版提供了捷径。其次，有声读物的侵权主体主要是网民和制作平台。针对数量庞大的网民进行非法分享付费音频的相关法律法规较少，并且由于这类网民多为个体，身份信息追踪困难，侵权责任认定自然也十分困难；另一方面，有声读物制作平台在制作过程中经常会因为流量和播放量等商业因素，忽视对产品的筛查和甄别，大量有版权问题的作品出现在平台上，而当被告知侵权时，平台总会找到借口逃避责任，导致侵权责任无法认定。

（二）滥用“避风港”原则

“避风港”原则是指在发生著作权侵权案件时，如ISP（网络服务提供商）只提供空间服务，并不制作网页内容，当ISP被告知侵权，则有删除的义务，否则就被视为侵权；如果侵权内容既不在ISP的服务器上存储，又没有被告知哪些内容应该删除，则ISP不承担侵权责任。后来“避风港”原则也被应用在搜索引擎、网络存储、在线图书馆等方面。[1]而在现实的案例中，一些互联网平台经常把“避风港”原则当作“挡箭牌”。例如，网络服务提供者必须在接到侵权通知后对其作品进行下架删除，可这时，被侵权人已经处于权利被侵犯的状态，而在“避风港”原则下这些网络服务提供者却可以避免受到惩罚。从某种程度上来说，“避风港”原则从侧面助长了网络服务商侵权的风气。

（三）网民版权意识薄弱

保护有声读物版权的有效方法之一便是提高网民的版权意识。而较长时间以来，我国的网民已经习惯于使用搜索引擎等免费平台获取信息和资源，大部分网民的知识付费的意识较弱，面对有声读物作品时同样也希望能零成本获得相应的资源。这种“零成本”的获取习惯已经成为网民的某种共识，当付费资源出现时，人们就会下意识地去寻找免费的资源，网民这种“免费”的意识对有声读物的版权保护十分不利，也导致有声读物盗版资源现象不止。网民淡薄的付费观念和版权意识严重影响了有声读物的发展。

---

[1] 张宏．从百度文库案看我国版权保护新模式探索[J]．出版广角，2012(7)：32-34.

五、有声读物版权保护策略探讨

(一)打造“区块链+版权”的保护模式

技术措施是保护版权的重要手段,区块链的公开化、去中心化、安全透明等特点能为有声读物版权保护提供新的方向。区块链作为一种链式数据结构,由数据块按照时间顺序相连的方式组合而成。以密码学等相关技术方式保证其不可篡改性和不可伪造性,是一种类似于分布式账本一样的数据结构。将其运用到有声读物的版权保护上能够有效降低成本,有声读物产业链上的主体较多,繁杂的联络方式导致各主体间通信效率低下,且容易出现问题,区块链技术的应用可固定流通记录,不仅可以防止未授权作品的传播,而且大大提高了效率。而当盗版作品出现在网络上时,版权拥有者可以将未经改变的版权信息作为维权的证据,降低维权的难度。此外也可将信息加密技术和指纹技术应用到有声读物的版权保护,通过语音识别技术有效防止信息被复制和盗取。

(二)建立规范机制,并提高审查标准

首先,UGC模式下,每一位用户都可以成为有声读物的制作者,这为平台积攒了大量的用户,但这些用户并不具备专业素养,制作的产品质量参差不齐,导致平台有声读物的整体质量不高,不利于有声读物行业的良性发展。而目前很多平台都没有对用户和上传内容建立相关的规范机制,合理的上传门槛、科学规范的机制既能保证有声读物的质量,也能吸引更多潜在用户。其次,各类平台的作品种类繁多,用户版权意识不强,而平台的审查机制也不完善,容易导致侵权行为的发生。平台可通过“技术+人工”的双重措施来对内容进行审查,当用户的作品达不到标准或涉及版权问题时及时告知,并拒绝其上传,从而逐步完善平台的审查机制。若作品涉及侵权问题并已经出现在平台上,则要予以一定的处罚。

(三)树立知识付费观念和版权保护观念

互联网发展至今,培养了一批又一批免费使用、免费传播网络资源的网民,即便是知识付费时代的到来,也没能改变一大部分人的观念,依旧倾向于寻找免

费的资源。而使用户树立知识付费的观念对保护有声读物的版权至关重要。首先人们愿意付费一定是因为付费内容质量高，品质有保证的同时还能节约用户寻找资源的时间，因此高品质的作品打造对用户付费观念的形成有重要影响。其次，服务商也要善于宣传，引导用户进行知识付费。相关制作者要根据不同平台和不同用户的需求有针对性地进行宣传和服务，为用户提供优质的产品体验。此外，国家也可以进行版权保护相关的普法宣传活动，提高公众版权保护的意识，促进公众自觉保护有声读物的版权。

结　语

总之，新媒体时代的到来和技术的革新为有声读物产业创造了新的发展机遇，而在这过程中也存在着复杂的版权问题。有声读物作为新媒体时代的产物，若想获得良性发展，需注重内容质量与版权保护问题，通过相关法律法规和行业自律以及网民的自我规范等着重加强版权保护，利用好人工智能和大数据等科技手段保护内容生产者的合法权益，进而促进有声读物平台的良好运行，为有声读物行业营造良好的发展环境。

浅析自媒体微信公众号内容版权保护

郑佳悦

摘　要：在网络通信技术飞速发展的今天，微信已成为人们日常必备的社交通信软件之一。随着微信版本的迭代，新技术的不断融入，微信公众号丰富的内容和平台服务在给人们提供信息便利的同时，也出现了许多侵权现象。以微信公众号为代表的自媒体内容侵权不同于传统媒体，维权界定难，为自媒体公众号原创作者维权增加了难度。本文从用户自身、行业及政策方面对自媒体账号如何维权提出了相关建议，希望以此来促进自媒体账号内容版权的合理保护和健康发展。

关键词：微信公众号　自媒体　版权保护

随着网络通信技术的飞速发展，各行各业的经营模式逐渐发生改变，微信公众号不仅改变了人们日常获取信息的方式，也逐渐成为许多商户广告投放的主要形式。随着网络知识的不断普及，互联网用户的队伍不断扩大，越来越多的自媒体用户也逐渐活跃其中。这些自媒体用户能够通过微信公众平台相对自由且更迅速地发布自创的精神文化产品。但同时，由于自媒体领域准入门槛较低，网络自媒体监管机制较为薄弱，自媒体内容侵权事件频发。因此，分析如何保护自媒体的内容版权，思考如何更好地维护自媒体原创作者的著作权，具有十分重要现实意义。

一、自媒体账号运营模式及特征

（一）微信公众号的运营模式

与传统出版物不同，自媒体账号受到各种新兴技术的影响，在内容呈现方面结合了各种传播形式的精华。以微信公众号为例，公众号的呈现形式通常丰富多样，除了有文字、图片、音频、视频等基本媒体形式之外，还有一些交互功能。由于自媒体领域准入门槛较低，基于不同作者的不同水平，微信公众号并没有固定的运营模式。但与其他出版物相似的是，运营自媒体的核心关键还是在于优质的内容。只有优质的内容才能吸引更多的用户阅读、点赞、转发，从而实现流量变现。

（二）微信公众号的特征

微信公众号近年来越来越受到大众青睐。2017年，微信公众号已经多达2101万个，相较于2014年，数量已整整翻了三倍。至2018年1月，微信使用人数超过10亿，在这10亿用户中，74.3%的用户关注微信公众号。[1]微信公众号与其他自媒体账号的大体特征相同，但也有不同之处，主要具有以下特征。

1．传播内容与对象多元化

微信公众号作为自媒体的一种，打破了传统媒体以内容生产者为中心的局面，实现了从内容生产者为中心到用户为中心的转变，其用户也更加多元化。自媒体的不断发展，逐渐从以内容传播为中心演化为以用户需求为中心，通俗地讲，传播内容的生产者一些能够左右多数人态度倾向的少数人团体，而转变为以微信为主的各类社交平台上的广大用户。[2]其传播内容不仅是文字，而是以文字、图片、音频和视频等结合的多元化形式呈现。在传播受众方面，则是体现出受众更加平等化和多元化的受众特点。因为自媒体准入门槛较低，所以在合法合规的情况下，任何人都可以成为信息的传播者，任何人也都可以成为信息的接收者，任何内容都可以被传播，这些信息能够被越来越多的人分享、点赞，甚至打赏。用户的需求和喜好逐渐被放在内容生产要素的核心地位，更受用户欢迎的内容正在源源不断地产生。

2．写作与阅读方式碎片化

呈碎片化趋势的不仅仅是阅读方式，还有写作形式。微信公众号内容生产已经由原先的“精神领袖”为中心转为以用户为中心，内容具有深度、篇幅较长的文章已与人们快节奏生活不相适应。反而是碎片化信息更易被人们接受。如

---

[1] 张浩宇，陈唯一．微信公众号侵犯著作权的现状、成因及规制[J]．法制博览，2020（9）：27–29.

[2] 陈云萍．自媒体微信的传播特征及其“使用与满足”研究[J]．新闻研究导刊，2018，9（17）：37–38.

今，碎片化已成为整个社会信息传播的一大趋势，由于快节奏的生活模式，人们更倾向接受简短、直观的内容。因此，越来越多的自媒体作者也开始以用户喜好为创作目标进行内容生产。

3．内容形式个性化

与其他自媒体平台相似，微信公众号也同样具备显著的优势——具有个性化内容。自媒体发布的内容不同于大部分官方媒体，它们既可以单纯地发布客观事实，也可以在客观的内容中融入其主观因素，这些主观因素可以在一定程度上向信息接收者传达出个体的思想、情感等，表达方式也相对自由。对于用户而言，这种相对自由带有个人主观因素的内容和表达形式更容易让人接受并理解，而这恰好是传统媒体和一些官方媒体无法做到的。[1]对于注册微信公众平台的自媒体创业者而言，微信公众平台是一个相对自由且可以快速将内容发布的平台。与传统媒体不同，微信自媒体公众号并没有明确的如发布时间、内容字数的规定，所以自媒体作者可以在任意时间推送个性化内容，这种个性化表达形式极大地满足了当代人展示自我的心理需求。

4．更强的交互性

随着微信的迭代，微信公众号逐渐呈现出更强的交互性。在原先的微信版本中，读者便可以通过微信公众平台后台的留言聊天功能与作者互动，或者通过推送链接下方的评论区与素不相识的其他读者进行交流和点赞等活动。随着微信版本的更新，在之前的点赞和评论功能基础上，增加了打赏和“看一看”功能，作者不仅可以和读者互动，读者也可以通过分享或“看一看”的方式，以此和与自己兴趣相似的好友更好地进行互动。

5．公众开放性

微信公众号与其他自媒体平台一样，依托互联网技术，提供自由获取信息和分享观点的途径，突破了地域的限制，全国乃至世界各地的用户都可以查看获取信息。微信公众号内容也可以通过复制链接的形式在网页打开，无须登录即可查看、转发、下载，实现了内容的开放性阅读与传播。

[1] 洪蓓．基于微信公众号的自媒体乱象及应对策略研究[J]．西部广播电视，2020(9)：20-21.

二、微信公众号侵权现象分类及原因分析

（一）微信公众号侵权现象分类

微信公众号著作权侵权现象主要可以分为以下几类。第一，抄袭。抄袭是窃取别人所作文字或内容以为己作的恶劣行为。抄袭是最低劣的侵权行为，侵权者执行侵权操作较为容易，且成本最低，目前该侵权行为能够在一些平台上通过内容相似度识别系统识别。第二，转载不注明出处。部分微信公众号会转载标有作者信息的文章，若作者没有为转载方授权或开放白名单，那么该转载行为构成侵权。该侵权行为也相对比较容易被系统识别。第三，直接引用。一些自媒体作者在发布的文章中直接引用他人文章，未经原作者许可，摘录和整合他人作品，且发布时未标明引用文章出处，也属于侵权行为。最后一种，也是最恶劣的一种——洗稿。“洗稿”一词来自新媒体领域，最初指自媒体平台通过对原稿件进篡改、删减、拼凑原创段落，保持原文的思想并在不同自媒体平台发表，以掩盖其稿件的原始来源，规避自媒体原创作品著作权审查。在当下，洗稿行为的侵权判定尚未明确，许多原创作者饱受“洗稿”这一侵权行为的困扰。一些不良媒体通过“洗稿”将原创作品内容篡改、删减、进行词汇替换等行为，使原作品变得面目全非，但却难以被识别判定为侵权。经“洗稿”后推送内容不符合作品“独创性”的属性，但用于微信公众号运营的文章一般可流量变现，这种行为不符合《中华人民共和国著作权法》第二十四条规定的合理使用情形，然而目前“洗稿”难以被查重系统分辨，评判标准不明仍是维权难点。[1]

（二）造成微信公众号侵权的因素

1. 环境因素

（1）相关法律尚不完备。

尽管我国现有的相关版权法律已经为自媒体著作权的保护提供了相应的司法解释，但《著作权法》目前尚未对大量侵权并非法传播的自媒体作品和一些盗版网站的链接等问题做出明确规定，自媒体著作权难以得到相应合法保护。

[1] 张誉龄. 论微信公众账号“洗稿”作品著作权侵权判定及规制[J]. 法制与社会，2020(25)：35-36.

(2)侵权成本低且获利高。

传统著作权具有一个非常重要的特点,就是地域性。一个国家的著作权法只在该国或者国际公约国生效。微信公众号同其他自媒体一样,突破了地域性。由于微信公众号作品的载体主要是网络,其传播过程突破了地域和国别的限制,公众甚至可以从网页获得作品内容,获取方式十分简单。[1]微信公众号通过发布不同地域的热点新闻内容博取用户的眼球,并通过高点击量实现流量变现。自媒体平台每日用户点击和浏览量巨大,一些“标题党”专门通过标题内容吸引用户点击阅读来实现流量变现,而复制粘贴、抄袭他人稿件操作极其简单,侵权成本低。

自媒体平台上的作品可以在作品上传平台之后转化为数字化代码,作品被复制后,可以以代码形式隐藏在网络信息中,难以被发现。目前尽管微信公众号平台可以针对大段重复或相似度极高的稿件识别是否侵权,其他的情况仍难以判定。自媒体维权的过程更加困难,举证难且维权周期长。因为网络突破了地域性,侵权人与被侵权人可能在地区上相距甚远,而根据我国法律,权利人应去侵权行为发生所在地法院或被告人居住地法院提起诉讼,提高了维权成本,增加维权难度。

2. 使用主体因素

(1)大众对自媒体平台的作品版权保护意识薄弱。

大众虽已认可传统出版物著作权,但对于开放性、共享性的自媒体作品,版权保护意识薄弱。网络上大部分作品都可以从页面上复制、下载,部分公众号运营者为了获取流量利用视频剪辑、图片编辑等软件去除图片或视频水印进行再次编辑、传播,造成侵权行为。与此同时,也存在自媒体平台因需要用户的大量信息来增加其可配置的自媒体作品资源,从而进一步增加流量和吸引更多用户,所以平台对于部分用户的侵权行为具有主观默许纵容的动因。[2]

(2)原创作者个人著作权保护意识薄弱。

作者个人著作权保护意识薄弱,也容易导致侵权行为产生。因微信公众号同其他自媒体一样具有开放性,若作者发布的原创文章未采取任何防侵权措施,

[1] 曾迎新. 自媒体著作权的保护与对策分析[J]. 传媒论坛,2020,3(17):74-75.

[2] 朱燕妮. 自媒体著作权保护困境分析[J]. 科技传播,2020,12(13):67-68.

则任何人可以在任何地点下载使用作品内容，从而导致侵权发生。因此，原创作者在文章发布前应注意是否有标注原创、添加电子水印等操作，以免文章被他人随意使用而损害了自身利益。

三、自媒体内容版权保护对策

（一）提高自媒体平台和原创作者对侵权行为的防范意识

保护微信公众号原创作者利益，应当首先提高每一位原创作者对侵权行为的防范意识，在发表文章之前，应当标注原创信息或添加无法抹去的数字水印以免侵权。此外，还应当提高公众号平台的版权保护意识，可在朋友圈等区域添加公益宣传片、自媒体著作权保护专题讲座链接、著作权保护主题活动公告等，加大自媒体著作权保护知识的普及力度。在用户注册公众号之前，增加简短的版权保护培训，帮助用户和作者增强维权意识；在自媒体内容发布之前，适当借助更精细的查重技术，进一步筛查可能存在抄袭的文章，阻止侵权文章的发布；在作品发布之后进行作品侵权排查，对于发布涉嫌抄袭、“洗稿”等侵权问题稿件的公众号平台账号予以封号并给予适当金额的罚款。除此之外，还可以结合相关技术，在稿件发布到平台后，令其他用户无法轻易复制、下载原创作品内容或下载后仅供自己学习使用，作品内部的数字水印使其无法再次通过其他账号发布，从根源避免侵权问题的发生。

（二）制定自媒体行业准入标准

要确保微信公众号侵权现象得到有效治理，就必须要适当提高微信公众号准入门槛。应根据当前社交网络发展，及时更新、优化相关管理规章制度，强化实名制注册的实施，使微信公众号逐渐走向专业化、规范化的发展途径。这就要求微信公众号平台要对新注册用户和已注册用户进行监督，主动做好信息管理工作，公众号一旦有侵权记录，可直接进行封号，从而履行好“把关人”的职责。

（三）优化自媒体用户维权机制

优化微信公众号用户维权机制可以从几个方面入手：首先，微信公众号平台应适当丰富自身功能，在平台界面上标注侵权举报等标志，优化举报端口设计，简化举报步骤，打击侵权行为，维护作者利益；其次，平台和相关政府监管部门应拓宽用户维权途径，可以从网络、法院等多渠道进行维权，实行对话监控等措施，防止维权变成"口水战"；最后，在维权成本方面，有关政府部门应采取相关措施降低维权成本，提高电子证据的法律地位，对于跨区域的侵权诉讼适当采取跨地区等协调手段保证诉讼正常进行，降低维权成本。

（四）加强自媒体侵权打击力度

在优化维权机制，降低维权成本的同时，还需同时提高侵权成本，以此来打击侵权行为，遏制侵权行为的发生。对于法定赔偿标准应予以明确，在赔偿作者侵犯作品著作权的同时，还应附加赔偿精神损失费等，同时通过平台对侵权方进行封号等惩罚。同时加大对原创作者的支持，维护原创作者的权益。

（五）完善相关法律法规

纵观我国对网络著作权相关的法律规定，虽然相继出台了《关于审理涉及计算机网络著作权纠纷案件适用法律若干问题的解释》《信息网络传播权保护条例》《最高人民法院关于审理网络传播权民事纠纷案件适用法律若干问题的规定》等，然而以上法律所涵盖、针对的侵权行为还不够全面，对于实际发生的微信公众号侵权的问题并不能完全适用，因此，为保护各平台自媒体原创作者的权益，维护网络自媒体平台安全的版权环境，有必要针对已经出现的微信公众号侵权行为进行有关法律法规的完善。[1]

结　语

随着新媒体技术的飞速发展，微信公众号已成为人们获取信息的重要途径。为了促进建设更加文明、和谐的网络版权环境，微信公众号平台应运用更先进的版权保护技术，有效保护原创作者的著作权。有关政府部门也应予以重视，及时修订著作权保护和维权的相关法律，加大侵权打击力度，降低原创作者维权成本，加强微信公众号内容的版权保护。

[1] 方达夫. 浅析微信公众号著作权侵权问题[J]. 滁州职业技术学院学报，2020，19(2)：62-66.

网络视频平台搬运视频的版权思考

——以“哔哩哔哩”平台为例

谭紫荆

摘　要：“搬运”类视频是网络视频平台的一大内容支撑，不但丰富了视频平台的内容，也为原视频作者增加了知名度。但是，视频搬运一定程度上也会分流原视频制作者的点击率。还存在未获转载权私自“搬运”，从而产生侵犯版权的问题。本文将通过选择或然率公式，从用户媒介使用习惯分析视频“搬运”现象，对比发现，有效降低用户费力程度的视频内容会被用户青睐。借助著作权法相关条例分析视频“搬运”潜在的版权风险，分析发现视频“搬运”较少被起诉的原因是原视频作者因视频“搬运”增加了大量初始用户。

关键词：视频“搬运”　选择或然率　媒介使用习惯　哔哩哔哩　优兔

数字技术的提升，让网络的存储量增大，不同主体生产的内容都因技术的进步而能够上传至网络空间。移动设备的生产技术提升、生产成本降低，拥有一台智能手机无须高昂的成本，加之移动设备流量使用成本降低，辅助手机剪辑的软件，如“剪影”等，也为想要进行内容创作的个体提供了技术支持。随时随地观看以及制作视频不再是一件难事，个体的内容创作潜力被挖掘了出来。

视频“搬运”是“哔哩哔哩”平台早期的一大内容特色，主要是用户转载其他平台原作者的内容。随着“哔哩哔哩”平台对原创性内容的扶植，比如新人激励计划，通过平台给优质内容提供官方推广，越来越多的用户入驻平台，形成了“搬运”视频和原视频在平台内共存的局面。但是，只有原作者的视频栏会标注禁止转载，而跨平台“搬运”的版权问题也暴露了出来。另外，翻看一些特定类别视频，如运动类内容，会出现原创视频点击率不如“搬运”视频的现象，这在某种程度上，突出了早期视频搬运者的“搬运”行为的侵权问题。

选择或然率可以解释“搬运”视频为何比原视频内容拥有更多的点击率。选择或然率是美国传播学学者施拉姆在20世纪50年代就影响受众对大众传播节目选择的决定性因素而提出的一个公式，该公式为：选择的或然率＝报偿的保证/费力的程度。公式中，“报偿的保证”指传播内容满足选择者的需要的程度，而“费力的程度”则指得到这则内容和使用传播途径的难易状况。

本文谈及的“搬运”视频主要涉及两类。一是不对原视频做任何二次加工，仅对原视频内容进行下载并上传至其他平台。这类视频如果原视频主标注禁止转载，在没有获得原视频主许可的前提下，以任何形式转载，属于明显的侵权行为。如果原视频主未注明不得转载，搬运者的“搬运”行为不以商业目的为前提，同时注明视频出处，则应属于合理使用。二是对原视频进行辅助观看的处理，如翻译、剪辑、拼贴后上传。根据我国《著作权法》的规定，著作人身权包括：发表权，即决定作品是否公布于众的权利；署名权，即表明作者身份，在作品上署名的权利；修改权，即修改或者授权他人修改作品的权利；保护作品完整权，即保护作品不受歪曲、篡改的权利。[1]据此如果原视频主注明可以转载，但是未注明可以修改，“搬运”视频对原视频内容进行修改后上传，这种行为就存在被视作侵犯著作权人的修改权的风险。

一、跨平台视频搬运存在的原因

(一)非会员广告模式差异：“优兔”视频中植入广告，“哔哩哔哩”无广告

“优兔”平台会在每个视频播放前插入五秒后可跳过的广告，同时会在长度较长的视频中插入五秒后可跳过的广告。但如果订购了“优兔”的会员，即可去除广告。而中国的网络视频平台，大都采用播前插入30秒~60秒不等的广告，同样订购会员后可以取消广告。“优兔”非会员模式下，视频与视频切换过程中也会设有五秒后可跳过的广告。一些健身舞蹈类视频，如果中途插入广告会影响用户的体验。但是，如果将视频从“优兔”转载至“哔哩哔哩”，搬运者会只上传内容

[1] 何炼红．著作人身权转让之合理性研究[J]．法商研究(中南政法学院学报)，2001，18(3)：47-54..

部分,或将一些较短的视频整理成合集上传,用户体验上更加流畅。"YouTube"会员付费制会增加用户额外金钱成本,而等待五秒点击才能跳过广告,会增加用户额外的时间成本。"哔哩哔哩"上"搬运"自"YouTube"的视频减少了用户的操作与等待时间,降低用户的费力程度。

(二)非会员视频缓存差异:"优兔"无离线下载,"哔哩哔哩"未设限制

"优兔"非会员模式下,不提供离线缓存。意味着用户只得在线观看内容,对用户收看的自由度就会有所限制,增加了用户获取视频的费力程度。国内的网络视频平台分有付费影片和免费影片,免费影片非会员也可以缓存下载观看,而"优兔"非会员模式下,任何视频都不可以缓存下载观看。但是,如果将视频内容从"优兔"转载至"哔哩哔哩",则可以进行缓存观看。对于用户上传的内容,"哔哩哔哩"未设置离线缓存的限制,降低了用户的费力程度,还原了用户观看视频的自由度。

(三)非会员后台播放差异:"优兔"无后台播放,"哔哩哔哩"未设限制

"优兔"非会员模式下不允许后台播放,后台播放意味着用户可以退出平台界面,但是仍旧可以听见视频中的声音。对于一些助眠类视频或者是音乐类视频,用户对画面的需求并不强烈,反而更加强调伴随性收听。"哔哩哔哩"未对视频内容进行后台播放的限制。如果将相同视频从"优兔"上转载至"哔哩哔哩",则可以进行后台播放,解决了用户的场景化需求,降低了用户的费力程度。因此,"搬运"视频在一些伴随性收听的场景更加符合用户的使用需求。

(四)字幕限制:"优兔"无可选中文字幕,"哔哩哔哩"视频可提供选择

"优兔"视频内嵌的可选字幕只提供英文选项,部分用户可能受限于语言而放弃观看。但是,对原视频进行"搬运"的博主,往往出于学习的目的,自行翻译后上传,至"哔哩哔哩"平台,甚至一些博主会同时提供翻译版本和无字幕的原始

版本。翻译后上传会消除用户收看障碍。根据施拉姆的选择或然率公式，对原视频进行翻译增加了用户收看视频的报偿保障，如知识获取等，又除去了用户自行翻译的时间成本，降低了用户获取视频内容的费力程度。当然，也存在着反向“搬运”的现象，有用户把无字幕视频从“哔哩哔哩”下载后上传至“YouTube”，生成字幕后再次下载翻译，并上传至“哔哩哔哩”，因为“YouTube”内嵌的英文字幕可以保证文本的精准，减少翻译过程中的校对时间。

二、跨平台视频“搬运”潜存的版权问题及成因

（一）原创作者对视频“搬运”无察觉

“哔哩哔哩”影响力逐渐增大，对平台原创性内容的要求和依赖越来越高。平台选择扶植新人创作者，邀请其他平台优质内容创作者入驻。如运动区的知名内容创作者“Josh 和 Bamui 的减肥舞”官方账号最初在“YouTube”走红，入驻“哔哩哔哩”后，也迅速获得了大量关注。但是官方账号下的视频播放量比其他视频“搬运”的播放量要低。翻看评论就会发现，原创者选择以3~5分钟单个视频形式布置播放页面，而搬运者是将原作者的视频组合成30分钟不间断的合集。合集的形式对提升运动类视频内容的用户体验非常重要。

原创作者入驻“哔哩哔哩”，其视频播放页面会显著标注“未经授权不得转载”，再“搬运”此类视频会明显侵权。但是如果原创作者不依据用户使用习惯做出调整，就会出现原作视频播放量不如“搬运”视频播放量的情况。而部分视频原创作者是因自己的视频被搬运至“哔哩哔哩”平台才具备了较大影响力，这是视频“搬运”行为较少被起诉的一大原因。

（二）平台投币机制模糊商业目的认定

搬运者是否侵权很难认定的原因是，部分搬运者并非通过视频“搬运”获得直接收益。“哔哩哔哩”实行投币制，允许用户为喜欢的视频投币，而硬币可用于修改昵称、参与活动及给喜欢的视频投币，也就是说硬币不能直接变现。想要变现的视频搬运者都是依靠视频“搬运”积累一定量的关注度，然后接收广告或者往别的平台引流，如微信公众号等，然后再从公众号接广告，从而实现流量变现。

还有很多搬运主会注明转载路径,注明仅为个人学习使用,视频搬运者会获得关注或硬币。这对是否出于商业目的转载的认定造成了影响。因为很多视频“搬运”播放量非常高,搬运者收到的硬币数量却远远低于播放量。这在一定程度上,提升了原视频的关注度,但也一定程度上分流了原视频的播放量。

(三)“搬运”视频二次创作的合理使用难界定

美国著作权法中的合理使用是由法官根据四大因素分析特定案件是否符合合理使用原则❶:一是使用目的及性质,包括是否具有商业性质或是作为非营利教育用途,法院判决的焦点在于使用行为是否有所转化。即是否在原创内容之外添加新的表达或意涵,或是仅止于复制原创内容。二是版权作品性质,使用以事实为主要创作根据的作品比使用纯属虚构的作品,更容易被认定为符合合理使用原则。三是所引用的部分占完整版权作品的比例和比重,引用少量原创作品内容比引用大量内容更容易被认定为符合合理使用原则。如果引用内容属于原创作品的核心部分,即使只占整体的一小部分,在某些情况下仍可能违反合理使用原则。四是使用行为对于版权作品的潜在市场或价值所造成的影响,如果使用行为对于版权拥有者透过原创作品获利的情形造成损害,通常不太可能符合合理使用原则。

加拿大的UGC(User Generated Content)例外条款侵权豁免的范围包括:原作品是已经发表过且公众可以在合法情形下获取的且拥有著作权的作品;UGC应当构成一个有版权性的新作品,投入了创作者的智力劳动;UGC的行为人系使用他人作品(原作品)的创作者,并且只能是个人(individual);对UGC作品的使用必须是非商业性质的;UGC的使用不会为原作品带来经济上或其他方面的不利影响等。❷

我国对合理使用没有“转换性”的要求,新修订的著作权法完善了现行法第22条第1款,明确合理使用的构成要件为:指明作者姓名或名称及作品名称;不得影响作品的正常使用;不得不合理地损害著作权人的合法权益。❸

---

❶ 吴汉东.美国著作权法中合理使用的“合理性”判断标准[J].外国法译评,1997(3):45-58.

❷ 袁真富.用户创造内容(UGC)的著作权合理使用问题研究[J].科技与出版,2020,39(10):5-13.

❸ 王杰,欧阳杉.二次创作作品版权问题现状、成因及对策研究[J].法学,2020,8(3):491-496.

“哔哩哔哩”一些搬运主“搬运”的是艺人的同人视频，这类视频主要依靠原视频的故事线进行重新架构，再对网络上的公开素材进行剪辑，形成一个有完整剧情的视频。虽然使用的是公开素材，但是最终视频形成了新的故事。有些创作者剪辑水平非常高，使得剪辑出的视频具备独立观赏性。此类被“搬运”作品属于同人衍生作品，一般情况下会增加艺人的知名度，也会对作品产生宣传效果。因此，这类剪辑作品被视为合理使用。新修改的著作权法对“作品”的定义做出调整，将现行法律中“电影作品和以类似摄制电影的方法创作的作品”的表述修改为“视听作品”。这意味着著作权保护的范围进一步扩大，有独立故事性的同人衍生作品理应获得有力的法律保护。❶

（四）平台自身侵权风险提示机制不完善

“哔哩哔哩”与“YouTube”内容运营模式最为相似，应该借鉴“YouTube”对版权页面的建设。细分内容创作者可能出现的相关版权问题，前期说明越详细，覆盖内容越广泛，越可为内容创作者提供指引，也能减少内容搬运者对版权问题的困惑。比如“哔哩哔哩”会有一些粉丝将购买的艺人纪录片，下载后完整上传，并附上说明禁“二传”“二改”，误把支付视频或者是音乐使用权费用，等同于自己购买了该视频或者音乐的版权。不同于预告片，正片内容属于作品，受到著作权法保护，粉丝可以进行片段性分享，但如若完整复制内容上传，就会侵害视频制作方的合法权益，并非合理使用。

针对创作者可能遇到的版权问题，“YouTube”采取的方式是给出详细的说明，且用文字和视频两种形式来解答用户的疑问。如在回答“是否标注版权拥有者姓名后就可合理使用”时，“YouTube”回应：即使用户注明版权拥有者的姓名，也不代表用户有权利使用对方的版权作品；将影片上传到“YouTube”之前，请确认上传影片中所有未经授权的元素取得授权；即使您在含有他人版权作品的影片中加入自己的原创内容，也不一定能符合合理使用原则。❷

《数字化单一市场版权指令》（*Directive on Copyright in the Digital Single Mar-*

❶ 崔嫄野．网络传播法视角下社交媒体中UGC版权问题探析［J］．新闻传播学，2020，8（4）：17-24.

❷ 版权常见问题答疑［EB/OL］．［2021-09-16］．https://support.google.com/“YouTube”/answer/2814000?hl=zh-Hans.

ket)[1]是欧盟出台的一项指令草案，希望在欧洲数字化单一市场的体系当中协调著作权问题。第17条提出新的责任机制，将在线内容分享平台定性为向公众传播行为而非宿主服务。按此，这一类平台需要积极履行授权寻求义务（即尽最大努力与权利人达成许可协议，取得其授权）和版权过滤义务（即对于权利人事先提供了相关必要信息或发出充分实质通知的作品，尽最大努力阻止其出现在平台上并阻止将来上传）。这意味着平台不承担一般监控义务，以权利人提供的作品信息为前提。

结　语

2018年5月，“优兔”开通了视频音乐版权服务，即“此视频中的音乐”（Music in this Video）功能，为视频和MV提供更加详细的歌曲版权声明信息显示。版权声明信息将直接显示在歌手官方频道的歌曲、MV中，也将在原创视频出现与歌曲相关内容时启用，可规避部分因视频产生的音乐版权纠纷。无论是版权方作品、翻唱（Cover）或是视频同步使用，都有详细的音乐版权署名、版权集体管理组织及使用规则。[2]网络视频平台作为技术的提供方，与内容创作者利益密切相关。网络视频平台可以借助优质内容生产者扩大自己的影响力，吸引更多用户注册。内容创作者也可以利用大平台的影响力，让自己的内容被更多人观看。随着更多的优质内容创作者入驻，用户也会获得更加丰富的内容体验。因此，平台如能为内容创作提供明确的视频合理使用的规则，帮助创作者进行侵权认定以及侵犯版权风险提示，就能在前期规避内容创作者可能面临的侵权风险，减少内容创作者的困惑。

---

❶ 阮开欣．欧盟报刊出版者邻接权的成因及启示：以《数字化单一市场版权指令》为背景[J]．出版科学，2020，28(4)：32.

❷ 蓝鲸财经．当心！你在视频里引用的素材，可能侵权了！[EB/OL]．(2020-05-26)[2021-09-16]．https://www.lanjinger.com/d/137434.

区块链技术于网络文学版权保护中的应用

刘晓宣

摘　要：从最初的PC网络时代到今天的移动互联网时代，网络文学的形式和内容都在不断变化，但不变的是与盗版的斗争。盗版对网络文学产业链造成了严重的破坏和威胁，给行业未来的发展埋下了巨大隐患。区块链技术在权利确认、权利使用和权利保护三个环节，完整记录了网络文学作品的版权流转过程，为打击盗版、解决侵权行为带来希望。文章从提高版权登记效率和安全性、降低登记成本和版权交易成本、提高维权效率、保证真实性几方面来探讨区块链技术在网络文学版权保护中的价值，并发现其不足之处。

关键词：区块链　网络文学　版权保护

一、网络文学版权保护现状

近年来供给侧结构性改革持续深化，文化产业数字化转型不断加速，再加上网络文学的内容储备丰富、叙事方式多元、创作成本较低、传播渠道广泛等特点，整个网络文学产业呈欣欣向荣之势。截至2019年，网络文学用户的规模已达到4.6亿人，比上一年增长5.3%。到2020年，整个网络文学市场规模达到了288.4亿元。《甄嬛传》《盗墓笔记》《庆余年》《御赐小仵作》等网络文学改编的影视作品成为主流，其未来仍有望持续扩长。但网络文学的版权问题也凸显了出来，侵权问题较为严重。

（一）侵权现象持续增多

"互联网+"的蓬勃发展，在带来大量社会效益和经济效益的同时，也产生了诸多问题，自由的网络环境导致网络文学侵权案件激增。《2019年中国网络版权保护年度报告》显示，网络文学作品侵权案占据整个文字侵权案件的78%。[1]《中国网络文学版权保护白皮书》显示，八成的网络文学作者有被侵权的经历，维权成功的作者不过6%。而且我国网络文学用户中愿意为正版网站付费的人并不多，仅仅占据总人数的三成，大部分人第一次接触网络文学作品就是通过盗版网站，如“笔趣阁”等。

（二）侵权造成的经济损失越来越大

2020年发布的《2020年中国网络文学版权保护研究报告》显示，2019年，中国网络文学盗版的总经济损失达到了56.4亿元，中国移动终端网络文学盗版造成的经济损失39.3亿元，PC端网络文学盗版损失规模降至17.1亿元。[2]2020年中国网络文学盗版损失达到60.28亿元，一年内损失数量以明显的速度增长，尤其是移动端的网络文学侵权造成的经济损失越来越大。

一些大型数字版权内容服务提供商通过购买和其他方式拥有大量数字版权。但是，由于数字版权数量巨大，版权的“自动获取”以及数字版权注册信息的滞后，人们会在不知情的情况下侵犯他人的版权。[3]

（三）侵权手段多样化

据《2020年中国网络文学版权保护研究报告》显示，盗版侵权的方式主要有通过一些专业的盗版网站、贴吧或论坛、共享文档或图书馆以及盗版移动应用等传播他人的网络文学作品；还有通过在线光盘或云硬盘、转码等方式传播。其中，最为常见的是盗版网站传播这也是对作者及其版权的危害性最大的一种方式，其次是转码和盗版移动应用传播。在未经其他网络平台服务提供商的许可的情况下，很多聚合App的网络平台服务提供商直接链接其他网站的作品，导致链接内容网站的用户流失，进而造成广告收入减少。

---

❶ 中国信息通信研究院．2019年中国网络版权保护年度报告［R/OL］.（2020-09-16）［2021-09-26］. http://www.ncac.gov.cn/chinacopyright/upload/files/2020/9/16184424444.pdf.

❷ 艾瑞咨询．2020年中国网络文学版权保护研究报告［R/OL］.（2020-06-22）［2021-09-20］. http://report.iresearch.cn/report/202006/3595.shtml.

❸ 利娜，李永明．区块链技术下数字版权保护的机遇、挑战与发展路径［J］. 法治研究，2020（4）：127-135.

二、网络文学版权保护困境

（一）网络文学版权确权难

尽管大多数创作者都很清楚盗版和剽窃的危害，但传统的版权注册方法不仅耗时而且费用昂贵。中国的版权登记（确认）主要通过国家版权局和省级版权中心完成，一般来说，经历三个阶段：申请受理、审查和决定、认证以及交付。整个过程至少需要30个自然日，此外，书面作品登记收费标准为100字以下100元，101~5000字150元，5001~10000字200元，10000字以上300元。从同系列作品的第二次注册开始，每件100元。因此，大多数互联网创作者没有登记和保护版权，导致版权始终处于被侵犯的风险之中。

除此之外，网络文学作品并不都是动辄几十万字的长篇，还有很多小微和零散的内容。如果所有内容都有登记版权，从任何角度来看都是不可能的；互联网用户的自由、匿名和虚假身份也影响了作者对作品的所有权、使用权等权利的确定；网络传播的便捷性特点使得作品在一经发出便快速流传，层层传播，很难确定原作者身份；网络文学作品的相似性也很难确定权利人身份。

（二）网络文学侵权举证难

在我国的著作权侵权诉讼中，一般采用谁主张谁提供证据的原则。权利人需要收集整理相关证据材料，证明涉嫌侵权的作品著作权成立（证明原告具有诉讼主体资格，著作权属于原告；证明争议作品的存在；证明作品在中国享有版权），证明侵权的存在和具体的侵权方式。然而，在互联网的大环境下，发生网络文学作品侵权时，作品内容数据可以轻易地被大量复制和改变，侵权行为被发现后，侵权者可以通过网络进行内容的改变和数据的删除。在处理这类案件过程中，由于证据被改变和部分记录被删除，所以很难进行举证。

（三）网络文学版权侵权判赔额难以确定

根据相关法律，计算版权侵权损失有“权利人的实际损失”“侵权人的非法收入”和“法定赔偿”三种标准。首先，由于处于虚拟的互联网环境下，侵权人可以第一时间将内容更改或删除侵权相关记录，导致无法有效举证，而且侵权人的具体侵权内容只有本人知道，所以很难很难确定侵权人违法所得具体数目；其次，由于网络传播得迅速，权利人的作品在被侵权后短时间便可传播到全网，流传范围广造成难以计算具体的实际损失。因此，“法定赔偿”是最容易实现的。事实上，在中国的司法实践中，99.5%的案件采用了“法定赔偿”的标准。[1]使用“法定赔偿”标准有利有弊，虽然使用这一方式可以清晰地对案件进行处理，但是一般“法定赔偿”的数额较低，很难鼓励版权所有人去进行维权，很多人遇到侵权案件往往选择不了了之。同时，这一方式无条件适用所有侵权案件，使得很多人有意利用这一方式从中获得利益，产生了大量的职业维权案件，很多人以此为生，这本身就存在较大争议。[2]

三、区块链技术在网络文学版权保护中应用价值

（一）区块链概念

区块链是中本聪在2018年提出的观点，目前没有确切的定义。区块链本质是一种技术，网络状的链条结构是这种技术的中心优势，也就是说任何人在任何地点都可以进入这个链条中，每个人都是中心，没有强势的管理机构。同时区块链又具有记账功能，可以将所有数据计入链条之中，按照时间顺序排列，修改后可实时更新再加盖时间。而且区块链进行了加密处理，可以满足匿名化的要求。通过这种技术手段，未来的数据处理和储存会更加安全高效，成本低廉。

在工业和信息化部指导下发布的《中国区块链技术与应用发展白皮书》（2016）中对区块链技术进行了定义：“广义来讲区块链技术是利用块链式数据结构来验证和存储数据、利用分布式节点共识算法来生成和更新数据、利用密码学的方式保证数据传输的安全、利用由自动化脚本代码组成的智能合约来编程和操作数据的一种全新的分布式基础架构与计算模式。”[3]本质上也是说明区块链

[1] 吴汉东．知识产权法学（第六版）[M]．北京：北京大学出版社，2014：70.

[2] 杨红军．对我国版权侵权赔偿制度的结构性反思[J]．河南大学学报（社会科学版），2018，58（1）：76-83.

[3] 中国区块链技术和产业发展论坛．中国区块链技术和应用发展白皮书2016[R]．北京：工业和信息化部，2016.

是一种技术，可以帮我们更好地进行数据的处理和储存。

（二）区块链在我国的发展

2017年，中国推出了“版全家”数字版权登记服务平台，对比线下登记，这一平台有利于作品的线上传播和版权跟踪。2018年，中国首次尝试利用区块链技术解决版权侵权问题。杭州互联网法院在“华泰第一媒体案”中使用区块链技术进行数据存储，为以后利用区块链技术解决版权侵权问题提供了先例。2019年，国家互联网信息办公室进行审议并且实施的《区块链信息服务管理条例》，将“区块链媒体”纳入监管范围，并规定其应履行备案登记、网络安全、用户管理和合作监管的义务。区块链媒体不受束缚的政策窗口期已经结束，开始进入合法合规的运营期。

（三）区块链技术特征

区块链具有去中心化、可追溯、开放性、匿名性、不可篡改的特点。

去中心化意味着在没有第三方干预的情况下，任何人都可以访问整个数据库及其完整历史，以实现人与人及点对点的交易交互。区块链本身是一个网络链式结构并且具有可追溯性。区块链的可追溯性是因为链条上的数据在存储时都加盖了时间戳。可追溯性适用于很多领域，包括版权保护、医疗、学术认证、供应链等。区块链的开放性是由去中心化决定的，这是一个相互促成的过程。每个人要在没有第三方干涉的条件下进入链条进行数据的存储和维护，链条必须是开放的；也只有开放的区块链条才能使得每个人都可以监督数据的转变。除了对交易方的私人信息进行加密外，数据对整个网络的节点都是透明的。区块链数据记录和操作规则可由网络中的节点审查和跟踪，透明度高。区块链使用一系列加密手段，在完全开放数据的条件下保护个人隐私以及交易隐私，具有高度的匿名性。

区块链技术使用加密原理链接数据，如A区块在上午8点进行存储，在上午10点进行了修改和增加，那么B区块上就会有A区块的存储和修改的时间信息，以此类推。因此，区块链数据具有不可篡改性，意味着一旦数据写入区块链，任何人都无法在未经授权的情况下轻易更改数据信息。

(四)区块链技术在网络文学版权保护中的应用

1. 提高版权登记效率和安全性、降低登记成本

区块链技术打破了区域版权登记的限制。版权登记在线下操作需要一套复杂流程，要经过登记申请材料、缴纳费用、受理申请、审查、等待公告等流程，而区块链技术将版权的信息以数字的形式储存，可用于处理分散在不同地区的版权登记工作，免去了上述的复杂流程。

在去中心化、时间戳、数字签名等技术加持下，一旦版权登记信息登录分布式记账本，便会加盖时间戳，而且不可篡改，如果有需要修改的地方，版权所有人可以登录其中一个节点进行修改，整个区块链条上的数据都会同步更新，并且记录修改时间，可以为侵权案件中时间的认证提供有力证据。版权所有人在上传更改信息时可以将个人隐私部分进行加密处理，满足信息不被泄露的需求。如果节点上的其他人进行了数据的修改，版权所有人可以通过私钥和公钥查询验证。[1]

线下登记时，相关机构在受理登记申请后大概需要50天，而利用区块链技术，整个登记过程快捷安全，可按照既定的程序来运行，而且费用低。

2. 降低版权交易成本

区块链可以完全记录版权转移的过程。当版权转移时，区块链将通过网络向所有人传输信息——由共识机制选出的节点，并将转让信息加盖新的时间戳放到区块链中，避免重复转让，确保安全性。区块链可以将作品的所有信息纳入在线文学作品的数据中，就算所有人缺乏相关知识，也不会出现表达不全面的情况。[2]全球共享突破空间限制，买方通过智能合约要求进行对价交易，免去了法律搜索成本和谈判成本，提高跨境交易效率，而且智能合约支持小额交易给作者，无须中间商，直接提高作者创作热情。[3]

3. 提高维权效率，保证真实性

区块链技术具有高安全性。区块链基于非对称加密原理对数据进行编码，

---

[1] 毛宁，张小红．基于区块链技术的网络版权保护[J]．图书馆论坛，2019，39(8)：90-95，145.

[2] 曹阳，薄珺．区块链技术与互联网音乐作品版权保护[J]．南海法学，2018，2(3)：77-87.

[3] 袁亦力，卢山．区块链技术在著作权确权和交易中的运用及其法律规制[J]．西华大学学报(哲学社会科学版)，2019，38(2)：19-24.

在每一个节点中都保存每一个账本的复制件。单个账本出现问题不会危及整个链条，时间戳会精确记录作品上传到不断更新过程中的每一个点，当发生著作权纠纷时，可以清楚快速查询到著作权的形成时间，解决著作权归属问题，便于追踪。通过加密机制，区块链可以确保与作品相关的权利人的转让、许可使用和版权交易信息被真实记录且不被篡改，从而可以跟踪和查询交易行为，帮助解决侵权诉讼中举证难的问题。分布式账本可以准确计算出侵权人的侵权数额，为法官判定侵权赔偿额度提供依据。区块链公开透明的特点会将著作权交易过程进行公开广播，所有拥有私钥的人都可以清楚掌握交易的全过程，在出现著作权纠纷时，这又会成为关键点，帮助有效举证。区块链高度透明，可以利用“公众监督”实现分散监督，有效减少欺诈，降低监督成本。

四、区块链技术在网络文学版权保护应用中存在的不足及应对之策

（一）区块链技术对网络文学版权保护的不足

1. 作品“独创性”及其创作者的认定困难

首先是作品的独创性认定，我国《著作权法》规定对于同一题材的创作，作品不仅要独立完成，而且需要有创造性。作品满足独创性，不只客观内容上要避免相似、雷同，主观上也要有独创性。对于作品创造性的审核，单凭区块链是无法认定的，每一个审核过的作品都有一个特有的哈希值，作品经过一些改动后就会得到一个新的哈希值并享有版权登记的保护，所以区块链并不能保证作品的独创性。另外，区块链技术也无法解决版权抢注问题，如果有人抢先在作者之前上传了作品，形成了时间戳，那么即使作者之后上传了作品，也无法证明自己就是原创，从而变相保护了侵权者。

2. 智能合约限制版权合理利用

智能合约在使用过程中，双方想要达到公平，需要很高的专业技术。双方需要参与编写和运营的全过程，这就要求双方要熟悉程序编码，这样才能确保公平。其次，智能合同采用自动履行的方式，只要满足设定的条件，智能合约将立

即生效。代码中设置了修改或废除的设定才可以中断，否则任何一方都不能自行中断。最后，智能合约是通过代码呈现的，对智能合约进行审查也只是审查代码，这种模式也会给司法审查带来不便，例如法官对技术的熟悉程度会影响司法审查的效率。

3．区块链出现技术问题的维权困难

区块链技术为网络文学版权维权方面提供了很大的便利，但是如果区块链技术出现了问题和漏洞，如何利用法律等技术之外的途径来维权是亟待解决的问题。我国在区块链上的法律建设还相对滞后，而且公有链的法律责任主体很难确定，也会造成监管上的不便。

（二）区块链技术背景下著作权保护的应对之策

1．私有链进行著作权登记

公共区块链意味着世界上任何个人或团体都可以在区块链上公开地发送交易并通过区块链有效确认。而私有区块链意味着将总账技术用于记账，不仅可以像公有链那样公开属于任何个人和团体，也可以属于私人，书面许可具备排他性。私有区块链与其他分布式存储方式没有太大区别，具有较高的效率和安全性。例如，版权管理组织或版权局在验证信息后就可以输入信息到区块链，避免被抢先注册。

2．私有链采取实名制

私有链采取实名制可以很大程度上防止匿名侵权的情况出现，审查后将权利人信息输入区块链，逐步形成完整的版权人信息数据库，确立区块链在版权认证中的权威地位，并确保区块链数据库中的版权所有人信息记录与“版权登记证书”具有同等法律效力，这样可以直接证明版权所有人的身份。

3．智能合约加入第三方审查机制

智能合约是基于这些可信和防篡改的数据，可以自动去执行一些预定义的规则和条款。但由于区块链是通过共识算法，采用众人监督的模式，缺少专业性的审查机制，所以后续发展可以由一些区块链领域专家和律师组成专业审查团队，在智能合约生效之前对其代码进行第三方审查，减少著作权转让交易时出现的问题。

综上所述，在网络文学繁荣的今天，新的区块链技术可以为其版权交易保驾护航，但是还存在独创性审核和作者认定困难、智能合约限制版权利用、技术问题导致维权困难等问题，还有可能侵犯个人隐私，这些都需要在以后不断完善。

数字阅读研究

移动阅读视角下的阅读类App分析

——以"藏书馆"为例

汪晨曦

摘　要:在数字时代,人们的生活节奏不断加快,碎片化阅读已成为日常生活的重要组成部分,移动阅读App产业也应运而生。移动阅读时代下,人们获取信息和知识的方式及渠道发生了巨大的变化,通过移动App进行阅读已然成为常态。移动阅读随着科学技术的进步而不断发展和更新,在满足用户不同需求的同时也暴露出了一些不足之处。本文以"藏书馆"App为例,简要分析移动阅读视角下阅读类App的特征和不足。

关键字:移动阅读　阅读App　藏书馆

一、移动阅读业行业分析

(一)移动阅读定义

移动阅读是指手机、平板电脑、电子阅读器等移动终端的阅读行为,阅读内容包含电子书、有声读物、新闻、杂志等。随着技术的发展,2003年,中国移动阅读WAP网站大量出现,手机报的诞生、免费WAP网站的发展,带来了用户量快速增长,中国移动阅读在不足二十年的时间里从探索期迈入繁盛期,市场格局稳定,行业实现盈利,企业开始探索开发新产品,资源向头部集中,这也使得头部企业不断做大做强,但新小企业入场困难。

(二)移动阅读行业特征

据《2020中国移动阅读行业报告》,目前国内移动阅读行业有如下特征:

第一,移动阅读行业面临流量天花板。2020年近一年,移动阅读用移动阅读的户数量增长减缓,用户使用时长趋于饱和,头部市场被BAT(百度、阿里和腾讯)瓜分,免费模式与付费模式之争进入最终阶段。第二,用户群体年轻化明显,35岁以下占比超过七成。其中以男性用户为主,占比约六成,35岁以下用户中用户群体的所占比例与学历高低和收入高低也有一定的关系,发达城市用户偏好程度更高。第三,版权运营道路曲折,未来将持续探索内容生态闭环。版权运营收入作为移动阅读行业的第二大收入来源,仍有较大发展空间,目前市场上版权运营以授权为主要方式,“二八效应”明显,大量内容未被开发,规模化运营任重道远。

(三)移动阅读行业数据分析

易观数据网显示,在泛娱乐化行业,移动阅读行业仅占有小部分,但作为其内容源头之一,互联网巨头仍在抢占这一阵地。截至2020年,移动阅读用户规模增长减缓,用户规模保持在6亿左右,2020年由于新冠肺炎疫情影响,用户月均使用移动阅读的时长约16小时,与2019年相比显著下滑。随着移动阅读行业的成熟,免费阅读已不再成为其发展的方向,而资本或流量支撑的阅读类App占据主要市场。在移动阅读的用户中,男性占比接近六成,主要群体为25~34岁的用户,占比为44.2%,用户移动阅读偏好程度最高的则为18~24岁用户,占19.8%。从受教育程度和收入较低的角度来看,占比最高的为专科学历用户,占41.1%,用户移动阅读偏好明显的为专科学历及硕士及以上学历,而收入低于3000元和高于10000元的用户偏好程度较高,低于5000元的用户接近六成。一线及新一线城市用户以及白领和学生更喜欢移动阅读。在内容方面,阅读、健身、知识方面的内容偏好程度最高,用户娱乐爱好多样化,运动、社交、美图偏好程度位列前三。

(四)移动阅读商业模式

表1显示,目前付费阅读和版权收入成为移动阅读平台主要的盈利来源。移动阅读行业想要长远发展,需要多方的共同努力。首先要保护好其中的数字版权,这是影响其发展前景好坏的核心问题,作者自身也要转变观念,积极主动参与维权,平台要起到监控作用和把关作用,有关部门要建立举报和反馈机制,而消费者自身要增强版权意识,为创造优质内容提供良好的环境。移动阅读和传统出版业并不是敌对关系,而是可以取长补短共同推动整体阅读业发展,传统

出版商应该积极参与移动阅读市场，适应新业态的发展，保持核心竞争力，专注于提升用户体验，保障整体阅读市场健康发展。

表1　移动阅读商业模式

商业模式	具体内容	示例
付费阅读	付费方式有按照篇章、整本作品收取费用，或是购买月卡、年卡等。各大平台通过为用户提供精品化、多样化、个性化的内容和服务，提升用户的阅读体验，完成盈利	知乎 Live 樊登读书会
广告收入	阅读平台通过投放广告获取广告费用。一般来说，流量大的平台广告收入会更多	各大平台 都有涉及
硬件销售	一些数字阅读企业开始出售专业的阅读硬件，不断为用户提供更好的阅读体验，从而提升用户对于阅读平台的忠诚度	Kindle
图书出版发行	传统的出版社与网站和作者合作，集平台、作者、出版社三位一体的营销模式。出版社拥有大量的版权资源，通过整合出版读物及网络小说进行纸质出版发售，获取一定收入	中信出版集团 阅文集团
用户打赏	用户对作品或者作者进行打赏，以达到表现自己喜好的或是催更的目的，使用打赏方式的用户通常黏性较高	起点中文网
版权增值	以图书业务为基础，以IP运营为核心，以影视游戏制作开发为延伸开发“在线业务+版权运营”双轮驱动的文创生态	掌阅 阿里文学

二、移动阅读视角下的“藏书馆”App

“藏书馆”是厦门市简帛图书馆旗下的网络数字阅读应用，是集公益网络图书馆、一站式读书服务于一体的网络数字化阅读平台。“藏书馆”App是个人在互联网上的云图书馆，以社交为纽带，集书籍阅读与知识管理于一体的平台，拥有收集、整理、存储、检索、共享借阅及知识分享等功能，向社会大众免费开放。

（一）“藏书馆”App分析

1．数据分析

从图1、图2整体来看，“藏书馆”2019年8月至2020年7月活跃用户呈下降趋势，但是中间2020年3月出现峰值（121.6万活跃用户），到2020年6月出现低值88.6万活跃用户，中间短短两个月的时间流失了30万用户，活跃人数在2020年2月至6月呈现一个急速下滑的趋势。这或许与“藏书馆”的改变以及同类产品突起有很大关系。

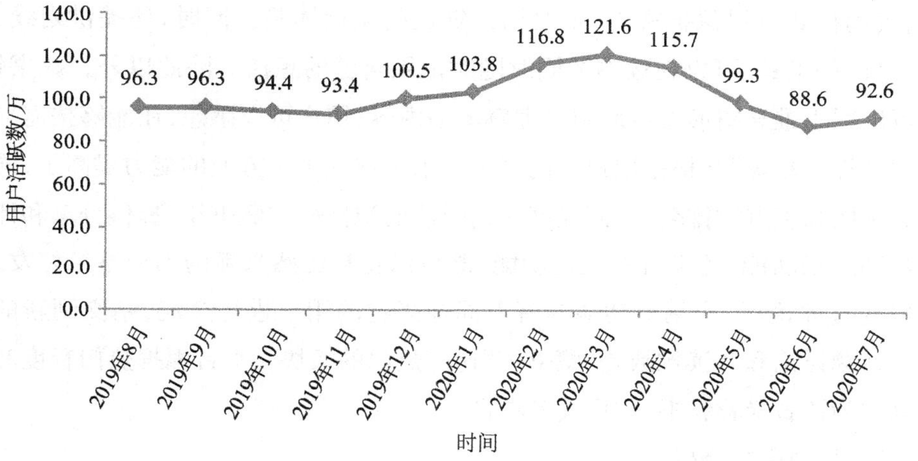

图1 “藏书馆”活跃用户数趋势

数据来源：易观数据网。

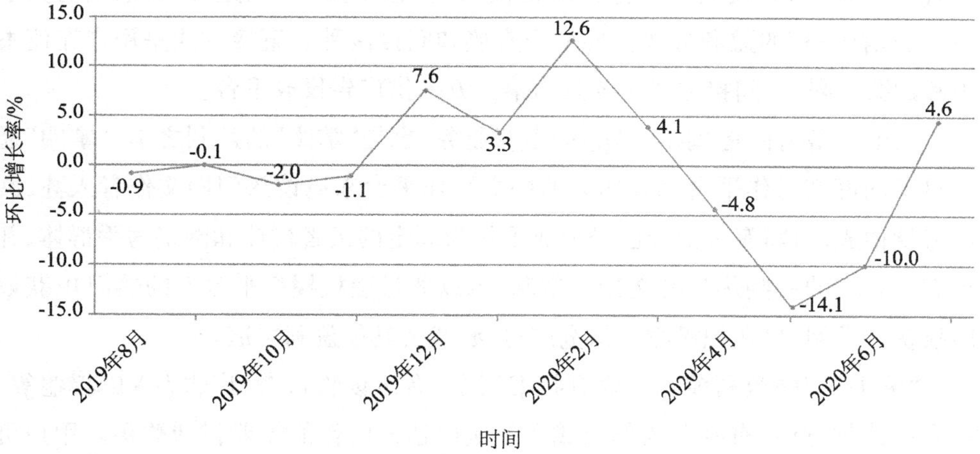

图2 “藏书馆”活跃用户数环比

数据来源：易观数据网。

2．产品分析

“藏书馆”产品定位始终坚持阅读+社交，可以根据关键字搜索查找图书资源，也可以利用书籍分类找到目标图书，用户可以借助“开能图书馆”分享、借阅、预约图书，这是“藏书馆”的基本功能。“藏书馆”除了文字内容，还有有声读物，可以满足用户不同方面的需求。阅读界面干净整洁，视觉舒适，可调节字体大小，夜间模式可以保护视力，带给用户舒适的阅读体验。同时，还提供划线、批注、笔记等工具，可以在读书的同时随时记录自己的想法。除此以外，“藏书馆”还可以用思维导图形式帮助用户理解图书内容；用户可以感想，还能够按需导出笔记。“知识星球”会根据用户看的书来显示用户在某一方面的能力提高了，同时会有全网知识点数排名，从而提高人们阅读的积极性。“藏书馆”提供分享和评论同步到广场功能，还设置有关注功能，既可以将自己感兴趣的书分享给好友，又可以通过评论区、广场等功能与有着同样兴趣的用户进行交流，结交到新的朋友。话题讨论和共读挑战是“藏书馆”比较热门的板块。平台根据热门程度和用户兴趣为读者推荐新书，方便读者选择。

3．盈利模式分析

市面上阅读类App很多，现以“微信读书”“掌阅”为例与“藏书馆”进行比较分析。“微信读书”是在微信的基础上诞生的，前期以公众号的方式呈现，凭借微信普及率高、活跃度高等优势，“微信读书”在移动阅读市场上具有很强的竞争力。“微信读书”的盈利方式主要分为直接和间接两种。直接方式是用户充值书币和购买无限卡，间接方式主要是为第三方提供广告投放平台。

电子书籍销售是“掌阅”App的主营业务，也是“掌阅”的盈利之本。“掌阅”通过自己的网文写作平台和合作方的网文写作平台来邀请热门网文作者入驻，阅读流量抽成，目前有一部分已经形成了较为固定的读者群体和网络写手群体，并拥有了自己的一些热门网文IP。“掌阅”可以通过版权授权平台上的热门IP获取版权费。“掌阅”也在积极尝试拓宽广告、游戏及其他盈利渠道。

“藏书馆”的盈利模式主要有找书买书、有声读物付费、广告及VIP权益等。在有声读物方面，有些名人作家或者领域内达人的作品需要付费购买。用户可以购买VIP获得权益，可以免费看书、听书、闪电借书、预约借书、延时归还、语音朗读、笔记导出、专属字体、精美书摘模板、去除广告、评论发图等。“藏书馆”还推出“课堂”模块，提供付费培训课程、专家讲书等服务，签约垂直领域专家，通过PGC的模式为用户提供知识付费服务。

(二)特点

“藏书馆”作为集上传、管理、阅读和交流于一体的读书交流平台，和其他软件相比，有自身独特的优势。首先，“藏书馆”被称为“读书人的乌托邦”，书源丰富，借用传统图书馆的借书、还书、续借、预约方式，向书友提供相互借阅的平台。图书采取借阅的方式，读者确定想要阅读的书籍并借阅，在限定时间内阅读。限时阅读可以避免用户只借阅不阅读，对用户的阅读起到督促作用。而且“藏书馆”除了某些特殊书籍外，书籍大多可以免费借阅，免费对吸引用户、留住用户有很大作用。“藏书馆”正是这样一个提供免费优质服务的产品，这无疑是产品最大的优势。其次，“藏书馆”的书单也很有特色。它为不同类型、不同群体、不同需求的读者提供个性化定制书单，节省用户寻找、筛选书籍的时间和精力。最后是社交功能。“藏书馆”的社交功能方式分为两种，一种是馆内社交，可以让用户对所读的书籍发表感悟，与其他读者进行交流，寻找志同道合的朋友，以此提升用户黏性；另一种是分享至馆外的读者，这有利于“藏书馆”的推广，通过人际传播提高平台知名度，开拓潜在的受众市场。

从界面设计和功能设定来看，“藏书馆”是一个非常简洁的产品，它的目的是向用户提供阅读服务，但简洁并不简单，这也正是它吸引用户的一大特色。“藏书馆”立足移动阅读市场，拥有即时即得性的阅读特点，吸引那些利用碎片化时间阅读群体，书源以出版类图书为主，吸引学生、商务人士、白领等知识渴望较高的人，而阅读+社交的功能则吸引有社交需求的群体。

(三)问题及改进

“藏书馆”作为以“丰富的出版类书籍资源”为核心的阅读工具型产品，走的是综合性知识服务的路线，相对头部平台，“藏书馆”显现出明显的劣势，例如，知识服务产品数量相对较少、可选择性不大、领域杂而不全、质量有待提升、IP没有优势。相对其他那些以垂直领域内容生产为特色的产品，“藏书馆”的用户在领域上更加综合，所以没有选择深耕某一领域来打造专业细分化的知识服务产品。用户在领域上的分散性导致“藏书馆”只能打造综合性的服务产品，然而由于用户数、资本、进入市场的时间和市场上的头部平台存在较大差距，所以服务质量上劣势很明显，需要做出一些改进保障产品的发展。

由于“藏书馆”所服务的目标用户是学历较高的群体，所以可以进行线下推广。在大学城等潜在用户量大的地区开展线下活动，挖掘潜在用户，或是在一线、新一线城市的地铁站投放广告，让用户了解到该产品。或者可以进行用户激励，例如上传的书籍借阅量达到某一数量之后给用户一定的奖励等。这些都是可以改进的方向。

三、对当前移动阅读行业的思考

（一）阅读问题

虽然2020年国民数字阅读数据显示我国成年网民在线阅读接触率、手机阅读接触率以及电子阅读器阅读接触率均有所上升，呈现出全民阅读的景象。然而，在阅读内容和习惯方面也存在一定的问题。在内容方面，移动阅读行业为了迎合用户的阅读需求，追求点击率、保持用户黏性，网络小说、快餐文学等阅读内容占比很大，文学类、知识类、科普类内容占比很小，整体呈现泛娱乐化趋势，用户阅读时长增加得到的却是无用知识。随着科技的进步，移动设备的更新换代给用户带来了更多的便利及更优质的使用体验，但是移动设备也带来了一定负面作用，信息爆炸的时代使得人们很难静下心，选择单独空白时间进行阅读，阅读碎片化、表面化、浏览化趋势加重，不利于人们形成良好的阅读习惯。移动阅读平台根据大数据分析向用户提供个性化定制内容，更好地满足了用户的需求，但也使用户的信息接收单一化，形成“阅读茧房”。

（二）版权问题

移动阅读的内容版权不明、未经允许擅自传播、抄袭等问题严重，移动阅读内容付费等问题也引起广大用户及平台的关注。移动阅读内容盗版侵权行为层出不穷，这与缺乏完善的法律体系、平台监管不严、监管难度大、用户没有形成良好的版权意识有关，我国现有的著作权法主要保护的是纸质出版物，针对移动阅读的规定和限制仍有不同程度的欠缺，法律法规修订不能与行业发展同步，这需要建立更加完善的法律体系和监管机制。因此，需要健全移动阅读监管体系，相关法律法规要随着时代的发展、社会的进步、行业的改变而不断完善，政府应规范行业秩序、约束从业者的行为，明确双方的责任与义务，并将其伦理原则制度化为法律法规，鼓励优质健康内容的生产和传播。主管部门需要为建立良好的移动阅读市场提供政策保障与支持，为移动阅读业提供优质环境。从业者要充分发挥行业自律作用，抵制低俗化内容，抵制抄袭，发挥出版人的工匠精神，坚守伦理道德。用户也要增强自身的素养，提高版权意识对移动阅读内容的甄别能力，摆脱“工具主义”，避免“信息茧房”。

（三）内容生存瓶颈

移动互联网时代呈现全媒体高速发展趋势，单向线性的文字传播转为集文字、音频、视频等为一体的多媒体传播，移动阅读行业出现了许多新兴产业，形成了完整成熟的产业链和生态圈。但不可否认的是，目前的移动阅读内容原创性不足，跟风现象严重，一个平台推出一个新产品后，很多平台就会推出相似的产品。而且多元化、高质量的内容稀缺，平台为了迎合受众、获取点击率，推出的作品同质化严重，而且并没有较高的艺术价值，内容也经不起考证和推敲，甚至存在低俗化、粗俗化的情况。同样，内容产品形式创新不足，风格单一，不少平台重流量轻质量，并没有带给读者很好的阅读体验。随着信息传播模式的改变，信息传播从单向的、固定的、无差别的模式，转为如今双向的、个性化的、去中心化的模式。移动阅读客户端兴起，阅读的社交性和共享性增强，用户对信息的选择更具个人偏向，同时圈子文化盛行，用户在追求个性的同时，也在寻找对群体的归属感。移动阅读意味着阅读手段、理解与思考习惯的改变，社会生活和交往方式的重构。与音视频App相比，移动阅读App社交功能对用户的吸引力不够，互动性欠缺，不利于增强用户黏性。传统纸媒的时代已经过去，移动阅读需要充分利用人工智能、VR、AR等技术，创新移动阅读的内容及产品形态设计。

（四）创新商业模式

1. 改进内容生产

内容和服务都是移动阅读产品的核心竞争力，提高用户黏性离不开优质的内容和服务。移动阅读需要在内容的形式等方面不断创新，增强用户导向，打造内容消费新场景。移动阅读时代离不开“二八定律”，更能体现“长尾效应”，小众产品的市场也会很可观，与其聚集在大众市场分羹，不如细分垂直领域，寻找目标受众，抢占小众市场。刘易斯·芒福德的“技术有机论”认为，技术是生物生命的延伸，技术与生命从来没有分离，而是统一的整体。技术的发展是为了向人们提供更优质的生活，移动阅读应利用新技术给用户带来全新的阅读体验，例如，AR技术可以给用户带来“沉浸式”阅读体验，VR技术在科普类知识普及中发挥了重要作用，大数据精准分析为用户提供了定制化内容，5G时代的到来加快了业态复合化发展，等等，所以要发展新技术不断创新内容呈现形式，改善受众阅读体验，为受众带来全新的情景式阅读。

2. 拓宽盈利渠道

出售版权、付费阅读是移动阅读的主要盈利渠道，早期的“广告+免费”是用户零消费的阅读方式，这种方式使许多长尾作品得以呈现；现在移动阅读致力于向用户提供精品化、多样化、个性化的内容和服务，逐渐培养用户的付费习惯，提升用户的付费阅读意愿。随着新技术的延伸，大数据扩展了信息的宽度和广度，数字化平台为受众阅读提供了丰富的渠道，获取信息的成本降低了，传播者与受众之间的界限也变得模糊，移动阅读探索多元化的盈利模式不断打造新的产业链，除了图书出版外还出现了用户打赏、平台广告、出售硬件、版权增值等盈利模式。相比文字内容，短视频凭借可视化的优势，为受众带来极具情感化和场景化的体验，而社交功能、讨论功能等也成了拓展优质内容的新方式。

移动阅读想要实现盈利，首先，要提升内容质量，打造自身品牌，提供差异化的内容服务，满足不同用户的差异化需求。其次，平台之间应相互合作、互惠共赢，推动移动阅读业全方位发展。再次，移动阅读应根据内容的不同，选择不同的运营模式，优化场景，使其与内容相配合，以更好地满足用户需求，增强用户黏性。最后，要重视“粉丝效应”“社群效应”，移动阅读可以将具有影响力的公众人物与产品相关联,以此将粉丝导流成用户,开拓潜在市场。

参考文献

[1]赵肖.移动阅读视角下文学阅读App运营模式探究[J].齐齐哈尔大学学报(哲学社会科学版),2020(7):158-160.

[2]段蓓虹.我国阅读类App发展困境及改进策略研究[J].文化创新比较研究,2020,4(18):105-107.

[3]靳亚琴,董佑林,望金洋.移动阅读的发展与变革——以"微信读书"App为例[J].中国科技信息,2020(20):112-114.

[4]孟晖.媒体融合语境下移动阅读内容生产的瓶颈及策略[J].出版科学,2020,28(6):28-35.

[5]孟迪云.论数字经济时代有声阅读的商业模式创新[J].中国经贸导刊(中),2020(3):126-127.

[6]刘阳.移动阅读的影响因素及应对策略[J].数字与缩微影像,2020(4):38-41.

数字时代网络文学的赋能化发展

——以“晋江文学城”为例

顾湘媛

摘　要:在数字技术快速发展的背景下,网络文学的发展被赋予了许多新动能,受到社会各界的广泛关注,因此使网络文学拥有广阔的发展前景和巨大的市场潜力。网络文学去作者中心化的特征、作品出版产业化的综合开发以及即时性的宣传传播,都成为驱动其发展的重要因素。网络文学不仅为人们带来了丰富多元的阅读体验感,也为数字出版行业注入了强大的发展力量。

关键词:网络文学　数字出版　数字阅读　文学传播

一、绪论

(一)研究背景

在数字技术的推动下,网络文学作为我国数字出版产品的形态之一,展现出了良好的发展势头,受到了社会各界的广泛关注。2020年12月21日,“第十届中国数字出版博览会暨中国数字内容服务大会”,发布了最新的数字出版产业年度报告,报告显示,2019年国内数字出版产业整体收入规模为9881.43亿元,较上一年度增长了11.16%,其中,2019年中国网络文学发展持续向好,市场规模达到201.7亿元,网络文学作品累计规模达到2500万余部,网络文学作者数量达到1936万人,网络文学用户超过4.5亿人[1],呈现出了强有力的发展态势。同时,在“互联网+”和信息技术飞速发展的背景下,国民阅读方式也发生了明显改变,数字阅读成为当下的新趋势。《2019年度中国数字阅读白皮书》显示,截至2019年,中国数字阅读用户总量达到4.7亿,人均数字阅读量达14.6本,我国数字化阅读

[1] 2019国内数字出版产业收入规模逼近万亿元[J]. 新闻世界,2021(1):88.

方式的接触率为79.3%。[1]由此可见,数字阅读已经慢慢融入人们的日常生活,成为人们获取信息和知识的主要方式。数字阅读快速发展,网络文学也被赋予了更多的发展动能。与传统文学相比,网络文学的创作群体不断扩大,传播形式和渠道更加多元化,既可以线上付费阅读,也能够线下出版发售,还能将文学作品影视化以及开发成游戏产品,让跨界传播成为可能,呈现出了多样的出版态势,创收和商业价值均在不同程度上得到了提升,为数字出版行业注入了强大的发展力量。

本文主要以"晋江文学城"为例(以下简称"晋江")研究在数字技术时代下,网络文学的赋能化发展现象,为网络文学的进步和发展提供相关参考和借鉴。由于网络文学的出版和传播与传统文学相比,更加依托于网站的标准体系及运营模式,所以本文选择文学网站作为具体研究对象。"晋江"作为国内著名文学网站之一,日登录用户为220万,日均页面浏览量超过1亿,拥有1000万左右的作品库,并以"女性网络文学原创基地"为特色,提供了一个广阔、自由的创作平台,保证了网站上文学作品的多样性和个性化。同时,"晋江"也作为大量原创网络文学出版和传播的发源地,汇集了很多优秀的网络文学作品,为读者们提供了丰富多元的文学"盛宴",受到越来越多年轻群体的喜爱。

(二)相关文献综述

网络文学在"互联网+"及数字阅读发展的带动下,获得了很多的讨论量和很高的关注度。中国知网的数据显示,2021年9月有关网络文学的文献数量达到了11127篇,研究方向和角度十分多元化,其中与新闻与传媒学科相关的文献有118篇,文献数量自2016年开始增长明显。梳理如下:

首先,大量文献的探究聚焦于网络文学的出版方向,如邓林菲的《浅析网络文学出版全产业链的转型之路》总结出网络文学出版的上、中、下游产业链的特点及转型,分析出网络文学作者的创作动机更趋于获取利益,创作内容更加迎合市场,读者更加掌握主动性,文章认为网络文学出版链未来的发展会更加欣欣向荣。高坚的《网络文学出版研究的多重面向与范式反思》总结出如今有关网络文学出版的研究方向,包括网络文学出版主体、出版行为、出版物等方面的研究,并

[1] 《2019年度中国数字阅读白皮书》发布[J]. 国家图书馆学刊,2020,29(3):10.

提出应拓展网络文学出版研究的知识体系，延伸网络文学出版研究的理论话语空间等多方面建议，为人们以新眼光看待网络文学的出版活动提供参考和借鉴。桫椤的《在网络文学“区块链”上“挖矿”与“炼金”——2019年网络文学线下出版图书盘点》分析了网络文学出版的总体特点与年度变化，总结了线下出版与线上出版及作品周边开发的优势和不足，文章认为网络文学的线下出版前景依然广阔。冯诗雅和范文静的《我国网络文学出版改革创新研究——以阅文集团为例》运用PEST分析法分析了网络文学发展的宏观环境，并指出网络文学应加大IP开发力度、开拓海外出版市场、增强版权管理来进行创新发展。

其次，有关网络文学作品影视化开发和传播的文献也占比较大，如张非凡的《传播学视域下浅析网络文学IP改编影视作品的传播策略与效果——以〈三生三世十里桃花〉为例》总结出网络文学IP改编影视作品在前期、中期和后期的传播策略，分别以瞄准市场、制造热度和受众反馈为方向，并且指出作品在影视化开发出版方面存在读者刻板印象、改编题材单一，以及过度追求经济利益而忽视文化需求等问题。王钰的《媒体融合背景下的网络文学IP开发模式探究》总结出当下网络文学的开发方向，包括影剧改编、游戏开发、动漫联动、有声书、广播剧及周边衍生品等方面，并指出网络文学在开发过程中存在的同质化作品扎堆、抄袭成风、“网文+流量明星”模式等问题。王天一和薛萌的《从传播学角度看网络文学IP剧》总结了当前由网络文学开发改编成影视剧后的传播转变，传播者由单一的网络文学作者变成与影视制作方的结合，用户由原来的读者扩展至影视观众，同时指出当前改编剧市场作品同质化严重、质量堪忧等问题，并提出应严格筛选网络文学作品、把控IP运营计划等方案来促进网络文学的影视化的优质开发和传播。高殿银的《媒介融合背景下网络文学的跨媒介传播研究》认为媒介融合促使网络文学以多平台连载、有声书广播、影视剧改编等多种形式实现了跨媒介的出版和传播。

最后，以“晋江文学城”为案例的相关文献分析了有关网络文学的发展问题，如刘琴的《移动数字阅读环境中文学受众的传播赋能——以晋江文学城为例》认为在数字阅读环境中，网络文学用户身份发生了由消费者到粉丝再到投资人的角色转变，成为驱动网络文学传播和发展的因素之一，同时也为网络文学的出版带来了新契机。左涛和王海刚的《原创网络文学作者成长机制探析——以晋江文学城为例》分析了“晋江”网站中作者培养机制、激励机制以及维权机制的优缺点，为网络文学的线上线下出版及未来发展提供了相关借鉴。高寒凝的《网络文学研究中的数字人文视野——以晋江文学城积分榜单及“清穿文”为例》认为应结合数字人文视野建立学术性的网络文学资料数据库，运用数字化手段来促进网络文学的稳步向前发展。

（三）研究方法

本文主要采用个案研究法，将“晋江文学城”作为具体分析对象并以数字时代中网络文学的赋能化传播现象为研究目标。通过对“晋江”及其中相关文学作品在用户赋能、作品开发及传播方式等方面所显示的数据结果来进行归纳分析，并结合线上网站工作人员提供的资料，探究网络文学在数字时代背景下所呈现出的赋能化发展现象。

二、网络文学去作者中心化的新型赋能

（一）作者与读者身份的转变

互联网的普及和数字技术的发展，带来了文学创作形式和过程上的变化，作者与读者的角色和位置不再是简单的，由文学作品的作者对读者的单向输出，而变为数字时代中作者与读者的双向交流；创作者不再局限于传统的作家群，而是扩大到了自由撰稿人。网络及数字技术的发展，促进了网络的分权和赋能，让读者拥有了更多的机会和渠道可以进行自由创作，网络文学读者的内容生产被赋予了新的能量，也为整个网络文学出版产业链的上游输入了新的能量。

相关数据显示，网络文学的用户数量已达到4.55亿，近五成的网民都是网络文学读者，在庞大的网文读者基数下，网络文学被赋予了更多的发展可能性。首先，在互联网和数字技术的红利下，读者可以从自身兴趣出发，自主选择成为作者，在文学网站中进行创作活动。“晋江”对所有用户开放，这就为每一位读者提供了独立创作作品的机会和平台。读者在网站内进行注册和相关协议的签订，便可成为创作网络文学的一名作者，在网站中上传自己的作品。在网络和移动

端设备的支持下，越来越多的网络文学读者转变成了创作网络文学的作者，并且其中有许多“新进”作者大获成功。例如，“晋江”作者明晓溪，她当初只是在网站上阅读其他作者作品的一名读者，因遇到了阅读匮乏期，就开始尝试自己写故事并将作品上传至网站，之后便创作出了《明若晓溪》《泡沫之夏》等广受好评的作品，成为出版商们口中“言情天后”，2008年还以300万元的版税收入，登上作家富豪榜第11位。由此可见，这些优秀的“新进”作者为网络文学的发展增添了许多新动力。其次，读者的反馈和评价能够影响作者所创作的网络文学作品的内容。“晋江”的论坛和文章评论区一直是读者积极活跃的讨论地，读者可以根据自己的想法，对文章的内容提出不满或者有新意的想法，作者就会根据多数读者的看法和评价调整文章的内容，参考用户给予的新思路，或者与用户进行交流共同讨论内容；如遇到有抄袭、含有暴力色情等内容的文章，用户还可直接进行举报。在数字时代，网络文学的作者与读者的身份很容易发生转变，一定程度上扩大了优秀“新进”作者的队伍，为网络文学的创作和发展带来了更多的可能性。

在数字时代中，每个人既是信息传播者又是接收者，读者被赋予了更多的选择权和传播权，作者中心化的特征逐渐消退，网络文学中的作者和读者的身份不再刻板固化，两者之间变得更加交织融合。

（二）读者“培养”作者

在数字信息时代，流量和数据成了网络文学的关键词之一，而读者就是这些流量和数据的主要提供者。当读者具有一定的数字阅读量之后，会对自己喜欢的作者及其文章进行付费阅读或者打榜投票，使其作品能够位于网站高榜，而作者为了获得自身收益同时满足市场需求，会主动思考读者的喜好，不断创新思路，让网络文学的内容主题更加丰富化。读者不断为自己喜爱的作者“浇灌”流量和数据，来帮助和促进作者的创作，一种用户“培养”作者“成长”的模式在数字信息环境中逐渐形成。

“晋江”最早是由读者自发捐款而建立的阅读基地，当时的在线网络文学构架也采取的是全文免费阅读的形式，直到2003年因为经济等多重原因，才有了以“起点中文网”为代表的付费阅读机制的出现，“晋江”也随即迈入知识付费的行列。如今，“晋江”网站中的大多数网文均设置了付费或者会员模式，需要用户支付一定的费用给作者才可阅读整篇文章。除此之外，2011年1月“晋江”的“霸王票”系统上线，2014年3月“营养液”系统上线，现在网站中有各种各样的细分排行榜单，包括勤奋指数榜、月度排行榜、半年排行榜、霸王票总榜、栽培月榜等，都是根据读者所投的“霸王票”及“营养液”来决定的。如“晋江”的月榜、半年榜等榜单都是综合读者投票数据的结果，读者拥有了决定作者及作品“位置”的权力，成了幕后“助推官”。同时，为作者争取到一定的等级后，读者同样也会拥有自己的头衔，让读者的幕后“培养”有了幕前的证明，进一步拉近了读者与作者之间的情感连接，稳定了“培养”模式。

在2020年3月“晋江”推出了“幼苗培育”活动，主旨是“鼓励读者从自身喜好角度去发掘新人，培育幼苗”，即读者需要为自己选择的新人作者投资或宣传，如最后结果达到标准，读者则会获得相应的资金回报。这种读者“培养”作者的市场营销模式，进一步弱化了作者的中心化地位，加强了二者之间的连接关系，激发出作者更多的潜能，从而使作者创作出更多优秀的网络文学作品。但与此同时，这种“培养”模式将难以避免地出现作者怀抱着经济利益的创作动机，其中必然会导致精品作品的产出量下降，这也是网络文学螺旋式发展进程中的必经之路。

三、网络文学出版产业化的综合赋能

（一）文学作品影视化的跨界开发

在数字时代背景下，网络文学不再依靠单一的纸质出版形式，而是拥有了更加丰富的跨界开发资源。目前，网络信息内容需求度的指数式增长使得越来越多的电视剧创作者的目光由传统文学转向更具新意和开放性的网络文学。[1]相关数据显示，2019年，在播出的412部电视剧中就有87部由网络文学作品改编而来。2020年上半年，由网文改编的电视剧就有57部。网络文学影视化的跨界开发赋予了网络文学更广阔的传播平台，提高了网络文学的影响力和传播力，为网络文学的传播和发展带来了新方向。

---

[1] 桫椤．在网络文学“区块链”上“挖矿”与“炼金”：2019年网络文学线下出版图书盘点[J]．中国图书评论，2020(1)：43-51.

“晋江”的官网数据显示，2005年至今，网络文学作品被改编成影视剧或已经售出影视版权的作品超过500部，如顾漫的《何以笙箫默》《杉杉来吃》等作品被改编成电影、电视剧播出后，均获得了广泛好评。2014年演员赵丽颖更是凭借网文改编剧《花千骨》一炮而红具有较大影响力的影视作品中就包括改编自“晋江”网站的多部文学作品，其后的火爆作品《知否知否应是绿肥红瘦》《有翡》也是由“晋江”中的网络文学改编而来。在2019年火爆荧屏的《魔道祖师》(剧名《陈情令》)更是将主演们都推向了演艺圈顶流的位置。除此之外，《少年的你》《美人心计》等多部影视作品均由网文改编而来。在拥有庞大的用户数字阅读量的基础上，网络文学的跨界开发也逐步延伸到了漫画、有声阅读及广播剧等其他领域中，如由网文改编成漫画的《全球高考》《空降热搜》等作品均在视频网站上播出，还有如《熔城》《镇魂》《帝王攻略》等作品开发的日文广播剧。同时，网络文学影视版权的海外开发也成为新的发展趋势，如韩国Paran Media出版社购买了由“晋江”作者桐华创作的《步步惊心》小说的版权，后由韩国SBS电视台改编成影视作品播出，海外影视版权的输出开发无疑更促进了网络文学的传播和发展。

影视化的跨界开发为网络文学的发展注入了新动力，网络文学的读者数量与影视剧是无法比拟的，影视作品的火爆扩大了网络文学作品的传播范围，能让更多的人注意到网络文学的存在。影视化的跨界开发赋能了网络文学多样化的传播形式和渠道，让更多的人在观看影视作品或阅读小说原著的过程中感受到了优质网络文学的魅力，从而提高了网络文学作品的知名度和影响力。

(二)亲子阅读市场的拓展

在当今数字阅读的大环境中，有越来越多的年轻家长开始选择数字化的阅读方式给孩子讲故事，这种数字化的亲子阅读形式已经被大部分的家长认可和推崇，拥有良好的市场前景。发展适合孩子阅读的线上儿童文学，可以成为当下网络文学创作和发展的新方向之一。

2020年5月1日“晋江”上线了“小树苗文学”板块，这是网站旗下的儿童文学站，是以“增进亲子交流，加深幼儿和父母的情感”为目的，专为亲子阅读设立的睡前读物项目。除此之外，如部分一路走来的老读者已为人父母，希望儿童文学板块能为他们的育儿工作提供帮助，让他们在阅读自己喜爱的网络文学的同时也能为孩子找到喜爱的故事。网站儿童板块的推出既能留住老读者，还能赋予网站文学作品新的活力，以儿童文学的新形式吸引到更多的读者，扩大传播度，但目前还在探索阶段。"晋江"网站中的亲子阅读板块为适应各个年龄段孩子的接受程度，按年龄划分作品内容，同时也有网站的特色排行榜单，供家长挑选优秀的故事来给孩子阅读。亲子阅读一直是热点话题，并拥有庞大的家长用户群体，数字亲子阅读市场的有效开发将为网络文学的出版和发展带来新机遇。

四、网络文学传播即时性的宣传赋能

（一）网络媒体的带动传播

在互联网及相关技术的支持下，网络文学逐渐颠覆传统文学的传播途径，拥有了多样化的传播渠道和形式，可以经常活跃在各个媒体的动态之中，通过网络媒体的带动传播，让网络文学获得了更高的关注度和影响力，其生存空间也在不断扩展。2021年1月23日，"晋江崩了"的话题再次登上了微博热搜榜，达到了7.6亿次的阅读量和15.2万的讨论量，其中有4万人发布了原创内容，体现出了新媒体的强大影响力和号召力。在参与话题的讨论过程中，用户会逐渐增强对网站中网络文学的关注度，同时部分"大V"用户也会发布或转发推荐阅读的"晋江"小说榜单，"意见领袖"的号召进一步加深了作品对用户的吸引力，潜移默化地促使用户去阅读自己感兴趣的作品。除此之外，"晋江"在微博、微信等媒体平台拥有自己的官方账号，微博粉丝量为138万，每天会定期向用户推荐相关文学作品，借助媒体的传播渠道和社交属性来吸引更多的潜在读者，同时进一步拉近与稳定读者之间的关系。网络媒体帮助网络文学扩大了传播范围和传播力度，让其能够持续活跃在用户的关注中，达到长久的传播效果。

（二）人际互动的扩散传播

数字信息时代让人际的互动变得更加简明快捷，人们可以随时随地交流、分享自己喜欢的事物，形成"传播、反馈、再传播"的互动交流链。这种在网络时代人际的互动交流链，能够帮助网络文学达到扩散传播的效果。如在"知乎"分享平台中，关于"晋江文学城"的讨论量达到了7.4万，用户会在平台中与他人讨论、分享相关文学作品，同时用户也会在微信、QQ、贴吧等社交平台中，自发地讨论、推荐自己感兴趣的文学作品，在用户的相互讨论中作品被广泛传播。除此之外，当有的文学作品被开发成影视作品后，相关的粉丝、导演、演员等人员也会在传播中起到推波助澜的作用。流量演员王一博主演的电视剧《有翡》获得了广泛关注和好评，该电视剧由“晋江”小说《有匪》改编而来，王一博发布的一条有关《有翡》电视剧的微博，转发量高达100多万，共有61万条讨论和300多万的点赞，演员与粉丝、粉丝与粉丝之间的多方互动交流，极大地扩展了文学作品的传播范围，增强了传播效果。数字时代下，网络文学的宣传传播变得更加便捷，为网络文学的多元开发和综合发展提供更多可能性。

结　语

在数字时代，网络文学的传播和发展被赋予了许多新动能，给人们带来了更加丰富多元的阅读体验，也成为数字出版中绕不开的领域，它的发展横跨了文学、互联网、影视、政策等多个方面，具有良好的发展前景和市场潜力。大量的阅读用户积极加入网络文学的创作队伍中，成了作者。网络文学作品知识产权的多元化开发，获得了市场的普遍认可，灵活化的传播方式和渠道都赋能了网络文学的传播，为网络文学的发展带来了新的生机和方向。但与此同时，网络文学依旧存在内容同质化、低俗化，版权纠纷不断，过度追求经济利益而忽视社会文化需求等问题，需要持续加强对文学网站和作者的管理，提高社会监管力度，完善相关法律法规，以此来共同推动网络文学朝着响应时代呼声、反映现实生活、引领精神风尚的方向发展，为人们带来更加优质多元的阅读体验，促进网络文学不断向前发展。

参考文献

[1]刘琴. 移动数字阅读环境中文学受众的传播赋能——以晋江文学城为例[J]. 名作欣赏，2020(24)：9-10.

[2]邓林菲. 浅析网络文学出版全产业链的转型之路[J]. 东南传播，2020(2)：91-93.

[3]高坚.网络文学出版研究的多重面向与范式反思[J].中国出版,2020(8):57-60.

[4]韩玉浩.基于期待视野的网络文学出版机制研究[D].南京:南京大学,2020.

[5]左涛,王海刚.原创网络文学作者成长机制探析——以晋江文学城为例[J].新闻研究导刊,2018,9(9):20-21.

[6]冯诗雅,范文静.我国网络文学出版改革创新研究——以阅文集团为例[J].北京印刷学院学报,2020,28(12):16-19.

[7]胡琼华,徐顺利.网络文学IP营销与版权保护[J].湖南行政学院学报,2021(1):73-79.

[8]高殿银.媒介融合背景下网络文学的跨媒介传播研究[J].编辑学刊,2020(1):107-111.

互联网背景下在线漫画平台的发展优势与不足分析

——以“快看”为例

雷大艳

摘　要：在线漫画是互联网发展到一定阶段的产物，相比于传统纸质漫画，它更符合互联网背景下人们的阅读需求。在国家政策的扶持、泛二次元用户规模不断增长等因素的共同推动下，在线漫画市场规模在2019年达到26.8亿元。本文以连续多年稳坐手机漫画赛道头把交椅的“快看”为例，阐述其发展的优势，并在此基础上明确提出了作品内容同质化、产业人才缺失、用户增长空间小、侵权盗版难解决等发展上的不足，以此研究给其他在线漫画平台发展提供一定的借鉴，从而促进整个行业的繁荣发展。

关键词：在线漫画　“快看”　在线漫画平台

引　言

随着我国互联网进程不断加快，三大运营商在2019年11月1日正式上线了5G商用套餐，在更高速、低延迟的5G网络上，人们可接收更多繁杂的网络信息与资源。在这种背景下，人们的沉浸式阅读习惯逐步被碎片化阅读所取代，“读图时代”的到来让漫画产业得以飞速地发展。据中国互联网络信息中心发布的数据可知，截至2020年12月，中国的互联网用户规模达9.89亿，其中手机网民规模为9.86亿，手机是人们最常接触的移动互联网设备。在线漫画是互联网技术发展到一定阶段的产物，它从早期通过扫描等数字处理技术上传至移动端实现传统纸质漫画的数字化形式，渐渐走向利用数位板、数位屏等计算机输入设备直接实现漫画作品的创作，最后经由互联网平台对作品进行发表传播。[1]相比传统纸质漫画，在线漫画主题题材更多样、表现形式更新颖、双向互动性更强、传播辐

[1] 李畅．数字漫画IP运营研究[D]．西安：陕西师范大学，2019.

射性更广，更能符合当下人们的阅读需求。“快看”是2014年创办的在线漫画平台，它不仅开创了更适应移动端设备的高清条漫画面布局形式，还致力于以漫画内容为主导来打造“IP+”的兴趣文化社区。据“Quest Mobile”发布的《2020年中国移动互联网年度大报告》可知，“快看”连续多年稳坐手机漫画赛道头把交椅。[1]因此通过研究互联网背景下“快看”的发展优势与不足，也可以为行业内其他在线漫画平台的发展提供一些的借鉴，从而推动整个产业的繁荣发展。

一、在线漫画平台的发展规模

为推动动漫产业的发展，我国政府发布了多项政策措施。例如，2012年5月发布的《文化部“十二五”时期文化改革发展规划》明确提出要“大力发展网络动漫、手机动漫等新媒体动漫”；同年发布的《“十二五”时期国家动漫产业发展规划》也提及要“重点推动传统动漫产品通过新媒体传播，发展壮大新媒体动漫产业”；之后于2017年2月发布的《文化部“十三五”时期文化发展改革规划》再次提及要“推动‘互联网+’对传统文化产业领域的整合”；2021年5月印发的《“十四五”文化产业发展规划》提出“发展动漫品牌授权和形象营销，延伸动漫产业链和价值链”，等等。与此同时，我国的泛二次元用户规模从2014年开始迎来高速增长，用户规模的扩大会反向推动更多的漫画作者加入这个行业。在这些因素的共同作用之下，从2015年开始我国的在线漫画产业进入到高速增长期。2018年后，借助优质内容的出现，在线漫画市场进入了平稳增长期，以用户付费为代表的增值服务增长强势，推动在线漫画市场规模在2019年达到26.8亿元，预计在2020年达到33.5亿元。[2]

二、“快看”发展的优势

2014年12月13日，漫画作者陈安妮在微博上发布了一篇名为《对不起，我只

---

❶ Quest Mobile. 2020年中国移动互联网年度大报告．上[R/OL].(2021-01-26)[2021-03-02]. http://www.questmobile.com.cn/resewch/report-mew/142.

❷ 我国动漫市场平稳发展　内容付费习惯养成　95后成为消费力军[EB/OL].(2020-09-25)[2021-03-02]. http://view.inews.qq.com/k/20200925A01TAB00? web_channel=wap&openApp=fale.

过1%的生活》的漫画，在漫画中她讲述了自己对漫画的热爱与坚持、创业的艰辛，并宣布了"快看漫画"的成立。截至2020年，"快看漫画"作品累计有8000多部，作者累计有5000多人，注册用户也突破2亿人。❶相关数据显示，2020年"快看漫画"的平均月活达4261.47万。❷

（一）漫画主题多样，满足不同阅读需求

"快看"的用户统计数据显示，"95后"用户占比超过50%。作为Z世代成长起来的用户，他们更注重自身的体验，更能提出个性化的需求。因此当他们成为在线漫画阅读的主力军时他们更期望与作者进行双向沟通，从而提出自己的反馈意见帮助作者优化、革新漫画的主题与画风。为了满足不同细分市场下不同个体的阅读偏好，"快看"的作品主题分为39大类，254小类，包括穿越、重生、热血、搞笑等。❸

另外，为了促进青少年健康成长，"快看漫画"上线了青少年模式。在这个模式下，每日22:00至次日6:00青少年用户都无法使用"快看漫画"。在其他时间段，阅读有40分钟的时间限制，青少年用户也无法自由搜索、浏览信息和查看历史观看记录，更不能进行虚拟货币充值、使用各种增值服务，阅读的内容也都是系统智能推荐的可爱、励志、正能量、学习等主题漫画。

（二）多种增值服务，促进市场良性循环

在纸质漫画盛行的时代，用户要对漫画内容进行阅读，需要通过付费的形式来获得出版的漫画单行本或者期刊，以及一些附赠的海报和卡片。而当在线漫画兴起之后，用户付费增值服务主要分为两种形式：一种是付费解锁阅读，用户需要通过在线漫画平台内的虚拟货币充值渠道来完成相应的充值行为后购买想要阅读的章节，这种方式没有时间限制，用户付费之后即为永久购买章节内容；另一种则是VIP会员模式，用户通过付费购买在线漫画平台的VIP会员来享受平

❶ 快看世界团队. 2020年快看漫画投稿生态报告：2020漫画作者图鉴[R/OL].（2020-12-28）[2021-03-02]. http://www.kuaikanmanhua.com/web/comic/330842/.

❷ Quest Mobile. 2020年中国移动互联网年度大报告（上）[R/OL].（2021-01-26）[2021-03-02]. http://www.quest mobile.com.cn/research/report-new/142.

❸ 同❶。

台提供的会员权益，如提前看、作品免费看、获得代金券等，这种模式下的付费内容具有一定的时效性，只要会员到期就不再享受相应权益。除了这两种常见的付费模式外，“快看”还推出了漫画专辑卡片收集功能，卡片包括作者专门绘制的彩蛋卡[1]以及漫画中截取出来的日常卡。彩蛋卡需要通过付费或者在VIP会员模式下领取相应的彩蛋券抽取获得；日常卡需要通过付费获取爱心、种植生长爱心的花卉，或者通过VIP会员模式领取相应的抽卡券来获取，集结成功后部分漫画可以享受实体卡片5折优惠。

“快看”用户多为“95后”青少年，他们拥有着更好的版权意识，也愿意为自己喜爱的内容付费，他们逐渐实现经济独立后，其付费能力将进一步提升。同时，付费增值服务可以反哺漫画作者、工作室，在为他们带来收入的同时，也能刺激他们不断地优化作品，吸引更多的创作者进入行业，推动市场的良性循环。

（三）重视人才培养，扩大漫画作者基层

“快看漫画”发布的《2020年快看漫画投稿生态报告》显示，“快看漫画”的作者规模每年都在扩大，并在2020年成功突破了5000人。2014年年末，“快看漫画”为打造出一个尊重正版、原创的在线漫画平台，推出了“30万元正版计划”，即每隔一天便会在投稿稿件中选出一篇优质漫画，在平台首页进行推荐并给予1万元的稿费奖励。之后便陆续引进锐思、伊凯、郭斯特、千本、口袋巧克力、卞丽君、吴琼琼爱画画等自带流量的微博大V入驻平台。为了稳定这些成熟的知名作者，“快看漫画”与他们签订了特有的经纪合约，在对其作品进行系统宣传、运营的同时提供专业经纪人服务与专业法务支持。

源源不断的新人作者是漫画行业发展的基础。为了引入更多新人作者、扩大作者队伍，“快看漫画”创作于2019年开始开放了自主上传稿件功能，上线了“快看漫画条漫大赛”“新人作者扶持计划”“KK新星原创投稿扶持计划”，并推出了多种合作协议来让优秀的新人作品获得稳固的商业化机会。例如，新人作者“抽筋可乐-Alice”的作品《酒渍软糖》累计人气值超过6亿点击量，是2020年投稿生态签约作品中UV（Unique Visitor，指通过互联网访问、浏览这个网页的自然

[1] 彩蛋卡：将漫画结尾的彩蛋以卡片形式呈现，讲述主线剧情以外的支线小故事，获取后可永久保存在用户账户中。

人)最高的一部作品,并获得2020年“快看漫画”的“年度新锐突破奖”。[1]此外,“快看漫画”在2020年12月正式上线了“KK学院”,并引入了其合作方“优动漫”的优质动漫教程,在这基础上通过分享大量免费的创作教程、资源和成熟作者的创作经验来培养更多具备职业技能和素养的新人创作者成为平台的签约作者。[2]

(四)打造交流社区,增加平台用户黏性

建立在虚拟网络社区互动与真实社会人际关系上的在线漫画社区,能够使活跃在虚拟与现实交融的在线漫画平台社区的粉丝紧密联系在一起,拉动潜在粉丝对漫画作品的参与和讨论,使社区的情绪资本得到增值。[3]作为第一个做“作者V社区”的在线漫画平台,“快看漫画”为漫画作者和粉丝搭建了一个专属平台供双方直接交流。2018年初,“快看漫画”的“作者V社区”升级为“世界”,“世界”这一功能实际上是以漫画内容为主导,为粉丝们构建的一个“IP+”的兴趣文化社区。每个粉丝都可以根据自己的兴趣圈层发帖交流,或者对喜欢的漫画作品进行二次创作,这解决了之前只有作者发帖、粉丝评论的单方面输出情况,也增加了粉丝用户对平台的黏性。

2020年6月,“快看漫画”还发布了“社区创作者新秀招募计划”,招募各个圈层的优秀创作者进入平台发展,并为他们提供定制版培养方案、流量扶持、商业合作资源、专属经纪人等优势资源。在官方平台的扶持下,截至2021年3月,“世界”发展出了16个大兴趣圈层,包括写文、绘画、游戏、手账、声控、三坑(指汉服、JK制服及Lolita服饰)等。

(五)创新创意营销,头部IP产业链开发

一个健康、可持续发展的行业是离不开商业化进程的,漫画同样如此。因此“快看漫画”也在大力推进其商业化进程。

---

[1] 大咖云集!快看漫画年度荣誉大奖揭晓　国漫表现抢眼[EB/OL].(2020-02-08)[2021-03-03].http://www.rmzxb.com.cn/c/2021-02-08/2781894.shtml.

[2] 陶淘.11个语种,30+国际平台,快看打响中国漫画出海第一枪[EB/OL].(2021-01-05)[2021-03-03].http://www.tmtpost.com/4922464.html.

[3] 李畅.数字漫画IP运营研究[D].西安:陕西师范大学,2019.

一方面,除了在“湖南卫视”投放“硬广”,“快看漫画”还凭借其独特的漫画内容优势,不断创新其营销方式,使商业广告更好地融入漫画中,这样既不损害读者的阅读体验,也保证了良好的营销效果。在“2020年IAI国际创享节暨第20届IAI国际广告奖颁奖典礼”上,“快看漫画”荣获了五项大奖,其中“快看漫画”与斯凯奇合作推出的“‘ENERGY女团’释我能量”创意营销活动获得了创意营销金奖。[1]这次合作紧跟时代潮流,选取了平台上七大漫画IP女主成团,并借助线下大事件、二次元广告、漫画小剧场、社区手绘活动等宣传造势,用年轻人的语言和方式与斯凯奇的目标人群进行沟通,从而引发他们的共鸣。此次合作最终覆盖粉丝超6400万,产生在线用户评论超5万条,吸引了超6000人参与IP共同创作,大幅提升斯凯奇在年轻潮流圈层中的品牌好感度。[2]另一方面,“快看漫画”还借助其在年轻人中的影响力,多次与共青团中央宣传部合作推出主旋律漫画,如《起飞》《敬诰卿年》《长津湖》《嘿！少年》等。

在线漫画IP产业链是以优质的漫画内容为核心,它通过与不同领域的资本合作来打破次元壁,从而获得更高的商业价值及更多的粉丝群体。当下,“快看漫画”头部IP产业链的开发更多涉及的是广播剧、动画、影视剧以及周边衍生品,其中具有代表性的作品是《快把我哥带走》和《谷围南亭》。《快把我哥带走》从2015年1月开始在“快看漫画”上连载,截至2021年3月已更新了200话,它拥有着234.10亿的人气值,相应的话题讨论量也有14万。由中日合作根据漫画改编的动画版《快把我哥带走》从2017年开始陆续在“腾讯视频”上线,截至2021年3月共更新了60集,中文版有6.1亿次播放量。根据漫画改编的电视剧版、电影版于2018年上线,截至2021年3月,电视剧版《快把我哥带走》在“腾讯视频”上有16.2亿次播放量,电影版《快把我哥带走》也获得了3.7亿票房。而《谷围南亭》则是凭借着自身巨大的IP影响力,进行了雕像、广播剧、盲盒、快递盒等多维度开发,实现了600万的商业化价值,因此获得了“快看漫画”的“年度最具IP价值

---

[1] IAI国际广告奖:中国知名广告奖——IAI年鉴奖在2016年全新改版的广告营销评选活动。由中国传媒大学广告学院、中国商务广告协会、IAI国际广告研究所于2000年创办,IAI国际广告奖执委会主办。

[2] 快看漫画斩获IAI国际广告节金奖 创新年轻化营销[EB/OL].(2020-09-11)[2021-03-04].青年河北百家号,thhp://baijiahao.baidu.com/s?id=1677523335735832667@wfr=spider@for=pc.

奖”。2020年12月，“快看漫画”在其发布的《2021年度漫画版权影视化进度表》中表示，2021年将开机七部网剧、两部动画片，包括《零分偶像》《天下第一才女》《超能立方》等。

（六）发布“哥伦布”计划，探索全球市场

“要推进国际传播能力建设，讲好中国故事，传播好中国声音，向世界展现真实、立体、全面的中国，提高国家文化软实力和中华文化影响力。”这是习近平总书记在2018年8月全国宣传思想工作会议上发表的重要讲话。动漫产业作为文化产业的核心门类，对外传播具有文化、经济双重意义。[1]同时，与文字相比，漫画凭借着生动的视觉形象更容易被受众接受。

有关数据显示，“快看漫画”在2020年累计输出海外作品101部，主要覆盖日本、韩国和欧美、东南亚地区，共计11种语言，流水近1亿元。在爆款案例方面，打造了《女巨人也要谈恋爱》《甜美的咬痕》两部海外收入破百万的标杆漫画。[2]2021年1月4日，“快看漫画”正式发布了“哥伦布”计划，宣布进军全球市场，其国际化战略的路线图是在侧重发展日韩、欧美市场的同时，不断提升小语种市场的覆盖率。“我们的目的是尽最大可能输出内容，无论是通过自有平台还是海外渠道的分发，从而构建全网最大的IP孵化生态”陈安妮这样介绍快看的长远战略。[3]当下，平台已经成立了海外事业部，也正在筹划国际版App的开发，以及和美国漫画小说平台“TAPAS”的合作。随着“哥伦布”计划的实施，将会有海外作者签约“快看漫画”，这将促使平台内的内容、版权生态更加多元化。

三、“快看漫画”发展的不足

当下，虽然“快看漫画”已经成为国内一线的在线漫画平台，但这个行业竞争

[1] 陈淑姣．探索中国漫画向海外输出的实践：以北京天视全景文化传播有限公司为例[J]．创意设计源，2020(3)：72-75.

[2] 中国漫画出海汇　快看布局全球化[EB/OL]．(2021-01-04)[2021-03-04]．http://m.thepaper.cn/baijiahao_10745892.

[3] 陶淘．11个语种，30+国际平台，快看打响中国漫画出海第一枪[EB/OL]．(2021-01-05)[2021-03-03]．http://www.tmtpost.com/4922464.html.

十分激烈,“快看”还有许多不足之处有待完善,要想继续保持在漫画赛道上的领跑地位,就要解决面临的问题。

(一)作品内容同质化,产业人才缺失

互联网技术的发展对漫画作者而言是幸也是不幸。一方面,自由开放的互联网让优秀的漫画作者创作的作品可以得到有力的传播,从而扩大其知名度,也便于其他漫画作者的学习参考;另一方面,漫画作者一味地效仿优秀的漫画作品,会造成画风上的相似以及创作思路上的固化,创作出的作品大多为参考作品的翻版。[1]例如,由作者kid岁在2019年2月更新的作品《怦然心动》的番外《Killer Love》,因在剧情上与《怪盗圣少女》《怪盗基德1412》《偷星九月天》等作品相似,服饰设计上与《甜美的咬痕》相似,引起了许多平台用户对于该产品融梗、抄袭的争议。面对平台用户提出的质疑,kid岁开始表明自己没有看过《怪盗圣少女》等作品,选择怪盗题材是因为其喜爱《天使怪盗》,后又因舆论压力于2019年9月停止作品更新,最终于2020年1月9日在其微博发布道歉说明、宣布下架《Killer Love》,并且暂停《怦然心动》的商业化进程。

从上述事件及当前在线漫画行业的现状来看,剧情俗套成为大多数漫画作品的普遍特征,一部优秀的漫画作品离不开一个具有创新意识的漫画编剧,而这正是当下行业的明显短板。一方面,虽然2000年后国内开始出现专门的动漫职业教育和本科院校,很多艺术院校也开设了动漫相关专业,想要培养专业的动漫人才,[2]但由于师资力量不足、培养机制不健全等因素,最终培养出的人才难以满足市场所需。虽然“快看漫画”开设了“KK学院”,提供系列课程来系统培养新人,但所需时间和成本投入都是无法计算的。另一方面,当前在线漫画平台上的作品基本都是每周一更新,但作者、编剧、助手等人员的劳力付出与其薪资并不成正比,这也在一定程度上劝退了许多从业者。

(二)作者引发同代共鸣,用户增长空间小

据“快看漫画”发布的数据可知,平台上漫画作者的年龄主要集中在25岁以

---

[1] 孟旭. 国内优秀网络漫画的多角度研究[D]. 北京:北京邮电大学,2017.

[2] 我国动漫市场平稳发展　内容付费习惯养成　95后成为消费力军[EB/OL]. (2020-09-25)[2021-03-02]. http://view.inews.qq.com/k/20200925A01TAB00? web_channel=wap&openApp=fale.

下。作为在日本漫画、韩国漫画以及美国漫画影响下成长起来的“95后”群体，他们的创作风格及思路会更容易引起同一代人的共鸣，而很难引起年长一辈的阅读兴趣，也无法将这一类人群转化为自己的读者受众。据“国家统计局”发布的2020年年末总人口数据可知，我国的人口出生率从2016年开始逐年降低，2020年已低至8.52‰。与此同时，随着更多规范未成年人上网娱乐的政策措施的落地实施，未来在线漫画平台用户增长空间将十分有限。

（三）侵权盗版难解决，持续投入成本增加

近几年在线漫画平台上推出了用户付费增值服务，各大平台也在探索更多元的付费模式，用户付费意愿虽然在不断提升，但还是有部分人群想吃免费红利。“快看漫画”上的许多漫画可以直接免费阅读，而会员模式下的提前看章节普通用户只需要等一周就可以免费阅读，这部分作品通过社交网络传播一定程度上也是在扩大其阅读受众人群。付费解锁章节和会员模式下的会员专属作品是侵权盗版者关注的重点，它们可以通过以下几种方式免费获取作品：①通过手机浏览器上的搜索引擎搜索后选择链接进行阅读，部分链接还提供盗版漫画App下载；②通过自媒体中提供的搜索服务进行搜索后获取免费漫画或者破解版App；③付费解锁章节或者开通会员之后通过手机截屏或者录屏的方式获取漫画后在社交网络中进行传播。侵权盗版行为难打击是当下普遍存在的一个问题，这一定程度上会引起正版在线漫画平台上的用户分流，对平台造成极大的损失，因此需要平台实施有力措施来遏制这种现象。

除漫画作品本身的侵权盗版问题之外，“快看漫画”的头部IP在产业链开发过程中也面临着许多问题。当前，在其头部IP产业链的开发中，广播剧、动画、周边衍生品是最保守的几个改编方式。其影视化的成功案例大多集中在现代都市题材上，如《快把我哥带走》及《不说谎恋人》。这类题材作品不需要搭建额外场景、租赁额外的服饰，同时女性向的现代情感剧一直都有着比较稳定的观众群体，因此，整体开发成本具有一定优势。“快看漫画”在2021年影视化的七部网剧中有五部是现代都市题材，两部是古装题材，前者属于节省成本的保守开发，后者则属于多样化题材的试水，但需要明确的是，对于灵异、穿越、重生等题材作

品,影视化改编难度大的同时,还具有一定的政策风险,❶这就导致部分头部IP无法走上影视化的道路。此外,随着各种新兴技术的发展,"快看漫画"也开始通过《捡到只小狐狸》等作品在动态漫画❷上进行试水,但由于作品质量良莠不齐,且用户无法像看漫画一般自由掌握观看速度,因此动态漫画被戏称为"PPT动画",用户接受度并不高。

总体而言,在激烈的市场竞争下,"快看"比不上拥有强大企业背景支持的"腾讯动漫""微博动漫",它若想继续保持在手机动漫赛道上的领跑者地位,就必须在作品版权管理、产业链开发以及新业务拓展等方面进行持续的成本投入,这也压缩了平台的盈利空间。❸

结　语

各大在线漫画平台都有其自身的发展优势与不足,但上述平台上的作品内容同质化、产业人才缺失、用户增长空间小、侵权盗版难解决等问题是普遍存在的。因此,为了更长远的发展,各平台要将自己未来发展的重心放在培养创新型人才、扩大平台用户群体、维护正版作品权益以及加强与其他行业领域的合作上。同时,可以借助经济全球化的东风开拓国际市场,增加自身的国际竞争力,从而做到借助中国漫画展现中国文化,彰显中国形象。

---

❶ 我国动漫市场平稳发展　内容付费习惯养成　95后成为消费力军[EB/OL].(2020-09-25)[2021-03-02]. http://view.inews.qq.com/k/20200925A01TAB00? web_channel=wap&openApp=fale.

❷ 动态漫画:基于漫画的表现形式,用动画连续帧数的方式进行创作的视频内容。

❸ 同❶。

移动阅读App全民阅读视域下的可行性路径分析
——以“微信读书”为例

丁　超

摘　要：自2006年“全民阅读”被正式提出以来，全民阅读的推进情况就成为人们竞相关注的焦点。与此同时，现代科技的发展，也为全民阅读提供了更多的发展可能。本文运用案例分析法、文献分析法、数据分析法分析移动阅读App的特点和优势，以及在全民阅读的大背景下，移动阅读App如何利用自身优势在推进全民阅读的过程中发挥重要作用。本文还提出了移动阅读App推广全民阅读的具体举措，明晰了移动阅读App的责任和功能。全民阅读的推广不仅有利于移动阅读App相关产业的长远发展，而且对于国家软实力的提升也具有战略性意义。

关键词：移动阅读App　全民阅读　微信读书

一、研究背景

阅读，对于个人而言，意味着自我提升和深度思考，就如法国哲学家弗兰西斯·培根在《论求知》一文中所说：“读史使人明智，读诗使人聪慧，数学使人精密，哲学使人深刻，伦理学使人有修养，逻辑学和修辞学使人善辩。总之，知识在塑造人的性格。”而对于民族而言，阅读更是塑造着一个民族的性格。它不仅能够提升民族素养，促进社会公平和谐，更能够激发民族潜在的创造力，对于推动一个国家的健康可持续发展具有重要作用。

（一）全民阅读

2006年，中宣部、中央文明办等11个部门联合发出《关于开展全民阅读活动的倡议书》，拉开了我国“全民阅读活动”的序幕。2014年，“倡导全民阅读”首次出现在政府工作报告中。截至2020年3月,“全民阅读”已经七次纳入政府工作报告,足见政府对于“全民阅读”这一百年大计的重视。2016年发布的《中华人民共和国国民经济与社会发展第十三个五年规划纲要》将全民阅读工程列为国家八大文化重大工程之一,国家正式发布具有开创性意义的首个国家级全民阅读规划《全民阅读“十三五”时期发展规划》;2020年10月中央宣传部印发《关于促进全民阅读工作的意见》,全面部署深入推进全民阅读。一系列的部署、规划和指导意见已经说明,全民阅读已经成为我国一项国家发展战略。

同时,为了保障全民阅读这一国家战略的实施,2016年以来,我国针对公共文化服务相继出台了多部政策法规,将全民阅读纳入法治的轨道。2017年3月正式施行的《中华人民共和国公共文化服务保障法》和2018年1月正式施行的《中华人民共和国公共图书馆法》都把全民阅读纳入立法保护。而这两项法律,正式将全民阅读工作法治化、规范化、常态化。[1]

(二)数字阅读与移动阅读

科技带来的巨大进步,已经让数字阅读成为主流的阅读方式。数字阅读以其自身的独特优势,迅速在阅读群体中推广普及。2020年5月发布的第十七次全国国民阅读调查结果显示,2019年,中国成年国民数字化阅读方式的接触率为79.3%。43.5%的国民倾向于“手机阅读”;10.6%的国民倾向于“网络在线阅读”;7.8%的人倾向于“在电子阅读器上阅读”。[2]可见数字阅读对于国民阅读状态的影响。同时,手机、电子阅读器等一批移动客户端逐渐取代纸质媒介,成为书籍的重要呈现形式,人们通过轻便的移动设备,实现随时随地的海量阅读,这不仅为更多人提供了阅读便利,还成了很多人的阅读习惯。因此,数字化阅读方式也带来了国民综合阅读率和数字化阅读接触率的整体提升。数字阅读与移动阅读正在为推进全民阅读发挥积极的作用。

---

❶ 聂震宁.全民阅读:奠定基础并将深入推进:我国“十三五”时期全民阅读的回顾与展望[J].中国出版,2020,23:5-12.

❷ 阎密.数读2019全民阅读消费[N].国际商报,2020-04-24(005).

二、移动阅读App优势分析——以“微信读书”为例

近年来，移动阅读App发展势头迅猛，其中包括以网络小说为主要内容的一系列网络文学网站延伸出来的“红袖添香”“起点读书”“晋江文学城”等，以及主打严肃阅读兼有部分网络小说的“微信读书”“网易蜗牛读书”“豆瓣读书”等。因推广全民阅读的根本目的在于提升国民素质，因而本文将研究重点集中于主打严肃阅读、推荐高品质阅读体验的移动阅读类App。其中，“微信读书”充分利用移动阅读自身优势，抢占市场，成为严肃类移动阅读App中最受读者喜爱的一个，更具有典型性和示范性，在此以“微信读书”为主要案例进行分析。

“微信读书”是腾讯公司于2015年8月推出的一款社交阅读App。它提出“阅读+社交”这一理念，主打深度阅读。其在应用商场具有5亿次的下载量，根据“易观千帆”应用阅读排行榜，其月活人数达到1558.8万，在移动阅读App中排名第七。“微信读书”充分开发移动阅读可能衍生的各项服务，不断满足读者不同的阅读需要，深入探索移动阅读的更多可能。

（一）互动性

数字阅读时代的一个典型特征是互动性，包括读者与读者的互动、读者与作者的互动、读者与平台的互动。读者与读者的互动主要体现在阅读过程中交流感悟和补充相关知识。“微信读书”可以在文章中划线、标注、提出想法，并且在看同一本书的读者可以同步看到其他读者的相关标注以及想法，还可以实现就书中的某一问题展开讨论。而读者与作者的互动则主要体现在连载作品的文末评价和讨论，读者能够直接地表达自己对于作品的态度和看法，作者也能够通过这些评价对自己的作品有一个更全面的了解。例如，江南的作品《龙族V》在“微信读书”上连载期间，作者接收到了广大书迷的反馈并积极给予回应，这种互动能够达成作者与读者之间的良性沟通，在提高读者体验的同时，也能够帮助作者完善作品。而读者与平台的互动则在于读者的需求能够及时反馈给平台，而平台能够在了解读者的需求之后，迅速反应，采取措施满足读者的阅读需求，从而改善读者的阅读体验。当读者想读一本书，而“微信读书”尚未上架，读者可以设置为“想读”，读者就会在图书上架时收到通知，平台由此也可以及时补充自己的图

书资源，更好地满足读者的阅读需求。

（二）社交性

“微信读书”是从公众号“微信读书”衍生而来，借助“微信”这一社交平台，将“社交+阅读”作为自身定位和发展特色。首先，“微信读书”会将好友在读的书推荐到页面首页，读者就会知道自己的好友最近在读什么书，通过了解好友的阅读书目，拓展自己书单。其次，读者的书架以及所写的书评会在个人页面显示，好友可以自行浏览。在这里，阅读的作品可以轻易分享，阅读行为成为一种变相的自我展示，这种阅读爱好的表现与分享在某种程度上迎合了读者想要别人了解自己的心理需求，也表达了读者寻求共同阅读兴趣的同路人的心理需求，迎合了当下提倡表达自我的风气。

另外，“微信读书”通过“读书小队”“五人组队领免费无限卡”等活动建立熟人社群。这种熟人社群在事实上组成了一种相互陪伴、彼此督促的关系，这既有利于调动读者的阅读积极性，又有利于某些作品在社群中传播，从而产生高效益低成本的广告效应。[1]

（三）个性化

大数据时代，平台通过数据的收集和分析充分了解读者的阅读需求，从而进一步满足读者的个性化阅读需要，成为吸引读者的重要手段。“微信读书”通过读者经常搜索的关键词以及在平台的阅读记录来进行数据收集和分析，从而判断读者的阅读兴趣和阅读习惯，为读者定制个性化阅读书单。[2]这份书单会被推送到用户首页，满足读者搜寻读物的需要。另外，相关书籍推荐会出现在类似题材或者同一作者的作品之后，在读者读完一本书后，就会在之后的页面中看到相关的书籍推荐。读者在阅读完一本书之后，会很容易对相关读物产生兴趣，这种推荐迎合了读者的这一心理，从而满足读者的阅读需求。

---

[1] 官笑涵．“私藏的流动”：微信读书的社交阅读品牌传播［J］．视听，2020，10：155-156.

[2] 张翼．媒介融合背景下移动阅读App营销策略分析：以微信读书为例［J］．新闻研究导刊，2021，1：247-248.

（四）即时性

移动阅读的即时性表现在不限时间和地点，可以实现随时随地想读就读。现如今的快节奏生活使得人们的时间呈现出碎片化的特征，人们大量的时间花费在通勤、排队等事情上。一方面，传统的纸质阅读通常需要在相对安静舒适的环境下进行；另一方面，人们缺乏稳定完整的时间用来阅读。所以，合理有效地利用碎片化时间，成为人们抵抗时间流逝的一个方式。移动阅读App基于几乎人手一个的智能手机，不会给读者带来额外负担，读者可以利用通勤、排队、等待的碎片时间进行阅读，满足自身的阅读需求。

（五）知识量化

大数据对于数据的搜集和分析可以帮助实现读者的个性化阅读定制，同时，它也可以帮助完成阅读的量化。阅读行为很大程度上是出于对知识的追求和积累。将知识进行量化，将抽象问题具体化，会让读者对自身的阅读行为有更为明晰的认识。“微信读书”会统计读者的阅读时长和读完的书的数据，并在主页显示。同时，平台会汇总读者每周阅读时长并在好友中排名。这种将阅读时长和阅读数量直观量化的方式自然有利有弊。一方面，过度量化会让读者产生求量而不求质的想法，损害阅读质量。但另一方面，也可将这种量化视为一种激励，在一定程度上会促使读者将阅读作为生活的一个重要部分，有利于帮助读者养成稳定的阅读习惯。[1]

（六）有声阅读

《2020京东读书报告》数据显示，2019年中国线上图书用户不同阅读形式中，听书占到了64.1%。而第十七次全国国民阅读调查成果显示，2019年，中国有三成以上的国民有听书的习惯。[2]由此可见，有声阅读已经成为一些读者的需求。“微信读书”的有声朗读功能能够在一定程度上满足读者的这一需求。“微信读书”的有声朗读功能与一些有声书有所差别。在一些移动听书App上，有声书的内容是在原著内容基础上的精简、总结和加工，读者接受的是二次加工过的信

[1] 魏颖．微信读书平台重度用户阅读行为调查报告［D］．南京：南京大学，2020.

[2] 刘彬．第十七次全国国民阅读调查报告发布［J］．新阅读，2020(5)：7-7.

息，在某种程度上失去了原著的味道。而“微信读书”是对作品原文进行朗读，没有经过二次加工，能够保证读者享受作品原汁原味的味道。同时，“微信读书”分为男声和女声，能够在一定程度上满足不同读者的听书习惯。

三、移动阅读App在推动全民阅读过程中的作用

（一）降低阅读成本，提高阅读积极性

移动阅读App使得原有的阅读方式被打破，阅读不再局限于纸质，而是依托于普及率很高的智能手机，无论何时何地，只要一部手机就可以进行阅读，扫清了阅读障碍，提供了阅读便利。此外，移动阅读App真正实现了只要充分利用碎片时间就可以进行阅读，不再局限于固定时间、固定场所、固定环境，以及固定的形式或载体，这在一定程度上减少了阅读的经济成本、人力成本和时间成本，提高了读者阅读的便捷性，提高了读者阅读的积极性。

（二）帮助读者养成良好的阅读习惯

阅读习惯的形成需要长期的培养，但很多人因为忙于工作和生活被迫将阅读放在一边。而移动阅读App打破了阅读的这种局限，使每个人都得以获取相对自由的阅读空间。平台通过阅读讨论、阅读时长等附加功能激励读者每天抽取一定时间进行阅读活动的同时，还可以引导读者进行深入思考，并参与讨论，促使读者进行深度阅读，对读者形成良好的阅读习惯有着积极的引导作用。与此同时，在推荐书单的过程中，移动阅读App并不一味按照读者的阅读需要进行推荐，还会适当向读者推荐好书，引导读者培养“读好书”的阅读品位。

（三）弥补公共阅读空间的不足

自从“全民阅读”被提升至国家战略以来，各地的公共阅读场所和资源都在不断丰富。但是在二线、三线城市，尤其是广大的乡镇地区，公共阅读资源还存在着相当多的问题，包括阅读资源不全面、图书资源更新不及时、公共阅读场所不便捷、阅读宣传不到位等。另外，即使在公共阅读服务相对完善的一线城市，繁忙的工作和生活也让很多人不能充分利用公共阅读资源。因此，移动阅读

App就为读者提供另一种便捷的阅读途径。移动阅读App资源丰富、图书更新速度快、服务反馈及时，且不局限时间和地点，很大程度上弥补了公共阅读服务空间的不足，也减轻了公共阅读空间的压力。[1]

（四）便于国民阅读数据的收集和分析

大数据时代，数据是当前国民阅读情况的最客观的反映。而移动阅读App作为拥有大量用户的移动手机客户端，能够获取最前沿的用户阅读数据，了解最新的阅读动态，从而分析出读者的阅读习惯、阅读偏好、阅读时长。这些重要的阅读数据能够指导出版市场，了解出版市场的风向及出现的问题，便于出版从业者及时调整出版计划和方向。不仅如此，这些阅读数据对于出版行业的学术研究同样具有重要意义，只有了解最新的阅读数据，才能客观准确地进行相关学术研究，从而为全面推进全民阅读提供数据支撑。

四、移动阅读App如何全面推进全民阅读

（一）借助移动阅读App平台进行全民阅读宣传

移动阅读App通常已经拥有一定规模的稳定用户，在此基础上，进行全民阅读的动员和宣传，更利于在阅读群体内获得影响力，相比建立全新的公共阅读平台效率更高。同时，移动阅读App下载方便、使用方法简单易懂，更容易在不善于使用手机软件的人群中推广使用。同时其本身具有丰富的阅读资源和人性化的阅读辅助功能，更容易留住读者，使更多流动用户转变为长期用户。

（二）移动阅读App强化自身的社会责任意识

移动阅读App应当基于自身市场定位，本着长期可持续发展的原则，以培养读者的阅读习惯为目的，强化自身的社会责任意识，推动阅读市场的良性发展。首先，移动阅读App应结合我国国情适当开辟免费阅读区；其次，应着力向阅读资源匮乏的乡镇地区推广，并给予一定的读书优惠政策；第三，优化自身的内容资源，自觉抵制劣质的文化内容，将推广高品质读物作为自身的发展定位。

---

[1] 贺霞．数字化阅读对全民阅读的影响研究［D］．长沙：湖南师范大学，2018．

（三）政府给予移动阅读App一定的政策倾斜和支持

全民阅读作为一项国家战略，政府在其中起到的领导作用不容忽视。但是，全民阅读这一国家战略的实现，需要社会各界的共同参与。移动阅读App作为经营性的互联网企业，虽然更强调盈利，但其自身的优势是不容置疑的。移动阅读App通常具有先进的技术支撑，也有丰富的内容资源，并有一定规模的稳定用户群，其具备的一些功能也为读者的阅读活动提供了便利。政府与移动阅读App进行合作，势必能极大提高全民阅读的推广效率。首先，政府在举行全民阅读活动时可以适当引入私人资本，进行线上线下的联动阅读推广；其次，政府可以给予移动阅读App一些内容版权上的支持；再次，要加强监管，保证移动阅读App内容质量。❶

（四）将获取的数据与相关领域研究进行互联互通

移动阅读App获取数据的便利性，能为针对全民阅读所进行的研究和政策制定提供帮助。建成一个相对综合全面的全民阅读数据库，对于获得国民阅读状况、国民阅读习惯等重要数据，从而深入研究全民阅读推进方法，进而实现全民阅读具有重要作用。企业与政府、高校、研究院进行深入合作，做到数据互联互通，更有利于对行业进行深入研究，对于我国文化事业发展具有重要作用。

结　语

全民阅读作为一项国家战略，尽管在我国已经取得一定成果，但是仍然任重而道远。移动阅读App利用自身所具备的各项优势，积极参与推进全民阅读这一国家战略，不仅有利于自身的长远发展，而且能够对国民阅读素养的整体提升发挥重要作用。

---

❶ 苏和堂，王亭力，姜洁．推进全民阅读的政策和实施途径研究［J］．滁州职业技术学院学报，2016，15(2)：36-38.

书业观察

新基建时代有声书行业如何破局

高　雪

摘　要：新基建时代，由政府直接投资推动新基础产业快速发展，带动数字技术高速发展。有声书产业在人工智能、区块链、物联网技术的带动下得到了前所未有的发展。人工智能、区块链、物联网等技术运用于有声书生产与营销之中，催生了智能化的有声书出版方式，对有声书行业产生了深刻的影响。

关键词：有声书　新基建　数字出版

"新基建"，全称为"新型基础设施建设"，该概念在2018年12月召开的中央经济工作会议中被首次提出。接着在2020年4月20日召开的国家发改委新闻发布会上，国家发改委创新和高技术发展司司长伍浩首次明确了"新基建"的范围。"新基建"主要包括信息基础设施、融合基础设施和创新基础设施三方面，涉及5G基站建设、特高压、城际高速铁路和城市轨道交通、新能源汽车充电桩、大数据中心、人工智能、工业互联网七大领域，是以新发展理念为引领，以技术创新为驱动，以信息网络为基础，建设面向高质量发展需要，提供数字转型、智能升级、融合创新等服务的基础设施体系。❶新基建将在未来持续改变人们的工作与生活，未来的人工智能技术、区块链技术、物联网技术等将会在很大程度上推动有声书行业的发展，为有声书行业带来全面的革新。

一、有声书行业发展现状

中国是公认的世界第二大有声书市场。根据艾媒咨询公司所发布的《2020年中国有声书行业发展现状及趋势分析》报告，2016年我国有声书市场规模为23.7亿元，有声书市场用户仅有2.18亿人，经历了三年的高速发展，2019年我国有声书市场规模到达63.6亿元，用户数量已高达4.78亿人，持续增速高于

❶可心．氢元数据：用大数据助力企业数字品牌"新基建"［J］．中关村，2020（12）：62-63.

30%。[1]2020年由于新冠疫情的暴发，国家号召人们居家隔离，由此推动了“宅经济”发展，人们线上消费持续增加，专家预计2020年有声书行业发展实现进一步增速，有声书行业规模预计达到95亿元。按照目前的发展速度，中国将在2022年成为全球有声书市场第一大国。

我国有声书行业发展呈现以下特点。

（一）有声书收听主体与消费偏好更加多样化

艾媒数据显示，2020年我国有声书群体中男性用户比例为56.6%，女性用户比例43.3%，男性占比女性高出13.2%。在年龄分布上，有声书用户呈现出分散化特征，且呈纺锤体分布；其中31~40岁用户是收听有声书的主力。相较于三线、四线城市，一线、二线城市的居民更加喜爱收听有声书，北上广深居民收听有声书的比例达到31.8%，由此可见有声书的收听主体呈现多样化的发展趋势。[2]

不同的收听主体基于其年龄、性别与社会经历会有着不同的收听偏好，例如，男性用户更加喜爱收听悬疑探案类、武侠类有声书，而女性用户则更加喜爱都市言情类小说。数据显示，约有五成的用户最爱收听悬疑探案类有声书；喜爱收听武侠玄幻类的用户也达到了38.1%。而武侠玄幻类小说比言情小说要更受欢迎。

（二）有声书收听场景不断丰富

随着互联网络与移动技术的发展，人们逐渐从在电脑上收听有声书转向在智能移动设备的移动阅读App与有声阅读App中收听有声书。随着5G逐渐被商业化运用于人们的生活中，有声书场景逐渐地摆脱了以手机为媒介的传统收听手段，向更加多元化、更加细化的阅读场景发展，例如，以Kindle为代表的电子阅读器，以小雅为代表的智能音箱，以AirPods为代表的智能耳机等。随着越来越多新型智能电器的出现，不同的硬件载体让用户可以在不同的时间与场景内收听有声书，满足用户们的个性化需求，这些新的需求也将继续推动有声书收听场景的不断丰富。

---

[1] 艾媒资讯．2018中国有声书市场专题研究报告［R］．2018-04-24．

[2] 艾媒资讯．2020年中国有声书行业发展趋势研究报告［R］．2020-12-08．

（三）有声书市场商业变现方式更加丰富

传统有声书行业通过为用户提供免费的有声书资源来吸引用户浏览与点击，凭借网站的流量与点击量发布广告实现变现。随着网络交易模式的成熟，人们可以在网络上自由安全地进行购买，逐渐地出现了多元化的有声书商业变现模式。目前，有声书行业的商业变现模式主要包括VIP模式、内容付费模式、个人打赏模式、广告营销模式及硬件销售模式。

二、有声书行业的发展困境

（一）有声书制作周期长、制作成本高

近些年，随着有声书市场的发展，用户的需求越来越个性化，有声书平台需要及时响应，满足用户的需求，生产优质内容。然而有声书的生产主要包括“引进版权→文字编辑、剧本整理→专业人员音频录制→音频剪辑→音频整合、后期处理→审听→成品输出”几个步骤，这使得有声书的制作周期长，制作成本高。头部有声书的目标用户大多已经养成知识付费习惯，头部有声书产品所产生的利润可覆盖其制作成本，并且可作为招牌产品吸引更多的用户。然而更多的腰部有声书产品的部分目标用户尚未养成付费习惯，用户的付费并不能完全覆盖高昂的有声书制作成本，从而增加了有声书制作方的压力。

（二）有声书产品质量问题

1. 有声书产品质量良莠不齐

在有声书平台建设初期，为了迅速丰富平台内容与吸引用户，平台倡导用户内容生产模式（即UGC模式），该模式鼓励大量用户积极参与到平台内容生产活动中，为平台带来了流量。同时因为UGC模式的低门槛性使得平台中的有声书产品质量良莠不齐，严重地影响了有声书行业持续健康发展。

2. 有声书质量没有统一的管理条例

随着有声书市场逐渐发展成熟，各大有声书平台纷纷开展了知识付费业务，有声书知识付费市场中存在着有声书付费产品质量良莠不齐或者有声书产品定价偏高等问题，然而有声书行业尚无国家权威部门制定的有声书质量管理条例

与定价管理规定。

（三）有声书版权问题

1．有声书版权授权关系混乱

由于有声书的产业链比较长且复杂，产业链上游是内容版权提供方，中游是有声书制作方，下游是有声书平台提供方，有声书版权授权涉及版权主体包括文字作品版权所有者、有声表演者、录音制造者及有声书平台等，有声书生产的每个环节都需要上一个生产环节的版权主体进行授权，导致多层授权关系十分混乱，一不小心就可能侵犯他人权利。

2．有声书产品盗版严重

有声书复制盗版的成本极低，盗版商仅需要从有声书平台上下载有声书资源，然后打包售卖或者免费上传吸引流量，以极低的经济成本就可以多次售卖盗版资源获取丰厚的利润。并且有声书平台多采用“机器+人工”双重审核制度，审核人员每天需要审核的作品数目巨大，会有部分内容发布者在正常的有声书内容中穿插侵权的有声书片段，审核人员难免会有所疏漏，这导致有声书平台的侵权事件也屡禁不止，侵害了著作权人的权益，十分不利于有声书行业高质量发展。

3．有声书侵权维权困难

当有声书产品遭到盗版侵权时，其著作权主体因为网络的匿名性而难以追查到侵权者的真实身份，从而难以收集侵权证据进行维权。再者，著作权侵权诉讼周期长，胜诉后得到的赔偿也不高，版权侵权维权的性价比偏低，这影响了著作权人维权的积极性，十分不利于有声版权的有效保护。

三、新基建时代有声书行业的破局

（一）运用人工智能技术提升有声书生产效率

1．大数据搜索技术筛选有声书优质选题

传统的有声书开始制作前，制作人需要消耗大量的人力物力进行市场调查，根据市场调查的结果决定是否将有关内容制作成有声书。然而这种调查方法耗资不少，却仍然不能保证出品的有声书能够获得广大读者喜爱。然而随着互联网时代的到来，数字阅读市场迅速发展为有声书制作提供了大量的内容来源，有声书的选题策划成了重中之重。

随着新基建计划的开展，大数据技术逐渐普及，有声书制作方可以利用大数据技术对书籍资源进行搜索与整理，不断挖掘各领域有价值的书籍数据组成大数据库。并且现在有声书平台也会使用大数据技术，深度挖掘其用户数据，分析用户的购买、收听、点赞、转发、评论等数据，推算用户的偏好与需求并结合书籍大数据库，生成符合用户需求的优质有声书选题。

2. AI主播可以提升有声书生产效率

AI主播技术可以很好提升有声书的生产效率，降低生产成本。有声书平台为了可以吸引和稳定用户，会定期推出高质量的头部有声书产品，这些头部产品的制作费用高昂。此外，有声书平台为了满足用户们的个性化需要会生产大量的优质产品用于稳定用户，然而如果按照头部产品的标准生产腰部产品，生产的成本将会很高，但如果降低的标准则必然会流失用户。AI主播技术应用于有声书腰部产品的生产完美解决了以上问题，AI主播出品的有声书质量高，生产速度快，可追随社会热点快速生产相关主题有声书。并且随着AI技术的快速发展，AI主播声音不够细腻、对白层次不分明等问题会随着对白和感情等模块的不断优化而解决，相信未来AI主播技术会在有声书领域大放异彩。

3. 声音复刻技术拓宽有声书创作空间

声音复刻技术拓展了有声书UGC模式的创作空间，由于录音条件的限制，一些用户想要却不能创作属于自己的有声书，这制约了有声书UGC模式的发展扩大。声音复刻技术的出现成了UGC模式的有效推动力，为有声书平台带来了丰富的内容支持。例如，在“讯飞”App中用户就可以选择声音复制功能，在阅读一段文本后，App会提取用户的声音合成有声书，使用户成为自己的专属主播。

（二）运用区块链技术保护有声书版权

1. 区块链技术可厘清有声书生产中的版权授权关系

区块链技术会结合“时间戳”技术完整且安全地记录有声书生产过程的版权，受理与有声书版权交易的所有数据信息，将有声书从创作者到最后收听用户中间所有涉及的版权交易信息和相应交易的时间变化整理到区块链的信息库中储存，信息安全可靠且不可篡改。区块链技术具有可追溯性，可对有声书生产过程中版权授权的关键性信息追溯查证，解决有声书作品生产的授权、录音、后期中每一个环节中的版权所属问题，从而厘清了有声书生产中的复杂的版权授权关系。

2．区块链技术可帮助著作权人维权

区块链中的信息具有唯一性，区块链中每个区块有自己独一无二的“DNA”。有声书在版权保护中使用区块链技术，使得每一部有声书作品在上链时都有属于自己独一无二的“DNA”信息，其中包括著作人信息、演播者信息、作品内容与类型、发表状态等元数据打包形成的加密数据，都编码在有声书文件中，所有用户皆可打包有声书元数据副本，这大大降低了著作权人在维权时的取证成本。此外，区块链技术的“去中心化”特点，确保了有声书的版权信息受到了区块链上所有节点的共同监督和保护，想要修改版权信息必须得到所有节点的同意，而这是不可能完成的。区块链技术提高了版权信息的可信性，为著作权人维权提供了有利证据，在一定程度上缓解了有声书维权难的现状，将为改善有声书行业的发展环境做出一定的贡献。

3．智能合约助力有声书版权交易

智能合约是一种运行于区块链之上的计算机协议，将其嵌入到有声书的数字代码中就可以将有声书转换为可自动交易的数字商品。通过智能合约，当有声书产品的版权被使用时，购买者就会直接向版权所有者支付费用，一对一交易，由此避免了第三方参与版权交易的弊病。[1]智能合约会将有声书版权交易所产生的所有信息储存于区块链中，保证版权交易的公正透明，并且一旦智能合约被触发，合约便无法暂停，在最大程度上保障了有声书产品利益的分配，保证有声书著作权所有者的收益最大化。

（三）“物联网+智能终端”拓展有声书收听场景

1．移动智能终端+有声书

当前收听有声书的主要方式就是通过移动通信终端。随着新基建与5G技

[1] 邓逸钰，汤雪梅．智能媒体时代有声书的开拓与发展[J]．出版广角，2018(24)：6-9.

术的发展，移动智能终端就会成为有声书收听的主要阵地。移动智能终端不再只包括智能手机和平板电脑，智能耳机、智能眼镜、智能手环等智能可穿戴设备将不再仅仅是人的耳朵、眼睛、手指的功能性延伸，也会成为有声书收听的新阵地，在人们日常工作与通勤中为人们提供知识与片刻的休闲。

2．汽车+有声书

早在2017年8月份“懒人听书”App就上线了“懒人听书车载定制版”软件，这款软件在主流车型的中控显示屏上通过触摸与语音搜索的方式，为用户播放有声书，用户可以在“懒人听书”App与“懒人听书车载定制版”软件中登录同一账号，由此可以实现由移动终端到车载端的无缝衔接，也更丰富了有声书的收听场景与收听体验，很大程度上满足了人们在日常驾车途中的休闲需求。随着新基建的开展，5G技术的应用将直接推动智能网联汽车的性能提升，智能汽车的云计算能力使得有声书车载软件可以分析车主的偏好，为车主制定个性化的收听方案。此外，智能汽车搭配物联网技术，有声书车载软件就可以根据当前的行车地点与场景提供适合当下行车环境的有声书籍，由此大大改善用户的使用体验。

3．智能家居+有声书

随着科技的发展，在物联网与人工智能的技术支持下，日常家庭生活中的电子设备也变得更加智能与个性化。以智能电视为开端，智能音箱、智能冰箱、智能空调等智能电器逐步进入了人们的日常生活之中。有声书平台抓住了这一时机纷纷推出自己的智能音箱，早在2017年6月“喜马拉雅”就推出了“小雅AI音箱”，该音箱可根据用户的喜好为用户推荐其喜爱的有声产品，如为儿童播放睡前故事等。在2020年8月“喜马拉雅”推出了首款智能屏硬件家居产品“小雅AI图书馆”，用户说出“小雅，小雅，播放”，“喜马拉雅”就会触发有声书播放，由此将居家的碎片时间变为阅读时间。与此同时，小米家的空调、扫地机器人、插座等智能设备也可以和“小雅AI图书馆”进行连接，通过语音控制全屋的智能家电。

新基建时代的到来，越来越多的有声书平台开始致力于智能生态的建设，加大对移动智能终端、智能汽车终端以及智能家居等硬件终端的布局，通过布局智能设备为有声书拓展更多的播放场景，由此建立以声音为中心的智能硬件系统。

四、新基建时代有声书行业的发展空间

（一）建立有声书智能审听系统

有声书的审听是指审核干音的错误，审听人员需要核对检查已经完成降噪、对轨等处理的音频对其中有问题的地方进行记录，形成审听报告交给有声书编辑，由编辑联系主播进行返音。有声书制作中的审听环节相当于传统书籍制作的校对环节，是有声书制作中至关重要的环节。

有声书的审听主要审核两个方面，一方面是审核音频内容有无错漏问题，另一方面是审核音频音质问题。这两方面都要求有声书审听人员十分细心，不能有所疏忽，否则会严重影响有声书的制作质量，在新基建时代建立有声书智能审听系统十分必要。

（二）将AR技术与有声书相结合

AR技术是利用计算机生成一种逼真的视、听、力、触和动等感觉的虚拟环境，通过各种智能设备使用户"沉浸"到该环境中，实现用户和环境直接进行交互。在我国5G逐渐普及，以及AR技术日渐被运用于图书出版之中，这些都为将AR技术应用于有声书出版奠定牢靠的物质与技术基础。将AR技术与有声书相结合，既可以通过耳朵来收听有声书，也可以在三维立体空间以可视化的方式展开有声书的场景，从而真正实现沉浸式阅读。

结　语

新基建时代，由国家牵头推动5G、人工智能、物联网等新型基础设施的建设，为有声书数字转型、智能升级、融合创新提供了坚实的技术基础，运用大数据搜索技术为有声书筛选优质选题，AI主播技术可提升有声书生产效率，声音复刻技术扩大有声书的创作空间，利用区块链技术保护有声书版权，智能终端丰富了有声书的收听场景。

新基建时代，有声书作为数字出版行业的重要组成部分正在迅猛成长，散发出前所未有的活力，有声书与新兴技术的融合发展正描绘着新时代蓬勃的发展图景。

出版社“抖音”营销现状及策略分析

张子微

摘　要：短视频的蓬勃发展为图书营销提供了更多的可能性。综合目前出版社的短视频营销来看，出版社虽注册了“抖音”官方账号，但由于账号活跃度低、定位不清晰、作品缺乏创意、橱窗功能不完善等原因，出版社无法在短视频营销上取得一定的效果。因此，出版社在进行短视频营销时应精准定位，培养专业团队生产优质视频，并合理运用新的运营方法实现图书营销。本文将以“抖音”为例，结合数据分析当前入驻“抖音”的出版社营销情况，根据当前面对的问题切实提出出版社“抖音”图书营销的提升路径。

关键词：出版社　“抖音”　图书营销

一、出版社短视频营销概述

（一）“抖音”短视频概述

短视频，又称微视频，是一种互联网内容传播方式，主要依靠移动智能终端实现随时拍摄与剪辑，并可以分享到其他社交媒体平台的一种新型视频形式。由于平台技术的限制、传播特点的影响等原因，短视频长度不一，大多为几十秒或几分钟。[1]中国短视频用户规模增长势头明显，艾媒咨询数据显示，2020年中国短视频用户已经超过7亿人，预计2021年将增至8.09亿人。[2]

“抖音”是字节跳动公司旗下一款音乐创意短视频移动社交软件，“抖音”自上线以来依靠精准算法满足了受众个性化需求。截至2020年6月，“抖音”日活

[1] 赵文雯，李静敏．短视频平台图书营销的策略研究：以抖音为例[J]．科技传播，2019，11(15)：5-7.

[2] 艾媒：《2020—2021年中国短视频头部市场竞争状况专题研究报告》[R/OL]．(2021-01-28)[2021-05-22]．https://maimai.cn/article/detail?fid=1586750499&efid=f24Q-gSTx41Ji3AZWhM9iw.

跃用户已经超过6亿,在“抖音”平台每天会产生超过3亿次的搜索。[1]当前“抖音”正在迅速发展为电商平台,2020年直播迎来新爆发,月度用户规模超过5.6亿。[2]依靠“抖音”庞大的用户量,出版社也正在借助这一平台开展图书营销活动。

(二)出版社短视频营销背景

根据中国网络视听节目服务协会2020年10月发布的《2020年中国网络视听发展研究报告》,截至2020年6月,我国网络视听用户规模达到9.01亿,网民使用率达95.8%,中国短视频用户规模达8.18亿,近九成网民使用短视频。从以上数据可以看出,短视频已经成为社会大众的重要信息交流工具,且逐渐成为仅次于及时通信的第二大网络应用。短视频以其丰富的多媒体内容,以及平台提供的分享、点赞等功能吸引了社会大众的广泛参与。由于其技术准入门槛低、具有随时性等特点,普通大众能够在短时间内迅速产生信息并传播。短视频的趣味性和内容的碎片化,为大众娱乐、电子商务、文化传播等提供了更多的可能性。

出版社作为图书出版的主体,面对当下互联网的发展带来的短视频产业火爆,将静态书籍的知识内容以多媒体的形式呈现,定期利用短视频平台进行直播,可以吸引更多读者,拓宽图书产品的推广营销渠道,同时也有利于出版社打造自己的品牌,形成品牌效应。当前“抖音”图书营销形式主要分为直播卖书、短视频卖书、商品橱窗卖书等基本形式。本文以2021年2月25日前入驻“抖音”的出版社为数据背景,对各出版社的官方账号下发布的作品数、粉丝数、点赞量及是否开通商品橱窗功能等方面进行数据统计,分析当前出版社进行“抖音”营销的现状及问题,并提出关于“抖音”短视频营销的一些提升路径和想法。

二、出版社“抖音”营销现状及问题

笔者通过在“抖音”平台以“出版社”为关键词进行检索,同时参考“新抖数据”榜单,收集整理了共计183条数据,剔除编辑个人账号、同一出版社的多个

---

❶ 2020抖音创作者生态报告[R/OL].(2020-10-29)[2021-05-22]. http://www.199it.com/archives/1143785.html.

❷ 艾媒:《2020—2021年中国短视频头部市场竞争状况专题研究报告》[R/OL].(2021-01-28)[2021-05-22]. https://maimai.cn/article/detail?fid=1586750499&efid=f24Q-gSTx41Ji3AZWhM9iw.

“抖音”号及无效数据，共计有171家出版社入驻“抖音”。考虑到不同出版社的矩阵运营，本文采用的数据均为出版社官方认证的“抖音”号。由于“抖音”账号发展迅速，本文的部分数据可能存在偏差。

笔者搜集了171家出版社入驻“抖音”的数据，分别从作品数、粉丝数、点赞数、是否开通商品橱窗等方面逐一进行数据分析。通过对数据的分析、对比与总结，剖析当前我国出版单位入驻“抖音”情况及实施图书营销时面对的问题。以下将对具体情况进行详细论述。

(一)账号活跃度较低，粉丝量总体不成规模

随着短视频用户量的逐渐增多，近年来“抖音”电商直播带货趋势发展良好，出版社面对短视频图书营销的巨大潜力也在纷纷试水。根据笔者对171家出版社粉丝数量进行统计，其中粉丝量超过1万的出版社有41家，占总体的24%，粉丝量小于1万的出版社有130家，占总体的76%。其中，人民日报出版社粉丝量达到90万人，粉丝量在10~50万之间的出版社仅有10家，而大多数出版社的粉丝量主要集中在1000~4000和100~1000两个范围内，具体各出版社粉丝量统计图(如图1所示)。

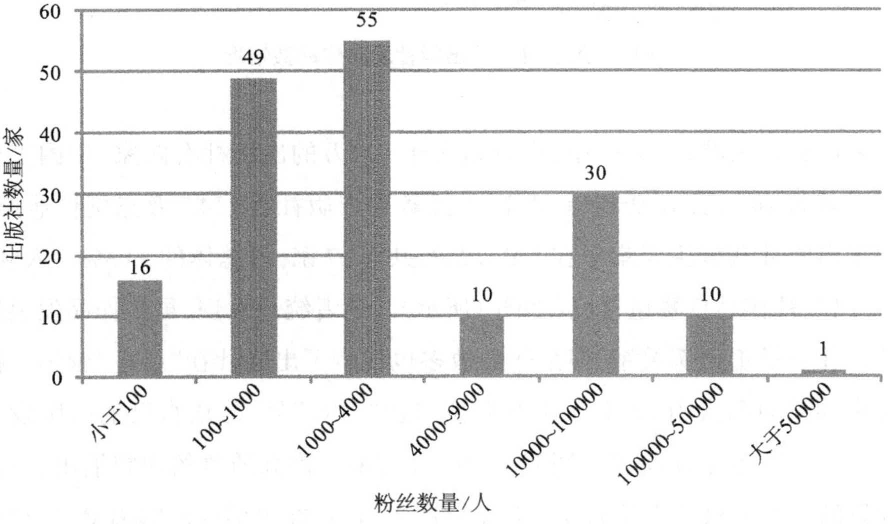

图1　入驻“抖音”出版社的粉丝量情况

总体来看，出版社的“抖音”图书营销整体还处于发展阶段，大多数出版社虽是开通了“抖音”账号，但整体活跃度较低，互动性较差，粉丝量不成一定体量和规模。从作品数量角度来看，笔者通过对各个出版社“抖音”账号下的作品数进行统计发现，中国中医药出版社目前发布作品数最多，截至2021年2月26日共发布作品553条，收获点赞18.9万；位列第二的是人民文学出版社，发布作品488条，收获点赞48.4万。有63家出版社的作品数低于30条，占总体的36.84%，其余大部分出版社主要集中在50~100条和100~300条作品两个范围内（如图2所示）。也有一些出版社存在开设账号但不发布作品的情况。

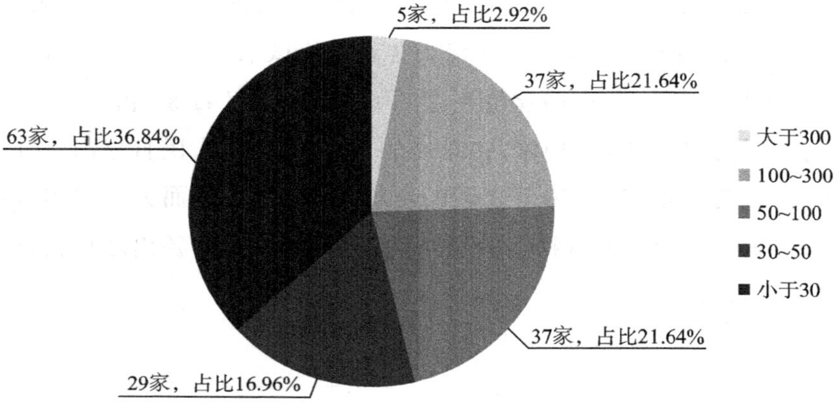

图2　入驻“抖音”出版社发布作品数情况

从点赞数来看，在数据中，点赞量大于100万的出版社有两家，中国工商出版社以获赞147.1万位居榜首，其次人民教育出版社获114.7万点赞位居第二。而许多出版社获赞主要集中在100~1000，共有57家，占总体的33.3%。入驻“抖音”各出版社作品点赞量情况（如图3所示）。笔者统计发现，虽然作品发表数与点赞数并非呈正比例关系，但是作品数多也代表了出版社在“抖音”营销上投入了更多的精力和人力，有利于出版单位打造“抖音”号，形成自己的品牌发布模式，留住用户，也是在向用户证明出版企业有能力做高质量的内容输出。当然，点赞量的多少不只是作品的发布数量所决定，也存在更多的影响因素，比如出版社的定位、视频内容是否契合受众、“吸引力五秒钟法则”的应用、视频质量、表达方式甚至是背景音乐的选择等。

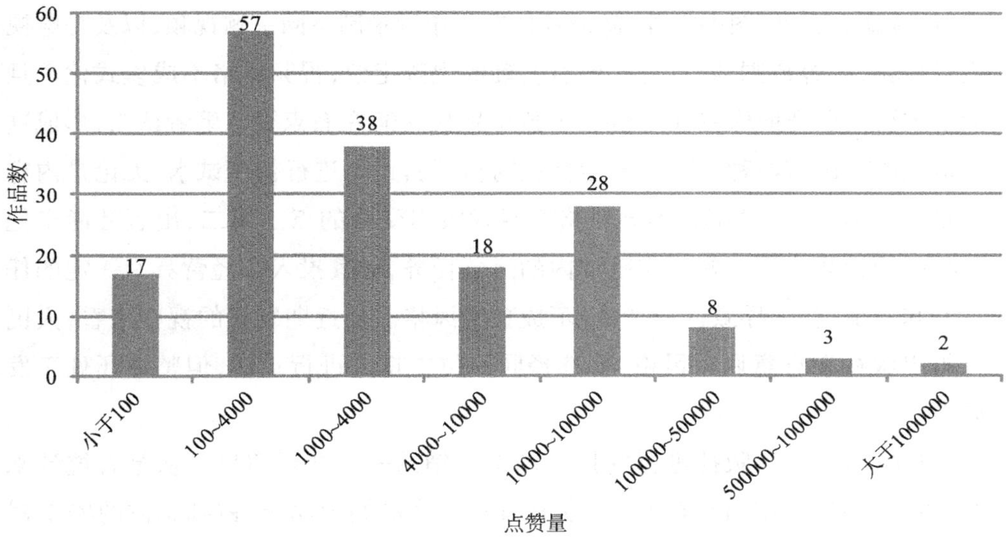

图3　入驻“抖音”出版社对应作品点赞量情况

综合来看，作为大众化、娱乐化的“抖音”短视频平台，进行图书类文化产品的营销，在某种程度上是受到一定限制的。但目前大部分出版企业在“抖音”图书营销上还处于待经营状态，作品的发布数量、点赞量以及与粉丝的互动情况等便可直接反映这一点。短视频以其时间短、内容碎片化、风格丰富的特点吸引了大量的受众，由于短视频平台流量之大、用户之多，从最开始的自媒体平台到逐渐发展为各大公司的营销平台，每天有上百万条视频产生和发布，因此如何能够在几秒内迅速抓住视频浏览者的注意力，并能够吸引受众进行点赞、转发、关注，这对于出版社来说，只拥有图书的优质内容是远远不够的，进行有效的深度开发和知识的二次重组，才是出版社在运营“抖音”等短视频内容生产时应着重考虑和解决的核心问题。

（二）账号定位不清晰，橱窗功能应用不完善，图书营销受阻

虽然一些入驻“抖音”的出版社也在不断更新自己的作品，但多数还处于账号定位不清晰、内容风格杂乱的状态。例如，人民日报出版社发布的126个作品中，包含新书资讯、图书推荐、邀请各位专家作者录制不同主题视频，以及是电视栏目视频，内容范围涉及广泛，没有明确的视频定位，视频风格不成模式化。且大多数视频点赞量均在100之内，少数作品获1000左右点赞。笔者认为，形成这种情况的原因有两种：第一，出版社在“抖音”营销上进行初步试水，无论是内容还是表现形式上，尝试在不同风格中寻找吸引受众的点。第二，出版社尚未把“抖音”短视频当作正常工作范围内的运营任务，对其投入和经营具有一定的任意性和不确定性，导致内容杂乱，不成独特风格。从近期发布的视频来看，人民日报出版社在有意调整风格，如选择同一位主持人进行录制，但整体还处于发展中。

商品橱窗是出版社进行“抖音”图书营销的一个变现窗口。从笔者统计来看，171家出版社中，仅有61家出版社开通了商品橱窗功能，占到总体的35.7%，而这61家出版社中还存在5家出版社开通了商品橱窗功能但没有提供商品。这会导致读者在看到视频内容后想购买商品，但缺少直接购买渠道，直接影响“抖音”图书营销的效果。但开通商品橱窗的出版社部分已实现“抖音”图书营销的变现，例如，机械工业出版社的商品橱窗提供的自卖商品有287种，其中《丁真的世界》已售卖930册，《四合院的七零八碎》已售581册，销量十分可观。

（三）短视频内容形式有待进一步完善，用户参与不积极

笔者通过分析比对发现，当前出版社进行“抖音”图书营销的视频内容更新时，多是对图书内容的介绍、图文配音乐或是对图书内容的单一呈现。整体上看，出版社所发布的视频内容缺乏生动性和趣味性，缺少故事内容的丰富性和图书商品使用的场景化，形式上也缺乏与读者的互动性，因此难以对用户形成吸引力，导致账号主体与用户之间难以形成互动性反馈。以人民日报出版社为例，一条开学前印教材的视频收获81.4万点赞、7.0万评论，成为111条作品中点赞和评论量最高的视频。由于发布时间正巧赶上开学前期，充分地吸引了同学们的关

注和互动，而其他视频的评论量均处于两位数。评论功能是账号主体进一步了解受众需求和想法的有效手段，对于还处于“试水”阶段的出版社，“抖音”图书营销完美地找到受众契合的点，提升视频互动体验才能够不断优化视频，在提高点赞数、评论量的同时带动图书营销。

简单来说，出版社当前还不能将“抖音”账号当作产品营销工具，短视频营销的水土不服情况导致各个方面受阻，情况很不乐观。生硬地将图书内容搬到“抖音”平台，不足以打动读者，对于已经沉浸在娱乐世界里的读者而言，需要更个性化的视频打通读者的痛点，从而进一步实现图书营销。如果说软文是文字广告的另一种形式，那么对于在“抖音”类短视频平台营销图书来说，在深入挖掘图书产品的同时，出版社应该着重考虑以另外一种打动读者的形式，使读者产生购买需求和想法，最终完成购买。

三、出版社“抖音”营销提升路径

（一）精准定位，突出品牌及特色

短视频营销对于出版社来说是一个全新的挑战，形成具体的运营模式还需要进一步的研究和探索。根据以上数据分析可以发现，当前出版社账号下发布的作品形式各异，内容也相对比较杂乱。因此，出版社运营者应结合本社的经营特色，精准定位本社账号的发布内容。

“抖音”的算法推荐机制和社交属性使“抖音”呈分圈层化分布态势，它会根据用户的兴趣爱好、年龄、职业等进行内容推送。因此，出版社在运营“抖音”时，首先要了解“抖音”用户群体、熟悉“抖音”传播规律，并思考出版社账号的定位、服务的受众，并对领域进行内容细分，逐渐形成本社账号自身的特色，有利于逐渐培养自己的粉丝群体。账号的垂直化最终目的还是为了图书销量服务，出版社在建设自己“抖音”账号时应始终保持品牌意识，无论是知识传播还是图书介绍，在紧密结合读者需求时也要注重自身品牌的打造与建设。例如，人民文学出版社根据其人文社科性质的定位，在“抖音”发布的作品中大量推广了文学知识和文学类图书的介绍，目前已拥有48.9万粉丝；译林出版社也以其外文版图书定位，发布外国文学作品图书介绍，收获粉丝5.4万。由此可见，出版社只有找好自身的定位，充分发挥自身的品牌优势，才能产生更好的营销效果。

（二）打造团队，提高用户观看体验

在明确账号的目标受众定位后，出版社应当创新视频内容，对图书营销的短视频内容进行有效二次创作和传播，充分利用视频前五秒抓住用户注意力，不断提升用户观看视频的体验。这一操作上，不仅要求出版社要培养自身的内容策划团队，还要求出版社有技术团队和懂得短视频传播规律的专业营销团队。对主讲人的拍摄场景、道具、机位、台词、背景音乐等元素进行精心的设计和布置，提高视频的拍摄水准和质量，之后则进入视频的制作步骤。

“抖音”视频需要确定视频发布内容、直播内容，策划构思视频拍摄思路、撰写拍摄文案脚本，确定视频风格和形式。一般来说，大体要经过以下几个步骤：第一步是选书，针对出版社自身的经营定位和属性，选择容易被大众接受的、能够引起受众共鸣的图书作为视频主体。第二步是视频的制作，在撰写拍摄脚本前首先应进行图书的阅读，而后充分挖掘图书内容，并选择好合适的切入点进行视频文案脚本撰写。第三步是视频的拍摄及视频剪辑，在视频发布后也要及时跟踪视频浏览量、粉丝数、点赞数、用户画像、积极与粉丝互动并及时回复评论，对相关数据进行数据分析及整理，将结果反馈到第一步骤（选书），从而进行优化视频效果，对图书营销形成正向反馈（如图4所示）。专业营销团队进行短视频的运营，可以定期更新发布作品、对出版社进行宣传（新书推广、图书营销、品牌宣传）等，有利于出版社形成自己的作品风格，不断提高出版社的影响力，进一步实现图书营销效果。

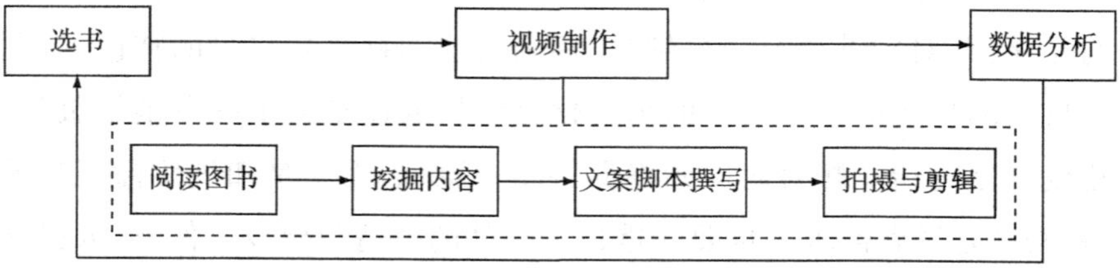

图4　出版社短视频制作流程

（三）运营变现，新方法赋能图书营销

短视频营销市场对于还处于“试水”阶段的出版社官方账号来说，实现运营变现并不是一蹴而就的事情。除了及时发布作品外，还需要有恰当的运营方法，能够快速积累粉丝实现图书营销。以下列举几种方法进行说明：方法一，场景化营销。所谓场景化营销是指针对消费者在具体的现实场景中所具有的心理状态或需求进行的营销行为，从而有效地达到企业的目标。场景化营销是为消费者营造了一个在具体场景中所具有的心理状态和需求，通过场景来唤醒消费者某种心理状态或需求。出版社在进行场景化营销时，可以根据具体销售图书的不同，变换相应的场景。方法二，“抖音”话题加持。出版社可以根据当下“抖音”的热门话题进行视频的编辑，通过对视频进行话题的标引，进行借势营销。例如，2019年京东图书发起的“开学季抖音挑战赛”，30余家出版社积极参与，这一波借势营销收获众多点赞量，也带动了图书的销量。方法三，营销矩阵。构架营销矩阵，一方面有利于打造垂直类图书账号，形成不同账号间的差异化；另一方面也有利于将不同账号相关联，有利于粉丝流量的导入，使账号在短期内实现快速涨粉。例如，外语教学研究出版社同时开通“外研社”“外研社 unipus”“外研童书”等多个账号，用于发布不同类别的视频；复旦大学出版社除开通“复旦大学出版社”官方“抖音”号外，还开通了“复旦大学出版社国学号”；人民教育出版社另设“人民教育出版社生字视频”专门用于发布生字。矩阵运营有利于出版社各个子品牌的建立，对于出版社整体在“抖音”进行图书营销来说，是十分有利的。方法四，巧妙借助名人效应。当前“抖音”图书营销除出版社外还有个人直播带货。例如，“抖音”账号“主持人王芳”，目前拥有粉丝807.6万，获赞6001.1万，账号定位为好书推荐，橱窗当前销售图书量高达10万以上。出版社在进行图书营销时，一方面是通过自己的账号进行视频更新营销，另一方面也可以巧妙借助“抖音”大V、教育类博主、好书推荐官等粉丝量大的账号主体进行图书合作推广。

结　语

“抖音”自上线以来凭借自身的优势特色和定位积累了大量的流量，“电商+短视频”的新营销形式使商品更具有场景化、趣味性，同时这种新营销形式，为出

版社的图书营销带来了新契机。在融合出版时代，出版社在进行图书营销时还面临着许多问题。因此，出版社要结合自身的专业特色、确定目标受众进行精准定位，不断培养自己的受众、形成自己的文化品牌；培养专业团队，对视频作品进行创意策划，不断提升用户观看体验；运用新的营销方法，如场景化营销、话题加持、打造媒体矩阵、借用名人效应等方法做好图书营销工作。在5G时代即将来临的今天，出版社应当抓住新机遇，做好短视频内容更新工作，用作品和服务吸引更多受众。

参考文献

[1]赵文雯，李静敏．短视频平台图书营销的策略研究——以抖音为例[J]．科技传播，2019，11(15)：5-7.

[2]李安统．出版社短视频图书营销策略分析[J]．现代视听，2020(10)：74-76.

[3]中国式互联网时代，如何高逼格玩转场景化营销[R/OL]．http://blog.sina.com.cn/s/blog_7f2db6d50102wwcs.html.

[4]郭逸群．融媒时代“抖音”图书营销策略探析[J]．新闻世界，2020(7)：93-96.

[5]郭栋，李丹阳．出版机构的短视频图书营销探析[J]．科技与出版，2020(2)：96-101.

有声书行业的发展趋势及优化路径研究

阿荣娜

摘　要：随着移动互联网时代的发展，数字化在不知不觉中改变着我们的生活和工作。有声阅读方式也逐渐成为我们数字生活中的一部分，同时这也是数字出版与互联网行业融合发展的趋势。在这一趋势中有声书的出现为用户带来了全新的阅读陪伴体验，并且这一体验打破了人们固有的阅读方式、阅读习惯和阅读情境。线上有声书平台与线下有声图书馆的联动形式，为有声书行业带来了更多的可能性。本文采用文献分析法对有声书行业存在的现象和问题进行分析，并探讨未来5G与人工智能技术将如何更全面地推动有声书行业的发展，为有声书行业带来更多的价值，给有声书市场用户群体提供更丰富多元的个性化服务。

关键词：有声书　数字出版　人工智能　有声图书馆

一、有声书行业发展现状

艾媒咨询公司所发布的《2020年中国有声书行业发展现状及趋势分析》报告显示，2016年我国有声书市场用户仅有2.18亿人，市场规模为23.7亿元，在经历了三年的高速增长后，2019年我国有声书市场规模到达63.6亿元，用户数量达到4.78亿人。[1]2020年由于新型冠状病毒肺炎疫情的暴发，国家号召全国人民居家隔离。从而导致线上一批新业态迎来爆发式增长，而有声书市场就是其中之一。2020年有声书行业发展迅速，行业规模达到94.7亿元。按照目前的发展趋势，中国将会在2022年成为全球有声书市场第一大国。

（一）有声书受众的多元化

有声书具有娱乐和教育的双重属性，能够满足当下各年龄圈层的需求。上

---

[1] 艾媒资讯. 2020年中国有声书行业发展趋势研究报告[R]. 2020-12-08.

至年过花甲的老人，下至咿呀学语的孩童，都能够乐在其中。值得一提的是，有声书的出现给很多原本失去光明的群体带来了希望。数据显示，有声书平台推出的“残疾人文化大礼包”，精选了人文历史、经典名著、儿童国学、儿童教育、个人成长、家长教育、英语学习等九大类近300部付费内容专辑，由百名主播共同录制而成，并且为通过实名认证的残障人士提供了方便快捷的免费服务，使其可以自由地获取所需的音频内容。不同的收听用户由于其年龄、性别与社会阅历不同，有着不同的收听喜好及偏向，例如，年轻用户更加喜爱收听悬疑探案类、都市言情类小说，老龄用户更偏向于百家讲坛、历史评书、相声小品等内容。数据显示，目前在有声书平台的1000万主播中，残障人士主播已超过8000名。由此可见有声书的受众主体呈现多元化的发展趋势。

（二）有声书核心体验多样化

有声书内容的阅读体验是数字出版的核心体验，有声书既解放了人们的双眼，更给人们带来区别于传统阅读的不同体验，用声音来了解一部作品或一篇文章，读者可获得多重的感官体验。相较于纸质书，各具风格的声音将书中的人物变得更加形象、生动、立体，让用户进入创造者的世界。抑扬顿挫带有感情色彩的朗读也让一些非虚构作品不再那么生硬枯燥。随着5G技术的普及和新型智能电子产品的出现，有声书场景也在配合着电子产品的创新不断进化升级，使用户体验更加丰富有趣。

（三）有声书市场从业者大众化

有声书是文字读物的再演绎，可以视为一种艺术创作。大众化这一特点有利有弊，培养有声书主播的机构以经济利益作为出发点而忽略了主播声音筛选的质量，导致有声书行业的从业人员水平参差不齐，缺乏真心想做出内容、做好内容、做精内容的主播，带来资源的浪费和恶性的竞争，扰乱有声书市场，这对有声书用户群体和有声书主播来说都是一种不负责任的行为。

二、制约有声书行业发展的原因

（一）有声书产品质量及版权问题

随着近些年有声书市场的快速发展，全民阅读的不断深化，为了吸引用户并扩大有声书平台生产规模，平台呼吁倡导有声书用户采用UGC模式，鼓励广大有声书用户群体积极参与到平台内容的生产和创作中来。但由于UGC的低门槛性，造成有声书产品质量良莠不齐，定价混杂，产业链各环节问题频出。在注重数量的同时忽略了质量，严重制约了有声书行业的良性发展。并且有声书版权链较长，对内容生产者的保护力度偏低，其版权授权属性多层且复杂，易导致侵权问题出现。有声书平台的盗版现象也十分猖獗，有声书的复制成本偏低，盗版团队仅需在有声书平台上下载付费内容打包，再进行多次售卖来获取丰厚的利润，或仅仅上传部分免费内容来吸引有需求的用户群体购买。这类侵权行为，不仅损害了有声书著作者的权益，还阻碍了平台的发展，产生了恶劣的社会影响。

（二）有声书内容同质化现象严重及维权艰难

有声书的内容制作机构通常无法与传播渠道达成排他性合作，相关平台无法拥有优质的独家版权，导致有声书平台内相似作品甚多，严重影响到有声书整体质量。高品质有声书制作费用由版权费、演播费、编辑费、后期制作费、录音棚租金费等组成，有声书制作成本较高，盗版却极其容易，而维权成本也相对较高。许多版权方明知自己被侵权却不进行维权，因为即使维权，胜诉后得到的赔偿也不高，并且维权耗时较长。这一现象严重打击了著作权人维权的积极性，也有碍人们版权意识的树立。

三、人工智能助力有声书行业发展

（一）运用人工智能技术打开有声书快速生产通道

1．运用AI技术助力主播高速高质产出

人工智能技术（AI技术）和声音的结合为有声书带来了更多的可能性，通过人机协作在文本转换、内容分析、智能配音等方面提高有声书的制作效率，不断丰富有声书的生产内容。随着AI技术的不断完善与成熟，可以为内容量身定制制作模板，实现有声书的精准产出。使用声音复刻技术能推动有声书UGC模式的创作发展，不断更新扩大语音库、丰富语音库的种类，并实现定制个性化、多样化的语音库；可以把每个有声书用户都打造成行走的语音库，用户可以通过语音合成来制作自己的有声书。有声书平台还可以收集并筛选有声书用户的意见及建议，并合理运用到AI技术当中。

2．完善场景化阅读

随着5G的普及和移动智能终端的发展，有声书跳出了原有的“舒适圈”并且不断地满足着有声书用户的需求。智能硬件设备和智能终端产品为用户带来了独特的交互式陪伴体验，不同的载体可以满足不同类型有声书用户的需要。很多人使用有声书已经形成一种习惯，选择这种具有沉浸感的阅读方式被更多人选择，缓解忙碌一天的疲惫，解放劳累的双眼。有声书提高了人们碎片化时间使用效率，体现出强大的市场潜力。

（二）区块链技术+时间戳技术有效保护有声书版权交易及维权

1．区块链技术结合时间戳技术追溯侵权

随着科技的发展，区块链的技术优势在保护有声书版权方面起到了重要的作用，在保护作者权益的同时为作者带来产品流通的价值。两种技术的结合将版权受理和有声书的交易过程进行了完整的记录，并且利用区块链防篡改和可追溯的特性来保证信息的安全和有声书版权相关信息的追溯。

2．区块链技术协助创作者进行维权

在不使用技术手段的前提下，网络的匿名性使创作者很难追溯到侵权者的真实身份，因此收集证据难、成为维权的一大问题。区块链中每个区块都是独一无二的，每一个区块链都具有自己的“出生证”，从创作者到表演者再到作品内容形式等都以数据编码的形式存储在有声书文件中，这一功能减轻了维权者在收集证据方面的时间负担和心理压力。并且去中心化的特点可以对有声书的版权信息安全进行保障，为有声书行业打造健康安全的保护罩奠定了一定的基础。

3．计算机协议保障交易

区块链之上的计算机协议，可以将有声书的数字代码转换为可自动交易的数字商品。通过计算机协议，对有声书产品进行合理的保护和使用。当有声书产品的版权被使用时，购买者会向著作者进行支付费用。买方与卖方的直接交易规避了许多“三无”合作方赚取黑心差价的行为，从而将有声书的收益进行合理分配，保证了有声书著作者的权益。在此基础上达成的合约承诺被记录，规则公开透明，合约内的数据全部对外可见，所有的交易也公开可见，不会存在任何虚假或隐瞒的交易行为，且此项协议一旦达成便不能撤销。本质上而言它就是一段程序，以计算机指令的方式实现传统合约的自动化处理，此技术可以保障著作者的利益。❶

四、有声书行业的优化路径

（一）普及有声图书馆

有声图书馆为我们提供了一个很好的阅读选择，但在推广方面还略有不足。首先，有声图书馆在资源建设方面还比较匮乏，自主建设经费有限。应该将线上线下进行整合，收集有声书用户群体的反馈意见及建议，根据用户的需求不断地进行完善补充，设立一对一服务，满足有声书用户的需求，更好地服务于用户群体。相关有声书平台对有声书用户数据进行筛选分析，根据用户的浏览、阅读习惯及偏好，推送定制个性化服务。在打造有声图书馆的过程中，应关注社会弱势群体，可以为他们开设有声专栏，提供更贴心的服务。其次，有声书平台可以设立的线上联动线下图书馆的形式，既方便用户之间线上相互交流心得，丰富平台资源，挖掘更多潜在的客户群体，对阅读偏好相同的读者进行自动推送，还可以帮助读者与读者之间建立联系，实现线下用户合作阅读，共同录制属于自己的有声书，为有声书创作提供更多的可能性。最后，可以根据不同的年龄需求开设不同的实体有声图书馆，提供不同的线下阅读体验。有声图书馆也可以邀请一些专业人士开设免费讲座，并且可以组织各地高校、相关单位设置主题开展线下活

❶ 邓逸钰，汤雪梅．智能媒体时代有声书的开拓与发展[J]．出版广角，2018(24)：6-9.

动，[1]从而扩大平台的影响力和用户群体规模。

（二）有声书助推全民阅读，弘扬传统文化

许多年轻人对传统文化书籍阅读不足，他们想去了解传统文化，但又不愿意去翻看厚重的文学典籍。而有声书的出现为弘扬传统文化提供了新的方式和思路，正好迎合了当下“耳朵经济”的发展。结合有声书碎片化阅读的特点，将经典文学与有声书进行融合，充分发挥声音传播的特点，可以有效缓解用户的阅读焦虑。平台还可以邀请一些知名人士进行有声书录制，用声音的魅力来提升用户自身学习的兴趣。有声书平台可设置传统文化板块，结合有声图书馆举办传统文化主题的有声阅读活动，扩大影响力。

（三）将AR、VR、MR技术融入有声书

可以将技术，如虚拟现实、增强现实和混合现实场景等融入有声书中。拥有真实感觉的虚拟环境，通过各种智能终端设备让用户沉浸其中并且乐在其中。实现有声书用户和环境的对话，使用户的互动体验升级。但是AR和VR技术都具有一定的局限性，把这两种技术叠加的MR技术便是更好的选择。或许在未来技术的升级和普及下，将AR、VR、MR与有声书相结合，彻底实现“耳朵阅读”，在三维甚至四维立体空间，根据有声书用户自身需求模板场景量身定制，并以可视化的方式展开有声书的场景，真正实现打造沉浸式阅读环境，同时也可以加大神秘感和新鲜感，吸引更多的用户群体加入其中。

（四）规范有声书行业从业人员管理

虽然随着“耳朵经济”和全民阅读热潮的兴起，有声书市场有着很强的崛起之势，但也呈现出了些许问题，其市场机制、配套制度、行业规范方面仍需整合完善，有声书行业发展的现状在一定程度上制约了其发展的速度及空间。目前来说，我国有声书市场缺乏统一的行业标准和严格的准入行业资格审核。虽然我国在2018年成立了推动有声书市场规范发展的中国广播电影电视社会组织联合会有声阅读委员会，并且已经开始组织专家编写中国有声语言水平评定标准，建立有声阅读的考核评价体系，但是提上日程到一步步实施终究是一个漫长且

[1] 尚硕彤．公共图书馆有声阅读资源建设及推广策略探究［J］．出版广角，2020（15）：86-88.

需要耐心的过程。随着有声书市场关注度的上升，监管部门对有声书内容及平台的审查也开始逐步严格，推动有声书市场的优胜劣汰。为了促进行业良性健康发展，应该将有声书产业链引向职业化转型，并且有针对性地培养、培训更多的有声书从业人员。

结　语

综上所述，在这个全民阅读的有声数字时代，有声书已经成了最受欢迎的阅读方式之一。有声书以丰富而高质量的内容生产、人性化和多元化的服务平台及伴随式特点带给人们良好的陪伴阅读体验。在这个人与人工智能相依相存的时代下，无论是通过运用AI技术助力主播快速、高效、高质量地产出内容，深化声音复刻技术，打造场景给用户带来身临其境的沉浸感体验，还是运用区块链技术保护有声书的版权及创作者的权益，都是推动有声书行业崛起的动力。当然，在这一漫长的发展道路上也存在着很多的隐患和挑战，应着重加强行业管理规范制度，完善线上有声书平台的监管，加大线下有声图书馆的推广，解决有声书行业所面临的问题，为有声书用户提供便捷、高效、精准的服务。相信随着未来科技不断的升级，有声书的推广应用模式也将不断地创新，其个性化、定制化、精准化的服务也会更加完善。

在线教育与知识服务研究

知识服务浪潮下我国传统大众出版转型发展探析

徐　然

摘　要：随着互联网技术的飞速发展和智能终端的普及，以及现代人生活节奏的加速，大众获取知识信息的方式和习惯发生了极大的改变。互联网知识服务作为文化产业一种新兴的服务理念与商业模式，极大地冲击着传统大众出版业的生存和发展。本文运用文献研究法、观察法、比较分析法等研究方法，首先将相关的概念进行初步厘清，对现阶段我国互联网知识服务和大众出版的发展概况做了简要总结；其次，系统分析了面对互联网知识服务冲击，传统大众出版所面临的挑战与机遇；最后，提出了在知识服务浪潮下，针对我国传统大众出版转型升级路径的建议。

关键词：知识服务　知识付费　大众出版

一、知识服务的内涵、特点及发展现状

早在2000年，四川大学张晓林教授就已经对知识服务的主要特征进行了前瞻性的归纳，其观点被学术界和业界沿用至今。张晓林教授认为，区别于传统的信息服务，知识服务首先是一种观念，一种认识和组织服务的观念。知识服务是用户目标驱动的服务，它关注的焦点和最后的评价不是“我是否提供了您需要的信息”，而是“通过我的服务是否解决了您的问题”；它聚焦用户需求分析，通过信息的提取和重组来形成新的知识产品来满足用户需要，是一种个性化的服务模式。传统信息服务只满足于具体数据或文献的提供，服务的过程和内容是相对固定的，而知识服务将围绕用户问题的解决方案的形成和完善而开展，并且贯穿于用户进行知识捕获、分析、重组、应用过程，根据用户的要求动态地和连续地组织服务。与此同时，知识服务又是一种增值服务，强调利用服务提供者自身的知识和能力，对现成知识进行加工形成新的具有独特价值的信息产品，直接介入用户面临的难点和痛点，提高用户的知识获取效率和适配程度，帮助用户实现认知

升级和能力的进阶，从而创造价值，提升价值。[1]

近年来，知识服务伴随着“知识付费”概念的兴起慢慢被提升到理论的高度，其内涵和外延逐渐明确，并逐渐成为学术界和业界研究的对象。通过阅读和整理相关的文献资料，笔者发现当前业界所讨论的“知识付费”并不是广义上的“为所学知识交付学费”的概念，而是基于互联网平台将知识单元搜集整合并以新的大众类知识产品的形式打包售卖给用户的一种内容产业的新型商业模式。从这个意义上来说，2016年，“得到”“荔枝”“知乎”“樊登读书”等互联网内容平台吹响了知识付费的号角。“得到”App创始人罗振宇的“时间的朋友”跨年演讲让“知识付费”迅速成为资本趋之若鹜的风口，从而迅猛发展了两年多，又逐渐因知识付费产品质量低劣、商家被指贩卖焦虑、欺骗用户等问题极大地损害了口碑。知识付费大热之后遇冷，现在处于发展的冷静期，并且在概念上逐渐向互联网知识服务靠拢，与知识服务的边界越来越模糊。

现阶段，按照知识服务的内容，互联网知识服务产品与传统出版业一样，可以分为专业型知识服务产品，如“法信”“中国科学院知识服务平台”；教育型知识服务产品，如“阿卡索外教一对一”；以及大众型知识服务产品，如“知乎live”等。提供知识服务的主体涵盖以三联书店为代表的传统出版社、以“得到”App为代表的互联网大众知识服务平台、以“超星尔雅网络通识课平台”为代表的在线教育平台，以及以“知网”为代表的学术资源平台。由此可见，知识服务从内容到主体已经渗透到了出版业的方方面面。

二、大众出版的内涵、特点及发展现状

大众出版是在专业出版和教育出版之外的第三大出版类型，指的是面向大多数普通读者，满足大众日常生活信息获取、休闲娱乐与文化体验需求的出版。它紧跟社会热点，与大众文化密切相关，是与普通读者关系最密切的出版类型，也是最丰富、最活跃、最多元化的出版领域。[2]从内容上来说，大众出版物的内容

[1] 张晓林.走向知识服务：寻找新世纪图书情报工作的生长点[N].中国图书馆学报，2000(5)：30-35.

[2] 许洁，汪琨禹，马青青.基于三大出版领域的出版学基础理论构建探索[J].科技与出版，2019(10)：114-121.

具有通俗性、普适性、非专业性的特点，往往根据大众关注的主题进行分类，包括大众心理类、财经类、大众生活类、大众科普类、少儿类等各种小说和非小说出版物，题材广泛，种类丰富。笔者认为，广义的大众出版应将所有符合大众出版特点的内容出版产业都包含进去，包括纸质的书报刊、数字出版物，甚至互联网的大众知识服务产品，也算新兴的大众出版的一种。本文所讨论的传统大众出版，是相对于互联网文化产品而言的一个概念，即内容上属于大众出版的、需要有形物质载体承担的书报刊，以及电子书等成册的、不以单独的知识单元划分的数字出版物。

相较于教育出版和专业出版，大众出版一直是收入水平较低的板块。传统大众出版物不是图书市场的刚需产品，可替代性强，受互联网知识信息的冲击比较大，特别是近年来帮助用户更高效获取更有用知识信息的大众知识服务产品，进一步挤压了传统大众出版的生存空间。大众出版的市场化程度高，但从业人员入行门槛较低，人员流转速度快，难以沉淀经验丰富的人才，也难以吸纳高水平从业者；加之大众出版选题广泛、种类繁多，同领域内市场竞争激烈且不稳定因素较多，打造畅销书过程十分艰难，虽有头部的爆款产品，但总体上优质内容供给不足，因而整体盈利水平较低。

此外，互联网和社交媒体的发展使大众出版物的内容创作主体“大众化”特征日益明显，促进了大众出版从业者专业职能的演变。“内容创作大众化”和“大众作品出版化”趋势在得到彰显。

传统大众出版机构也在尝试开发知识服务的平台和产品，例如，生活·读书·新知三联书店开发的“中读”App，以及中信出版集团的“中信书院”App等，但是与专门的互联网大众知识服务平台相比，传统大众出版在该领域的尝试目前仍处于初级阶段。以应用商店“App Store”的数据为例，截至2021年3月1日，2017年上线的“中信书院”App在“App Store”上收获了205个用户评分，得分3.5；同年上线的“中读”App收获了1790个用户的评分，得分4.0；湛庐文化推出的“湛庐阅读”App收获了165个用户的评分，得分4.3。相比之下，同类型互联网企业开发的以听书、课程为主要产品的知识服务平台表现遥遥领先。截至2021年3月1日，2015年上线的“得到”App在“App Store”上的成绩是2.3万个评分，得分4.4；

2012年上线的“懒人听书”App收获了30万个用户评分，得分4.9。由此可以初步看出，在知识服务领域，互联网公司比传统的大众出版企业布局更早，表现更佳。

三、知识服务浪潮下，传统大众出版面临的挑战与机遇

（一）传统大众出版面临的挑战

1．满足受众的个性化需求与传统大众出版的运作逻辑相悖

作品类型化是大众出版的显著特点之一。大众出版按照大众普遍关注的主题分类，目的是做到“多而全”，即用广泛的题材满足受众多样的需求。但是多样的需求并不完全等同于个性化的需求，传统的大众出版并不生产零碎的知识单元，它们更注重出版物的整体性、系统性，不能像知识服务产品那样随时将知识信息打碎重组提供给不同的个体，也不能直接解决用户个性化问题，只能是满足某一类型而不是某一个读者的需要。这也是在知识服务领域，大众出版落后于专业出版和教育出版的原因之一。专业出版的知识服务平台，例如数据库等，往往可以通过关键词的随意组合检索获得用户需要的单篇文章信息，或者付费就可以翻译上传的文档等；教育出版的知识服务平台往往可以通过人工客服、真人教师、用户水平测试等为用户提供个性化的问题解决方案。大众出版面向的是更广泛的受众群体，在大众中寻求个性，将是传统大众出版面临的挑战之一。

2．大众出版从业人员角色转变需要一定的时间

知识服务这种新的产品形式依托互联网的发展应运而生，其普及的速度也是如雨后春笋般野蛮生长。“iiMedia Research艾媒咨询”数据显示，2017年以来，中国知识付费行业市场规模快速扩大，2020年达392亿元，预计到2021年将达到675亿元；随着互联网行业不断发展，知识付费平台运营模式会更加成熟，内容、形式不断丰富，行业整体市场规模有望加速扩大；中国知识付费用户规模呈现出平稳增长态势，2020年增至4.18亿人并有望继续增长。[1]调查数据显示，74.0%的受访知识付费用户对综合类知识付费平台内容质量表示满意，头部知识付费的平台基于平台知名度和流量，能吸引更多优秀的内容生产者进驻，在优质内容

---

[1] 周贺．大众出版人收入佳，少儿出版人行业信心强[EB/OL]．(2020-08-03)[2020-03-01].http://www.cptoday.cn.

丰富性上更具有优势，内容质量也更受用户认可，由此形成良性循环。也可见，互联网知识服务发展的速度远高于传统的大众出版从业者改变原有的工作模式、吸纳并培养出专业人才、摸索形成知识服务运营模式的速度，并且从该数据报告可以看出，对标大众出版的综合类知识服务平台表现不俗，已经得到了越来越多用户的认可，实际上留给后加入的传统大众出版机构的时间和红利已经不多了。

（二）传统大众出版面临的机遇

1．知识服务产品的变现模式为传统大众出版提供了新的参考

目前，互联网知识服务产品的变现方式主要有三种：付费订阅、单篇购买、使用后打赏等内容收入，强用户黏性的会员收入，以及非会员带来的广告收入。平台只承担对内容的审核和发布的职能，内容的编辑者就是它的提供者。这样的模式一方面简化了出版流程，拓宽了收益来源，可以吸引大量的内容提供者入驻，又可以用较少的成本筛选过滤出优质的内容，使用户受益。知识服务产品的变现模式可以启发传统大众出版者对于业务流程优化、收益模式升级甚至出版职能的转变的思考。

2．知识服务可以成为传统大众出版转型升级后产业链上的一环

上文提到，大众出版与大众文化密切相关，与普通读者关系最密切，种类也最多元，是极具开发潜力的一个领域。但很多大众出版物受制于版权合同，不能将内容资源进行有效的开发。在IP开发领域落后于网络文学，在知识服务领域落后于专业出版和教育出版，这是非常可惜的。大众出版从业者也意识到了这一点，纷纷开始了转型升级的脚步，积极拥抱新技术，延伸产业链长度，知识服务产品的形式无疑将成为大众出版未来产业链上的重要一环。2020年，“樊登读书”首次公布了其音视频内容与纸质图书之间的联动营销数据。例如，销量排名第一的《正面管教》，在其音视频内容上线前，累计销量仅4.9万册，音频上线后累计销量暴涨到了384万册，一些原来的滞销书成了畅销书。知识服务无疑成了盘活大众出版资源的有效方式。相对于其他的出版领域，大众出版既有知识资源又有故事资源，如果能够成功地推进产业升级，一定能够形成自己独特的竞争优势。

四、知识服务浪潮下，我国传统大众出版的转型升级策略

（一）坚持内容为王，发挥品牌和作者优势

内容永远是出版行业的立身之本。随着国民受教育程度的普遍提高、互联网和智能终端的普及，以及学习和工作的竞争加剧，受众对优质内容有着空前的需求。这就为内容创作者，或者说内容提供者提出了更高的要求。知识付费行业之所以大热之后又爆冷，正是因为某些打着知识服务旗号的产品，并没有专业人士的严格把关，将碎片化的、粗制滥造的、似是而非的"知识"出售给用户，用户的复购率、好评率、使用产品的完成度都很低。互联网大众知识服务存在着娱乐化、低俗化的倾向，也因此被用户口诛笔伐。传统大众出版机构拥有多年的图书生产的经验，积累了大量的内容资源和作者资源，并且具备专业化的编辑团队和内容筛选流程，以及成熟的产品品牌，更应当充分利用这些优势，为大众提供高质量的知识服务产品，以深耕优质内容为己任，体现出版业的责任与担当。

（二）增强服务意识，聚焦用户需求

罗振宇率领"得到"团队在"百道"App推出的三十讲中谈道："'得到'App的服务对象叫'高级外行'。我们的服务对象，不是小白，也不是内行，而是有一定的知识基础，受过良好的现代教育，对其他行业的知识有浓厚的兴趣的人。怎么为这样的人做好服务，是知识服务业崭新的课题。"[1]随着媒介技术的发展，在文字之外，人们会广泛利用音频、视频、图文等一切方式开展获取知识信息的活动。面对有较高媒介素养的受众，传统大众出版应该增强服务意识，积极利用新技术进行数据收集，深入分析不同年龄、不同职业、不同场景等条件下的用户需求，用更容易理解和使用的形式向用户交付知识，提高知识信息传播的效率，不断优化服务质量。

（三）积极寻求合作与并购，延伸产业链

笔者认为，任何产业要想蓬勃发展都离不开合作共赢。特别是产品价值大

[1] 艾媒咨询．2020年中国知识付费行业发展专题研究报告[R/OL]．(2020-12-20)[2021-03-01]．https://www.iimedia.cn/c400/76060.html.

而行业力量小的传统出版业,更不能单打独斗。传统大众出版应该秉持资源置换的原则,积极寻求外部力量,帮助自身完成产业的转型升级。法国阿歇特出版集团于2016年6月和12月以及2017年3月先后收购移动游戏开发商Neon Play、Brainbow和IsCool,并将这三家联合成立了阿歇特移动工作室(Hachette Mobile Studios),以进行交互式图书开发的探索;企鹅兰登书屋于2017年收购美国图书周边文创品牌"Out of Print",布局图书衍生产品业务,于2018年收购了德国本土音频出版品牌"Der audio Verlag",布局有声书市场。国内也有磨铁图书将自己的部分股份出售给视频巨头合一集团,利用其旗下的优酷视频、土豆视频等网站进行内容分发,并与其共同开发网剧、电影等版权资源,在整个文娱产业进行布局。基于内容资源的联合,产业链上的任何环节都不是简单的堆砌,要在尊重不同产业的运作规律的基础上,建立起他们之间相互融合的关系。

(四)建立资源库和用户互动平台

传统大众出版机构应该建立两个资源库,一是面向出版者的出版资源库,二是面向用户的内容资源库。出版资源库具备信息开放存取、在线编辑、版权查询等功能,有利于出版者提高工作效率,整合资源,输出更多样化的知识服务产品。内容资源库面向用户,实际上现在很多传统大众出版机构已经在尝试,依托自有资源开发自有品牌的知识服务产品,如三联"中读"App、"Vista看天下"App等。笔者认为,互联网知识服务产品应该更加细化知识单元的颗粒度,通过智能化的识别、标引、关键字提取等技术,把知识信息有序地、结构化地切分成内容尽可能小的单元,并通过语义关联、概念检索、算法推送等技术,为用户提供更精准、更完善的知识服务。除此之外,建立用户互动平台也至关重要。及时收集用户反馈信息,为用户和用户、用户和作者之间提供实时交流的平台,有利于知识服务工作的及时改进。积极建设社群运营机制,刺激用户的表达欲望,增强用户黏性,也能从中发掘出优质的作品和创作人才。例如,"网易云音乐"的音乐评论社区"云村",不但是音乐用户进行交流和分享的阵地,也成为用户情感表达的出口,"网易云"热评在互联网上风靡一时,成为用户生产内容反哺平台的典范。

（五）重建考核机制，培养复合型人才

在互联网高度发展的今天，传统编辑的工作理念和工作模式已经不能满足行业的发展，复合型出版人才越来越成为出版机构的核心竞争力。所谓复合型人才，就是懂内容、懂技术、懂策划、懂运营、懂版权等各方面知识的人才，编辑越来越朝着出版项目经理人的方向转变。从行业或企业内部层面，要重新建立从业人员的专业考核机制，促进传统大众出版从业人员不断提升自身实力，转变观念，以适应行业发展；另外，学术界和业界应该一同推动出版行业的人才培养，真正做到产学结合，为新时代出版业的发展储备人才。

（六）健全相关的行业规范，注重版权保护

2020年11月11日，第十三届全国人民代表大会常务委员会第二十三次会议表决通过了关于修改著作权法的决定，将著作权保护这张网织得更加严密。基于互联网的知识服务产品将既有的知识信息重组，并开发出同一内容的多种形态和多种获利渠道，但更加复杂的产品形态和内容组织形式也加大了版权保护的难度。出版行业内部应该健全各种具体的行业规范，为更小单元的数字出版产品、互联网出版产品设置版权的确权、溯源、盈利模式规范，尽最大可能从根源上避免版权纠纷，保护作者的权益。

知识付费平台“樊登读书”营销策略分析

——基于顾客让渡价值理论

曲振杰

摘　要：“樊登读书”借助互联网数字技术，另辟蹊径，把传统的线下社群读书会模式，发展成为线上和线下结合的知识付费领域的一面旗帜。除了独特的、不可复制的内容优势外，“樊登读书”的不断发展壮大，也离不开它基于顾客价值的营销策略。以往分析“樊登读书”的营销策略，人们更多的是从传统的营销STP战略因素、4C理论等方面来分析，本文基于“顾客让渡价值”理论，对“樊登读书”App进行营销策略分析。

关键词：顾客让渡价值　营销策略　“樊登读书”

知识付费平台在互联网经济的今天，方兴未艾，如火如荼。“喜马拉雅FM”创办知识节，“知乎”上线“知乎Live”等，都引领了知识付费的潮流。随着时间的推移，知识付费平台也在不断变化。其中，“樊登读书”独树一帜，成为近几年发展最为成功的知识付费平台之一。截至目前，“樊登读书”App已经拥有2300万用户，其之所以成功，与它独特的营销推广密不可分。

一、“樊登读书”营销中顾客让渡价值的构成

“顾客让渡价值”理论由菲利普·科特勒提出，是指顾客总价值（Total Customer Value）与顾客总成本（Total Customer Cost）之间的差额。顾客总价值是指顾客购买某一产品与服务所期望获得的一组利益，它包括产品价值、服务价值、人员价值和形象价值等。顾客总成本是指顾客为购买某一产品所耗费的时间、精神、体力以及所支付的货币资金等，因此，顾客总成本包括货币成本、时间成本、精神成本和体力成本等。由于知识产品的特殊属性，“樊登读书”App销售行为

的顾客总价值与顾客总成本与其他实体行业有所不同，而且基于“樊登读书”特有的推广模式，它又与其他知识付费平台也有所不同。

（一）顾客总价值

1．产品价值

（1）实体产品：“樊登读书”主要的实体产品体现在电子书、“心选商城”模块和线下“樊登书店”三个方面。电子书涵盖“心灵”“职场”“家庭”“管理”“人文”等20个细分领域的内容，比“樊登讲书”涵盖的领域更广泛，书籍不限于“樊登讲书”所讲的书籍。“心选商城”分为“解读书籍星榜”“直播书籍星榜”“家庭育儿星榜”“心灵治愈星榜”“职场管理星榜”“经典人文星榜”“生活成长星榜”“书客组合星榜”“文创定制星榜”“日用洗护星榜”“厨房用具星榜”“零食饮品星榜”等12个模块内容。樊登书店采用的是加盟制，主要布局在二、三、四线城市，以“樊登读书”为品牌背书，采取广泛的商业模式。

（2）虚拟产品：虚拟产品主要是指“樊登讲书”的核心内容，以音频和视频方式体现。内容是知识付费平台发展的核心竞争力，“樊登读书”App的产品价值主要体现在其内容的不可复制性上，核心内容基于创始人——樊登，他之前做过央视主持人和大学教师，其独特的经历使他的思维结构和语言表达都有着很大优势。其中“樊登讲书”的核心功能是会员听书，这一栏目分为“心灵”“管理”“职场”“家庭”“人文”“创业”“作者光临”“生活”八个细分模块。在“樊登讲书”的基础上，又衍生出其他版块的内容，如“非凡精读”邀请各领域的大咖进行专业课程的讲解，“训练营”基于社群的线下活动，等等。“樊登读书”所有产品的成交以虚拟智慧币或者现金交易方式进行，其产品价值更多地体现在虚拟产品的不可复制上，这构成了其产品价值的核心竞争力。

2．服务价值

“樊登读书”的服务价值除了实体产品为读者带来电子书阅读的便利性，以及比现实图书馆更清晰的分类阅读体验外，更重要的是其提供的全方位的阅读体验。首先，“樊登读书”是社群型的学习组织，就像其宣传的那样：“樊登读书”是倡导“全民阅读”的先行者，基于家庭、事业、心灵、亲子相关优质书籍打造“爱阅读·爱生活”的国民学习社群。“樊登读书”在对人的思维方式建立、价值观引导、知识获取习惯等方面发挥作用;另一方面,“樊登读书”通过有实用价值的书籍讲解,提高读者解决实际问题的能力,提供方法论,也为受众提供了周到的问题解决服务。

3. 人员价值

本质上,人员价值是知识付费行业最核心的商业价值。“樊登读书”以樊登的名字进行命名,其最大的人员价值就是樊登本人,虽然最后呈现给观众、听众的是樊登每周几十分钟对书的讲解,但其过程需要几十个人组成的庞大团队共同完成选书、选题、文案、录制、剪辑、播放、App页面制作、后期品控,等等。“樊登读书”的人员价值还包括越来越多入驻的其他领域和行业的大咖,他们都属于知识内容的生产者。推广方面,“樊登读书”拥有庞大的粉丝群体,以及每一个向关系人主动推荐分享的受众,还有授权点的代理商,这些人员价值的体现就是提供最优质的知识服务,传播给更多的受众读者,实现经济效益和社会效益的最大化。

4. 形象价值

“樊登读书”的形象价值,即品牌价值。当前虽然读书会越来越多,在阅读推广方面起到了一定作用,但是阅读推广的碎片化、随机性、间断性影响了阅读推广的效果,也使很多读书会不能给读者留下深刻的印象和形象感,不具有很大的辨识度。“樊登读书”通过严格的品控标准塑造的优质内容,初步具有了一定的品牌价值。它具有很多长期付费的高满足、高黏性受众群体,这是“樊登读书”形象价值形成的起点,而基于“樊登读书”形象价值进行的商业拓展,如线下樊登书店的加盟,以及很多实体书“樊登推荐”的背书,则是“樊登读书”形象价值的最好注脚。

(二)顾客总成本

1. 货币成本

“樊登读书”实行的是会员制收费,一年收费365元,一天一元,成为会员后只能收听(看)“樊登读书”版块的核心内容。其余版块,如“非凡静读”“樊登讲论语”“新父母”等版块需要支付1元到399元不等的课程费用。

2. 时间(精力)成本

受众在“樊登读书”上的时间(精力)成本可分为两个方面,一方面是在众多知识付费平台中,受众选择"樊登读书"这个社群组织进行的比较、甄别、调研、试听的时间(精力);另一方面是受众阅读和使用"樊登读书"的服务所产生的时间(精力)成本,这一时间(精力)属于满足个体需求而主动交付的,不构成实际成本。

二、"樊登读书"App的营销策略

(一)提高产品价值

1. 知识内容产品

知识内容是"樊登读书"的核心产品,"樊登读书"的宣传口号是"读书点亮生活"。其愿景是让更多人去读书,养成阅读的习惯,通过读书促进人与人之间的交流,增进社会的和谐。所有这一切都围绕知识内容的价值。提高产品价值最关键的环节,就是提升知识产品的内容品质。"樊登读书"App目前有音频和视频,更有讲书的完整文字稿,每本书还推出了思维导图,帮助读者进行理解和记忆。除此之外,"非凡精读"版块邀请了越来越多的专家和学者来进行主讲。此外,通过新推出的"樊登讲论语""新父母"等版块内容,我们可以看到,"樊登讲书"的产品线在向精品化、开放化、版块化进行不断延展。

2. 知识超市产品

在知识内容以外的产品上,"樊登读书"也在不断地发展书籍、文创产品售卖业务,在"樊登读书"App上,有专门的"心选商城""电子书"版块,售卖的图书不限于"樊登讲书"产品,"樊登读书"也在紧随时代潮流,试水直播卖书的模式。

3. 线下产品

樊登读书会基于粉丝社群,联合各领域、各行业的头部关键意见领袖(Key Opinion Leader,KOL),组织开展各种主题的线下活动,比如基于受众细分需求,举办针对性很强的线下训练营等。而且"樊登读书"借助全国各地的授权点,举行形式多样的线下交流活动,有樊登本人出席的大规模讲座,也有行业分会数十人参加的交流活动,"樊登读书"App沉淀用户的特点、理念和价值观趋于相似,所以线上交流形式更容易传导至线下。通过丰富多彩的线下活动,加深用户之间的交流,使用户在扩大自身交际圈子的同时,也增加了群体的认同感。

(二)提高服务价值

1. 满足客户多变的需求,提高用户体验度

“樊登读书”发展的初期,主要通过樊登读书会的形式吸引受众,樊登读书会的价值在于它的阅读能力。就像樊登所讲的:“我们的会员之所以不断续费,是因为他们感到我们给他的东西比他读到得多,他读完一本书可能抓不到精髓,不知道这本为什么好,我们会告诉他,讲明白,就像老师一样。”随着“樊登读书”规模的扩大,它的服务定位也在不断扩展,更多地以“阅读服务”为核心,逐渐扩展至知识服务,以此来满足用户更多潜在、多变的需求,提高用户体验度。

2. 注重反馈,形成服务闭环

“樊登读书”一直在丰富用户的反馈渠道,主动去收集用户的感受和意见。比如“樊登讲书”版块在每本书下面都一直保留有留言、评论和点赞功能,这类功能按键醒目且易于操作。既然是一个学习的社群组织,记录、梳理、分享就是用户的核心的诉求,所以“樊登读书”在每个项目开展的过程中,注重反馈渠道的健全和透明,与读者和受众保持密切的联系。

(三)提高人员价值

1. 增加专业讲师

作为知识服务平台,除了樊登本人的影响力外,樊登读书会也在不断扩大专业师资队伍。所邀请的讲师的“圈粉”能力,在很大程度上对“樊登读书”的长期发展有很大的影响。“樊登讲书”App推出的“非凡精读”版块,就是选择在业界有影响的专家、学者担任“非凡主讲人”,精选专业版块进行讲解,这对读者群的拓展及平台的赋能有重要的影响。

2. 沉淀客户群

“樊登读书”作为知识服务社群,社员(会员)的价值也是平台发展的主要力量。“樊登读书”初期的推广,基本上没有做广告,最大的广告就是原有用户的口口传播。这些沉淀下来的客户,在自身价值得到提高的同时,又不断扩大对平台群体的影响。“樊登读书”目前线下的夏令营、读书会、茶话会等活动,越来越呈现出社群运营的特征,在群里大家互相探讨、学习、提高,又继续发挥自身的影响

力，邀请更多的人参与进来，随着沉淀客户越来越多，平台的规模在不断扩大，客户的黏性也在不断增强。

3．提高推广团队素质

“樊登读书”95%的收入来自“樊登读书”App，但主要的渠道推广却以线下为主，并建立了传统的代理商体系。授权点可以邀请专业老师帮助书友进行知识的转化，形成线上和线下全方位的知识服务。“樊登读书”发展线下代理商的模式，目前在各省市发展代理商8000多个，这些线下代理商会通过线下活动来进行推广，如每年“樊登读书”的线下活动有7万多场，1000人以上规模的峰会也有上百场。这些都是线下的授权点去做的，授权点的组织能力、展示出来的形象，直接关系到“樊登读书”整体的品牌形象，所以渠道推广团队素质提高也是“樊登读书”标准化服务的一项重要内容。

（四）提高形象价值

1．聚焦核心价值，塑造品牌形象

共同的价值观是维系社群发展的纽带，“樊登读书”的目标就是“用知识点亮生活”“培养3亿人养成阅读习惯”，就是要解决大多数人在快节奏的现代生活中，想读书却不懂得选书，而且没有时间读书，以及阅读效率低下的问题。运用科学的方法提高人们的阅读效率和能力，这是“樊登读书”吸引用户的核心关键点。

2．构建品牌矩阵，增加核心价值

“樊登读书”于2008年实现品牌集团化、生态化的布局，如今“樊登读书”旗下拥有多个子品牌：以解读图书为核心的产品的“樊登读书”App；给儿童讲图书的“樊登小读者”；助力企业打造学习型组织的“一书一课”，文化竞技类节目“我是讲书人”，还有线下全面铺开的“樊登书店”。除此之外，各个子品牌还在不断衍生出更细小的文化IP，如“樊登讲书”App上推出的“樊登讲论语”“新父母”等，“樊登读书”形成了全方位，涵盖各层次、各年龄段，线上和线下结合的品牌矩阵，通过内容的专业细分，不同客户的差异性定位，“樊登读书”的品牌延展性在不断拓展，核心价值在不断提升。

（五）降低费用成本

“樊登读书”采取各种各样的措施，在不同阶段，针对不同受众来制定差异化的定价策略。在吸引用户方面，针对新会员有七天的免费试听期，这变相地减少受众的试错货币成本。同时，在平台运营上，每年的双十一会推出“充一年送一年”优惠活动，以及联合其他媒体平台，如爱奇艺、腾讯等开展的会员卡的联合促销活动。产品方面，“樊登读书”推广最好的是其积分福利，针对积分，采取签到有礼，挑战每天学习半小时增加积分等各种措施，来激励会员赚取积分，增加会员黏性的同时，也提高了会员的获得感，会员在后期可以利用积分兑换电子书，在积分商城购买礼品等。“樊登读书”的价格策略，是以用户的体验为基础的，价格只是一种手段，利用价格促销，增加忠实受众的人数和平台的总体使用时间，才是“樊登读书”的主要目的。

（六）降低时间（精力）成本

“樊登读书”在书籍的选择和推荐方面，有一套严格的筛选机制。一本书从入选、研读、录制到制作完成，基本上需要一个月的时间，而最后讲解的时间，基本在50分钟左右。“樊登读书”曾经考虑过压缩樊登讲书的时间，比如压缩到20多分钟，但经过反复讨论验证，发现一本书的逻辑结构和丰富内容不足以在这么短的时间内传达给读者。所以“樊登读书”作为知识服务类平台，在降低时间（精力）成本上，不同于传统的实体服务行业，而是追求的时间效率最大化，消费者在同等的时间和精力付出的情况下，能够获得最大程度的满足感。

结　语

随着移动互联网知识经济的兴起和发展，互联网知识服务平台将会越来越多，竞争将会愈加激烈，但无论竞争形势怎样变化，我们必须把用户体验放在最核心的位置，然后以此为基点，从减少成本、增加价值等方面，去制定平台的营销策略，只有不断增加顾客的让渡价值，平台的竞争力和影响力才会不断增强，在知识服务领域占据一席之地。

参考文献

[1]王蕾.认知盈余与知识付费:网络阅读圈群的社群阅读考察[J].现代出版,2019(1):25-28.

[2]杨金花.善读书与善推广:樊登读书会运营模式探析[J].出版发行研究,2018(2):96-99.

[3]张林霞.新媒体环境下的知识传播模式探讨:以樊登读书会为例[J].新闻论坛,2019(12):83-86.

[4]陶海峰,宋礼秀.用户体验视角下数字阅读平台交互性研究:以樊登读书App为例[J].新媒体研究,2020(17):1-3.

[5]姜萌.知识付费App营销路径探析:以樊登读书会为例[J].新媒体,2019(8):55-56.

[6]詹秦川,杜俊璇.知识付费平台运营策略探析:以樊登读书会为例[J].出版广角,2020(3):67-69.

[7]孙筱松.知识型社群运营策略探析:以樊登读书会为例[J].传媒论坛,2020(12):164-166.

出版社在线教育平台的设计和优化

陈　颖

摘　要：在教育信息化的背景下，很多出版社搭建了在线教育平台，但平台的功能架构和数字资源建设等方面亟待完善。本文从我国在线教育的实践经验出发，从在线教育平台的设计理念、功能架构、数字资源建设、课程设置等方面展开分析，探索在线教育平台实现有效教学的路径，据此建构在线教育平台学生端与教师端的双架构学习模型，提出出版社应基于优势领域开发优质课程资源，将交互式教学贯穿至平台设计全过程，引入技术力量完成从流量聚合到教育供需匹配的角色转换的建议，以期为出版社建设和完善在线教育平台提供参考。

关键词：在线教育平台　教育出版　出版社

在国家稳步推进教育信息化的背景下，很多出版社积极开拓在线教育市场，搭建在线教育平台，推出种类繁多的在线教育服务，这也成为教育出版的新趋势。然而，与互联网公司相比，出版社的技术力量相对薄弱，开发运营平台的经验相对不足，且缺少高原创、高质量、多种类的课程资源，致使其搭建的在线教育平台的功能架构和数字资源建设不够完善，难以完成用户价值的持续积累。因此，本文从我国在线教育的实践经验出发，通过探索在线教育平台实现有效教学的路径，助推出版社建设和优化在线教育平台，赋予内容和用户更好的联结，从而完成从流量聚合到教育供需匹配的角色转换。

一、我国在线教育平台的用户规模和使用现状

在线教育平台即基于在线网络的教育平台，是实现在线教育的载体和依托，是辅助不同类型用户在线学习的重要工具。随着在线教育平台的种类和数量不断增长，其用户数量持续增长。据CNNIC发布的第46次《中国互联网络发展状况统计报告》的数据，截至2020年6月，我国在线教育用户规模达3.81亿，占网民

总数的40.5%(如图1所示)。

从细分领域看,教育工具类在线教育平台的用户规模最大,有效使用时间最长,这类平台主要是官方的教育学习应用软件或查词、翻译等引流类平台;其次是K12(kindergarten through twelfth grade,代指基础教育)教育平台(如图2所示)。K12教育平台的刚需性最强、学员生命周期最长。目前,K12在线教育市场步入激烈博弈的成熟期,下沉市场仍待掘金,线上线下融合、素质与应试融合继续深化。

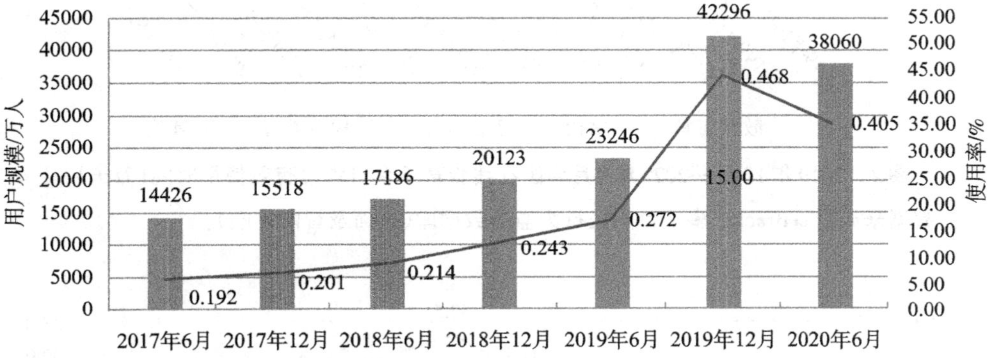

图1　2017年6月—2020年6月在线教育用户规模及使用率

数据来源:CNNIC中国互联网络发展状况统计调查。

2020年新冠肺炎疫情的暴发使得在线教育平台用户大幅增加。艾瑞咨询发布的数据显示,自2020年1月起,在线教育平台的日均总有效时长显著增长,4月份达到峰值。但随着新冠肺炎疫情影响的减弱,用户对在线教育平台的使用时长也有所下降。[1]从图3可知在线教育平台的月独立设备数在2020年2月最高,2020下半年后则出现小幅下降,其渗透率难以继续上升,未来的争夺主要是存量用户时长的争夺。

❶ 艾瑞网.融合与创新,后疫情时代的在线教育机遇:中国在线教育行业趋势报告[R/OL].[2020-11-03].http://news.iresearch.cn/yx/2020/11/345264.shtmltdsourcetag=s_pcqq_aiomsg.

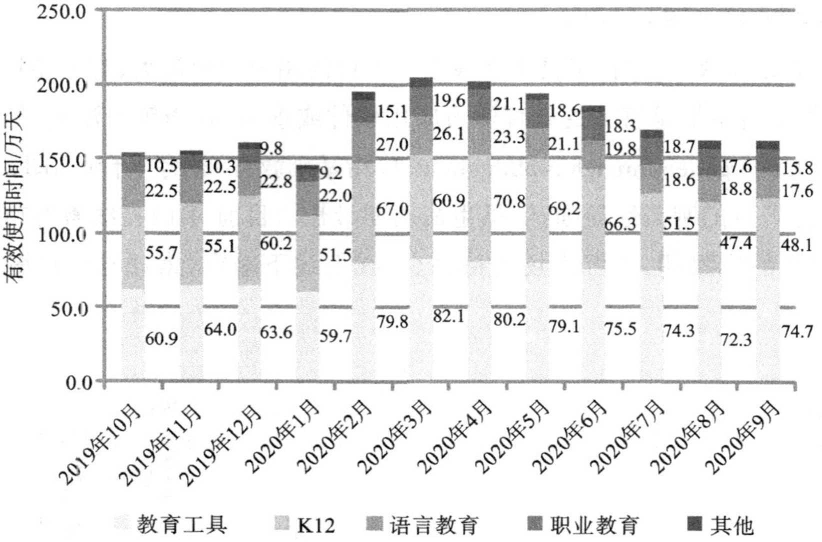

图2　2019年10月—2020年9月中国在线教育平台日均总有效使用时间(万天)

数据来源：Usertracker多平台网民行为监测数据库(桌面及智能终端)。

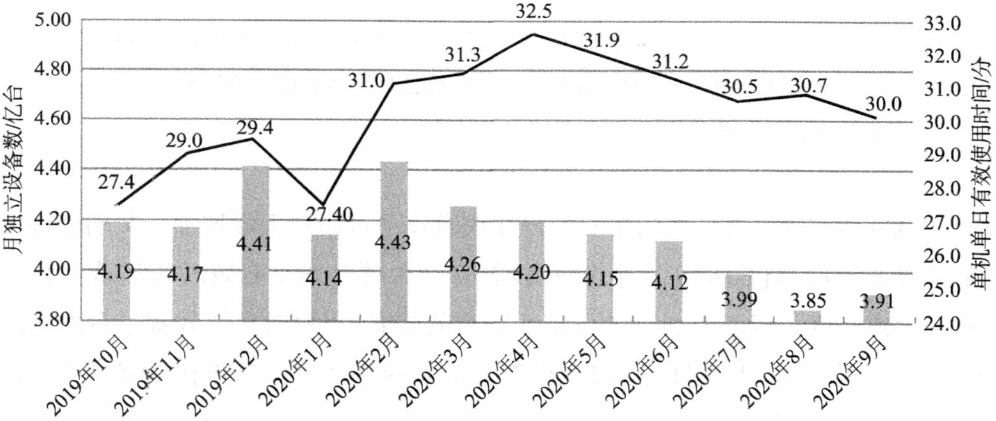

图3　2019年10月—2020年9月中国在线教育平台月独立设备数及用户时长

数据来源：Usertracker多平台网民行为监测数据库(桌面及智能终端)。

二、我国在线教育平台的发展历程

我国的在线教育诞生于世纪之交，2000—2009年，互联网的普及使在线教育在PC端兴起。2000年,教育部批准了68所高校为全国现代远程教育试点院校。“新东方在线”于2000年上线运行,“三分屏”形式网络视频课件出现,助力在线教育平台的发展。

2010—2014年,随着移动互联网的兴起和网络技术的发展,在线教育从PC端向移动端延展,在线直播模式出现。2010年,美国可汗学院的运营模式影响力扩散,慕课(MOOC)平台在资本推动下向全球扩张。2011年,“一起作业”上线运行,成为中国第一个K12在线教育平台。2013年之后,知识付费平台出现,在线教育平台的商业模式逐渐向B2B2C转变。

2015年以后,直播技术趋向成熟,大数据和人工智能技术在教育领域的渗透持续加深,催生更多新业态和新模式。“VIPKID”“51Talk”等明星公司致力于打造在线教育直播平台。2015年“猿辅导”成为基于题库流量的首款商业化变现的在线教育平台。人工智能语音识别技术的成熟,催生了“英语流利说”等以人工智能技术驱动、无真人老师的业务模式。2020年新冠肺炎疫情的暴发使在线教育平台的渗透率大幅提升,促进用户行为习惯的改变,加速用户从线下课堂向在线教育平台的迁移。

虽然出版社进入在线教育市场的时间晚于互联网公司,但出版社在线教育平台的建设成果也不容小觑。高等教育出版社的“爱课程”在线数字课程建设与应用平台,具有完善的课程制作、内容编辑、学习服务等功能体系,为课程资源整合和教学活动开展提供最优方案和运营服务。[1]化学工业出版社的“易课堂”支持教师建设慕课、专属在线课程并开展在线教学,实现教、学、练、测、评全流程在线服务。[2]此外,还有人民卫生出版社的“人卫慕课”、外语教学与研究出版社的“UMOOCs”、凤凰出版传媒集团的“凤凰易学”、大象出版社的“ADP5融合发展平台”等。出版社的在线教育实践正强有力地改变着传统出版格局,成为媒体融合时代教育出版的重要发展模式。

---

❶ 陈晓光.教育出版融合发展的实践与思考[J].中国编辑,2020(1):4-9.

❷ 宋吉述.疫情期间的在线教育热潮及其对教育出版数字化的启发[J].编辑之友,2020(6):22-27.

三、在线教育平台的设计与完善

打造优质在线教育平台，需考虑平台架构的设计与完善、数字内容资源建设和课程内容的组织和呈现等方面因素。[1]其中，平台架构的设计和完善至关重要，完善的平台架构是出版社实现教育服务的关键。

（一）平台的基本功能

在线教育平台的设计要以用户为中心，充分考虑用户的学习特点，以情境导入—学习目标—学习过程—综合评价的顺序设计学习路径，支持线上备课授课、远程学习考核、实时交流反馈、资源共建共享、学情统计分析等，为用户提供易于访问的、可交互的、沉浸式的用户体验，为目标课程的教与学提供一个集学习、辅导、测试、交流、评价等功能于一体的网上课程学习平台。

在学生端，首先，平台应根据用户的年级、兴趣等个人标签对学生用户进行分类，并提供初始学习路径。其次，平台应提供课程学习、习题考试、学情管理、评价分析等功能，使平台既可以单独作为学生学习目标课程的学习平台，又可以作为学生随时进行课外练习以巩固课堂所学知识的网络学习平台。再次，平台不仅能收集和分析用户动态的数据（如学习时长、答题情况、测验分数、交互情况），制成学情分析报告反馈给学生和教师，还能据此评估学生的水平层次和个人兴趣，向学生推荐更能满足其个性化需求的学习内容。学生端架构如图4所示。

在教师端，平台应提供四方面的基本服务。首先，平台应具有支持精细化教学流程设计的功能，以简明便捷的教学设计辅助工具协助教师实现完整的教学过程。为实现这一功能，平台要提供多种类型和内容的教学资源，如动画、音频、视频和交互小插件等，给教师备课提供丰富的素材，降低教师获取资源的时间成本，为教师在开发学习资源时带来一站式体验。其次，平台应具备强大的数据收集功能，如平台通过随堂测验收集数据，教师可以通过测验结果和学习情况分析表随时查看学生的参与和完成情况，为学生提供学习提示、问题解答服务。再次，平台具有开源功能，允许教师进行课程再创作，为教师提供个性化的教学空

[1] 赵欣．在线教育实践对数字教育出版发展的启示[J]．出版广角，2020(12)：36-38.

间。最后，平台将交互功能贯穿至课前、课中、课后全过程。教师可以随时根据学生的反馈修改教学内容，调整教学方法。教师端架构如图5所示。

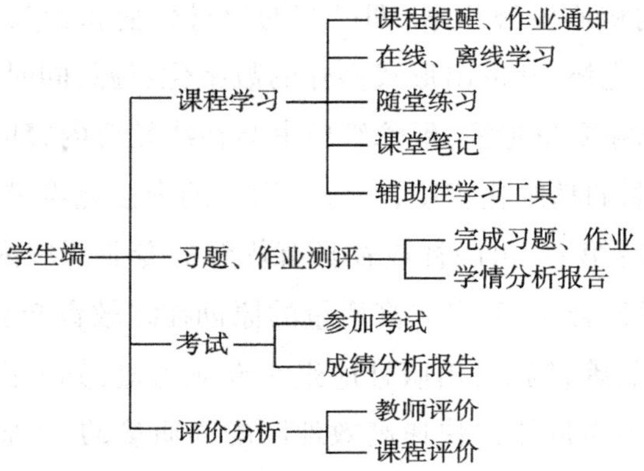

图4　学生端平台架构图

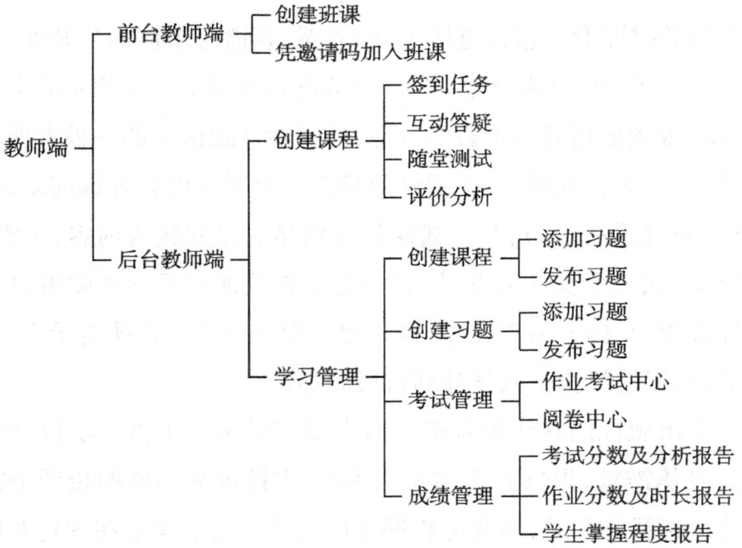

图5　教师端平台架构图

（二）平台的数字内容资源建设

出版社在长期的教育出版实践中积累了海量优质的内容资源、专业化的内容生产体系和成熟的内容生产团队，因此，出版社要进行数字内容资源建设，应充分发挥其优势，开发高质量的教育出版资源。

首先，出版社应以教材为核心，开发多样化的数字资源。出版社尤其是教育出版社拥有丰富的核心资源积累，即已有的教材教辅和相关出版物。出版社应充分发挥这一核心优势，开发出形式多样的数字化资源，同时对在线教育内容进行更加严格的遴选和质量把控，保障纸质书与在线教育内容的深度匹配。

其次，提升资源的精细化程度，服务于用户的个性化需求。提升资源的精细化程度有两层含义：第一，出版社应在具有优势的专业领域内深耕资源，与专业领域的优秀作者联系合作，开发出高质量的原创在线教育产品，力求专业化和特色化，打造自己的品牌；第二，出版社应组织专业力量，充分借助新技术手段，精准了解用户需求，为不同用户快速高效地匹配高质量的、体验好的、定制化的产品和服务，用更加优质、富有创意的教育内容去服务用户的个性化需求。

（三）平台的课程设置

在线教学的授课形式包括直播课、录播课、直播与录播的公开课。直播课即教师在线上实时直播、桌面分享，可与学员进行视频、音频实时互动，可上传课件、图文表格、视频插播等多种教学资源，并支持在线讲解的一种上课方式，主要适用于大班教学、大会直播、互动授课等场景。录播课即教师提前录制好讲课视频，学生通过点播进行学习，与直播课的区别是它以视频为内容，不需要点击上课下课，教师无法与学员实时互动，直接上架视频课程后学员就可以观看，适用于有视频课程资源、内容展现完整、视频化教学等场景。直播与录播的公开课一般用于引流，可根据机构的教学计划自行添加。

由于一个出版社的在线教育平台通常要同时服务于多个学校，因此要根据不同学校的具体需求，提供完善的课程体系，支持灵活多样的授课形式，为教师提供多样化的选择。此外，还要分析课程性质是否要求学生在固定时间学习、开设的课程对互动性要求的高低、开设课程的成本等多种因素，以便适当引导教师对授课形式进行合理选择。

四、平台的学习模型

在线教育平台需要从一个单纯的教育流量聚合的功能角色，向提供学习路径规划、教学辅助、资源开发、学习和教学效果评估等全程教学服务的综合服务平台转变（如图6所示）。

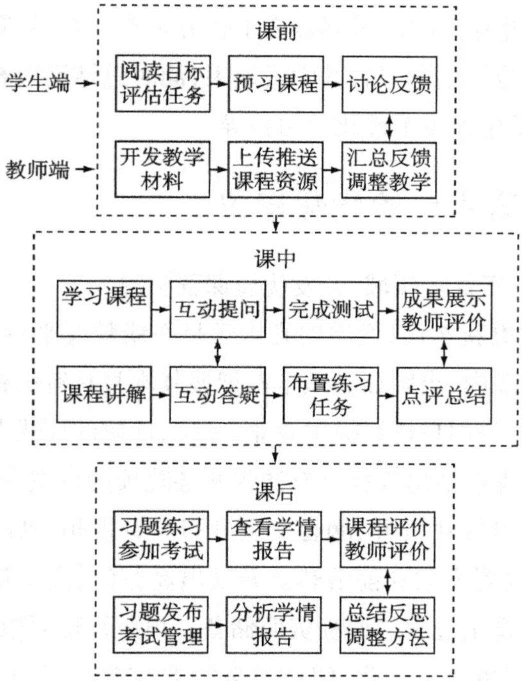

图6　在线教育平台双架构学习模型

在学生端，在线教育平台应保持班级化的教学特点，以逼真地模拟线下课堂模式为目标改进各项功能，使线下教育的三大重要环节——课前、课中、课后都在网络课堂中实现。课前，学生应阅读学习目标内容，评估学习任务，浏览教师上传的学习资源，讨论并反馈预习中产生的疑问；课中，学生进行在线课程的学习，并通过互动提问环节与教师和同学交流讨论，完成随堂测试；课后，平台通过学生的习题练习和考试情况，结合学生的历史数据和当前的学习状态（如测试成绩、答题时间等），以可视化形式展示分析结果。学生通过学情报告监控学习进度、发现问题,适时做出调整。至此,学生就完成了“学、练、情、评”的学习过程。

在教师端,在线教育平台应包含分析预期学习结果、设计教学方法、开发教学材料、实施教学和评价是否达到预期结果五个阶段。[1]课前,教师精心筛选、设计、组织加工结构化的知识,制作并上传课程内容,根据课程性质选择直播或录播的形式,收集学生的反馈并调整教学内容;课中,教师除了进行课程系统讲授,还要互动答疑,加深学生对课程内容的理解,并通过其中穿插的随堂测试,确保学生的注意力高度集中;课后,教师需要上传并发布习题、发布和管理考试,根据学情分析报告全方位评估学习者的学习效果,同时总结反思教学过程,改进教学方法,以便对每个学生提供个性化学习指导。

五、在线教育平台的优化建议

1. 出版社应基于优势领域,开发优质课程资源

无论技术如何更新迭代,优质内容永远是在线教育平台的核心竞争力。在教育数字出版的浪潮中,出版社必须牢牢把握其本身具有的核心优势,即长期积累的优质原创资源,为用户持续提供专业、系统、优质的在线课程。

在线平台的课程包括出版社自有课程和各院校的自主录制课程。出版社要基于自己的优势领域深耕资源,融合文字、图片、音视频、动画、微课程等各类资源,按照国家课程设置方案和前沿热点开发出高原创、高质量的在线精品课程,形成具有可支撑教育全过程的课程资源储备。出版社还可以开发自有的短小精练的特色微课,呈现方式多元化,解析教学的重点难点,用于重点突击和专项练习。此外,出版社的在线教育平台应具备开源功能和共享功能,鼓励各院校根据自身特色和优势学科自主录制课程,在满足本校学生的个性化需求的同时,也为平台持续积累在线课程资源。

2. 将交互式教学贯穿至平台设计全过程

在设计在线教育平台时,应将交互式教学贯穿至平台使用的全过程,充分发挥学生的主观能动性。出版社可在以下三个方面打造平台的交互式教学功能。

---

[1] 赵欣. 在线教育实践对数字教育出版发展的启示[J]. 出版广角,2020(12):36-38.

第一，加强学生与教师之间的互动。在线教育平台应科学合理地设计课程内容和互动环节，丰富学生提问的形式，为师生创造活跃的在线课堂气氛。如课上可以通过实时音频连麦并获得教师点评的形式实现学生与教师的强交互。课后应设置留言板等功能区，使教师能及时发现学生的疏漏并为学生答疑解惑。第二，加强学生之间的互动。可以通过打造微信群、QQ群的课堂讨论区，方便学生上传学习记录，分享学习资料与学习经验，解决课后各种疑问，为学生创设同伴互助、协作学习的氛围；也可以设置学霸榜及任务挑战等挑战机制，便于学生与其他学习者进行交互。第三，加强学生与学习平台之间的交互。在线教育平台的界面要简洁友好，课程分类清晰合理，打通学生获取学习资源的路径，并根据用户使用数据为学生提供定制化的内容和服务，使学生不仅能够便捷地获取多媒体资源，还能准确地把握自己的学习路径、任务和成果。

3. 引入技术力量，完成从流量聚合到教育供需匹配的角色转换

5G背景下，融媒体产品、在线平台、接收终端开发成为布局在线教育市场的重点，数据挖掘、数据分析技术得到更广泛的应用。出版社应积极采用新技术，完成平台建设和功能设计。在平台建设方面，有实力的大型出版社建设自主经营的在线教育平台，必须积极应对内容生产、传播形态和用户需求的变化，在平台建设的各个环节加入技术研发应用和外部协同配置，不断对移动互联网技术、人工智能、大数据、区块链等新技术进行创新应用，把握用户需求和痛点，不断优化平台设计，实现从教育出版向教育服务的转型增效。中小型出版企业可立足于自己的优势细分领域，创建一些地域性、专业化教育平台，在平台打造过程中，可通过合作的方式，引入成熟的技术公司或技术团队，开发出适合自身定位和多样化需求的多功能在线教育平台。

在平台功能的设计方面，出版社应积极采用新技术，强化编辑与技术的融合，在平台的学情诊断、内容推荐、学习路径规划、教学辅助等一系列功能的打造中发挥大数据、人工智能等新技术的作用，积极采用知识图谱、推荐系统、人机互动、语音语义识别等新技术，促进学生自主学习、保障学习进程与效果，帮助教师实现教学目标，从而提升平台的体验和运营效率。

无论传统出版社是否做好应对，当前教育出版产业从“出版+”走向“相融”的

趋势已不可逆转。出版社应从中发现机遇，迎接挑战，建设并优化在线教育平台，提升自身的核心竞争力，使线上线下服务互为延伸，完成从流量聚合到教育供需匹配的角色转换，推动传统教育出版与数字教育的高质量发展。

传统教育出版企业的数字化布局以及发展探析

郑佳鑫

摘　要：随着移动互联网的日益普及，信息化的发展以及在线教育的推进，传统的教育出版企业迎来了新的机遇和挑战。数字化不仅带来了丰富的媒介形式，同时也促使传统的教育出版企业开始转型升级，重塑其生产逻辑链条。本文将运用案例分析法，探讨目前传统教育出版企业的现状及其所存在的问题并针对相关的问题，提出四个建议和措施，为以后的传统教育企业的转型升级提供相应的借鉴和方向指导。

关键词：传统教育出版　数字化　在线教育

随着智能媒体的发展及教育的信息化，在线教育行业迎来了发展机遇。习近平总书记提出“加快推进教育现代化，建设教育强国”，《中华人民共和国国民经济和社会发展第十三个五年规划纲要》明确提出“加快发展网络视听、移动多媒体、数字出版、动漫游戏等新兴产业”，[1]为教育出版提供了更加宏观的政策保障。传统教育出版社在各级政府的帮助下，逐步开始探索自己的转型策略。在传统教育出版社转型升级、融合发展的同时，各知名的在线教育平台也开始了自己的资源整合，如“字节跳动”推出了“瓜瓜龙英语”，新东方、学而思等教育机构发挥自身的品牌效应整合各种教育资源。据艾媒咨询统计，2020上半年中国K12在线教育用户规模达3765.6万人，市场规模达4585亿元。[2]如何利用数字化技术，如何化解数字化带来挑战，成了传统教育出版行业需要思考的问题。

关于教育出版的概念最早是叶奕提出的，他指出“教育出版”是与学习、教育

---

❶ 新华社．中华人民共和国国民经济和社会发展第十三个五年规划纲要[EB/OL]．(2016-03-17)[2021-03-20]．http://www.gov.cn/xinwen/2016-03/17/content_5054992.htm.

❷ 梁绮琪．K12教育行业数据分析：2020年中国K12在线教育用户规模已达3765.6万人[EB/OL]．(2021-03-19)[2021-03-20]．https://www.iimedia.cn/c1061/77532.html.

等有关的出版。而“教育出版的数字化转型”则是充分利用数字化技术手段来整合关键资源，实现传统教育出版企业结构的调整和升级，从而重构数字教育出版流程和价值链。[1]数字教育出版物相较于传统教育出版物来说，有着更加智能化、情境化和多媒体化等优势，使未来个性化的教育成为可能。在数字化转型期间所产生的慕课翻转课堂及线上答疑模式为数字教育出版带来了新的出路。王平以慕课为例，认为传统教育数字化出版转型中依然存在评价机制不完善、定位不准确的问题。[2]传统教育出版社在进行数字融合时由于经验不够、资金较为缺乏，以及互联网产品视角的不足，也出现了一定的问题。面对数字化教育出版行业转型的困境，邹梦娜表示应该积极进行出版融合，进行传统出版的转型升级。[3]本文将探讨传统教育出版应该如何在数字化环境下布局，以及如何在教育出版中获得一席之地。

一、传统数字化转型的探索

数字化的浪潮虽然会给传统教育出版行业带来冲击，但是却不会完全颠覆传统的出版业，各类传统出版板块也都尝试在转型融合中慢慢摸索一条适合自己的发展道路。

（一）富媒体数字教材

传统的纸质教材由于内容体量有限及展现形式单一，不再适应学生阅读行为的变化，同时纸质出版物的发行周期长、管控严格，面对更新换代较快的市场，对于传统出版社来说也是挑战。大部分传统教育出版社以数字教材作为转型的初步尝试，华语教学出版社就出版了一系列教育类电子书，比如《金字塔》就是利用数字技术，在电子书中加入了音频、视频等内容，读者可以进行跟读和测试，得到了较多的关注与好评。另一方面，虽然电子书有着大容量和使用便捷的优势，也要防止盲目的知识扩充所带来的知识过载，应该在充分评价学生个人情况的

[1] 叶奕．教育出版数字化转型中的困境与出路[J]．出版参考，2013(25)：37-38.

[2] 王平，王亚娜．慕课对传统教育出版转型的启发与研究[J]．传媒论坛，2018，1(18)：138，140.

[3] 邹梦娜．全媒体时代下传统教育出版和新兴出版融合发展模式与思考：以人民卫生出版社高等教育出版为例[J]．全国新书目，2020(8)：79-81.

基础上，将电子书作为一个资源入口。富媒体技术出现后，很多电子书包开发者也更加注重教材开发的"富媒体化"，通过二维码等技术实现数字产品和纸质产品的有机结合。译林出版社与"英语流利说"推出的《"跟上兔子"小学英语分级绘本》，用户通过扫描二维码可以下载"英语流利说"App，其中，仅有朗读反馈通过模仿、闯关等功能进一步引起孩子的兴趣，不失为一次较为成功的尝试。

（二）数字智慧平台

在线教育平台将内容、技术、服务有机结合起来，利用大数据可以获得学生参与课堂学习的即时反馈，有利于学生学习的整体性和系统性。通过在线教育平台，可以实现学生和老师及时沟通，老师随时可以帮学生答疑解惑，充分提高了学生学习的效率。同时在线平台能够及时对课堂的数据进行整理和反馈，通过信息的形式推送，打造一体化的平台。在线教育平台的出现使教育进入了以提升教育主体的交互关系服务为中心的新的发展阶段，形成了更加信息化的课堂教学模式。[1]

（三）开发教育类App

平板、手机等电子设备的广泛运用，使人们更加有效地利用碎片化时间进行学习。传统的在线一对一辅导以及客户端学习已经不能适应人们的学习情境了。开发教育类App可以最大限度发挥其功能优势，使得一些在线测评直接打包整理再数字化反馈给老师。译林出版社就开发了"译林英语小助手"，将不同等级的英语单词全部囊括其中，让学生可以最大化利用碎片时间学习。

（四）搭建助教资源库

译林、凤凰教育等出版社都逐步建立起了自己的助教资源库。例如译林出版社的助教资源库，其内容一般由教案、课件、名师微课和同步检测卷四个部分构成。教案提供每堂课的教学目标和教学计划。课件主要围绕课件提供适量备用的素材，可根据教学进度来进行重组和变化，以适应教学的需求，满足不同受众群体的需求。微课一般设定为10分钟，可以通过一些音视频进行教学，并针对重难点、易混淆点进行讲解，这不仅可以提高学生的学习兴趣和参与度，而且

[1] 董良广，石雄．教育数字出版现状及发展方向探析[J]．出版广角，2015(4)：27-29.

可以提高学生课堂的学习效率。而最后的同步检测卷就是通过测评来检验学生的上课学习效果，老师所拥有的考卷附有考试重难点，能够使老师清楚地了解重难点的分布情况，更合理地安排讲课内容。

二、传统教育出版社数字化面临的困境

（一）缺乏适应数字化发展的出版人才

人才是企业赖以生存和发展的基础，对于传统教育出版行业来说，传统型编辑人才较多，复合型编辑人才则较少。传统型编辑人才对于数字化出版物的产销及当前的用户心理缺乏充分了解，因此需要掌握数字技术和数字营销方面的人才；同时对于数据分析人才的缺乏也让传统的教育出版社无法及时掌握受众的消费需求，导致教育出版行业提供的内容难以满足受众的需求。

（二）传统教育出版的数字化盈利模式并不清晰

传统教育出版社由于运营能力的不足，技术和资金的匮乏，即使目前与电商合作，也没有明确的运营计划和策略。目前，教育出版行业数字化转型中的主要盈利模式还是通过将纸质书版权出售给运营商，从而获得版权费用，或者通过加工的电子书收取电子阅读费用总体还比较缺乏现代的数字化产品思维。[1]此外，开发学习类App通过提供学习类资源向用户直接收取费用，但像“慕课”的中国平台，虽然得到较大的支持，但主要还是依靠政府的财政。这样的方式并不能持续盈利，在未获得预期的收入时，出版社也不会过多地投入，导致整个教育出版转型动力不足，由此造成难以获得较好的经济效益。

（三）受众版权保护意识淡薄

由于我国版权保护的法律宣传还有些不足，再加上不少受众还习惯享用免费网络资源，这使得用户对于数字出版物版权保护意识较为淡薄，侵权转载、拷贝数字内容的现象时有发生。在传统的教育出版社，大多在使用DRM数字版权

[1] 颜小虎．传统教育出版企业如何布局数字教育出版市场：以华语教学出版社为例［J］．出版广角，2018（19）：26-29．

保护技术，[1]通过给数字内容添加数字签名、数字水印、加密技术来保护传播的数字内容。虽然对于网络传播允许一定程度的“合理使用”，但是目前相关法律法规并没有给出明确的范围和使用规则，这使得很多的数字出版物版权没有得到相应的保护，侵权现象时有发生。

三、传统教育出版行业的未来与发展建议

（一）人工智能赋能，教育出版智能化发展

人工智能的加入，能够进一步促进教育行业朝着数字化、智能化方向发展。从目前来看，人工智能能够丰富原有的内容资源的呈现形式，VR和AR技术让受众可以进入特定虚拟场景，使教材的运用、展示更加直观丰富，沉浸式的体验也可以极大提高学生的学习兴趣，像由人民卫生出版社出版的《3D系统解剖学》就可以通过手机扫描图片来立体化地展示相关内容的人体结构。运用人工智能时找准最佳的契合点，能够极大地促进融合，也能让用户更加公平、人性地享受教育资源；[2]另一方面，传统的教育出版社还可以适当利用算法推荐系统，对用户数据进行演算，精准把握用户画像，了解用户的喜好和习惯，为其推送适合的课外教材和书籍，提高资源利用的有效性。

（二）积极与企业合作，探寻多元经营模式

与传统教育出版社相比，不少互联网企业在技术和资本上都拥有很突出的优势。传统教育出版社虽然有严密的生产流程和优秀的作者资源，但在数字化发展的时代背景下，传统出版社只有与供应商、在线教育等企业协作，才能够更加深入地实现资源与技术的融合发展。例如，人民教育出版社和腾讯就将双方的技术和内容进行资源整合，共同推动数字教育出版的发展。此外，传统的教育出版社可以与运营商以及内容提供商建立三角合作，拓宽业务链条，打破出版市场的行业壁垒，创新知识服务模式。大型传统教育出版社在与企业的合作中进

---

[1] 龚渝婷．在线教育视域下的教育出版多元化发展[J]．出版广角，2020(11)：54-56.

[2] 潘志娟．数字化浪潮下传统教育出版的出路探微：以译林出版社为例[J]．出版广角，2018(22)：39-41.

行深层的资源整合，挖掘优质，打造专题服务或名师讲堂等，丰富其盈利模式。[1]而规模量较小的教育出版公司可以与技术开发公司进行合作，以此降低自己的技术开发风险和资金投入。只有这样，传统的教育出版社才能在数字化的转型中掌握主动权。

（三）为个性化学习提供优质服务

在新媒体环境下，传受双方的关系发生了转变，以受众为主导的市场为传统出版业带来了新的挑战。面对不同的受众，教育出版要提供不同的产品才能更好满足他们个性化的需求。首先，面对受众学习内容个性化的趋势，传统的教育出版社应该建立自适应平台，像网易和高等教育出版社所创立的“慕课”，就为学生带来了海量的内容资源，满足了其个性化学习的需求。随着移动互联网的发展，碎片化和快餐式学习成为主流。面对这样的形势，传统教育出版社可以整合相关的资源，提高产品定制和服务的能力，推送结构条理更加完整的内容，将以出版为的观念转变为以教育为主，围绕用户的需求，提高出版社自身的核心竞争力。

（四）引入人才，打造复合型人才出版团队

在数字化浪潮下，传统型编辑也应该顺应时代的潮流。数字时代的教育出版社编辑不仅需要有审核和编校能力，同时还要具备新兴技术的应用能力和应用场景的构思想象能力。所以编辑应该提升自身素养，掌握相关教育科目的基础知识的同时，加强自己获取、分析、加工信息的能力，使自己能够挖掘整合现有的资源，积极开发数字化的教育产品，并在了解市场的前提下进行推广营销。除了传统的编辑转型，还要引进技术人才，以弥补传统出版社的技术短板。将技术和内容充分融合，才能促进传统教育出版社更加快速地进行数字化市场布局和转型。

---

[1] 王红梅．简析数字教育出版K12在线教育的发展趋势：以一起作业网为例［J］．出版发行研究，2016（6）：90-93

结　语

教育出版在出版业中一直占据较大的市场，面对数字化的浪潮，在K12等在线教育的挑战下，积极进行数字化转型才是发展的方向。对于传统教育出版行业来说，应该积极寻求与企业进行合作，发挥自身优势，进行资源整合。另一方面也要着力培养复合型的人才队伍，提升传统编辑营销、策划以及数据处理的能力，为用户提供更具个性化、多样化的内容产品。传统教育出版社的数字化转型和布局，既有挑战也有机遇，只有充分利用好自身优势，从过去的内容提供商转型为内容服务商，找准自己的定位，才能更好地立足于现代的数字化市场之中。

网络视听研究

中视频时代或将来临

——从最省力原则方式探析中视频流行的可能

王雨菲

摘　要:“中视频”概念的提出以后,涌现出诸多争议,这些争议基本在探讨其是否有发展的可能。本文从“中”概念出发,梳理中视频在我国的发展状况,并分析其传播特点。根据施拉姆以经济学“最省力原则”为基础提出的计算受众选择传播媒介的概率公式,并利用问卷调查法进行研究,假设人们对中视频的选择概率与中视频产生的功效成正比,而与需要付出的代价成反比,以这一假设为前提进行分析,证明中视频流行的可能,并探讨了中视频未来发展的挑战与机遇。

关键词:中视频　最省力原则　视频产业

一、“中视频”在我国的发展

(一)“中”概念

根据《辞海》释义,“中”意为“中间”。伴随着科技的进步,我们的生活愈发便利,节奏也不断加快,我们获取的信息呈碎片化趋势,越来越多的人开始强调“慢”——“慢生活”“慢阅读”“慢直播”等。“慢生活家”卡尔·霍诺曾指出,“慢生活”是让人们在生活中找到平衡。这样一种平衡使得我们开始重视此前曾被忽略的在“快”“慢”之间的“中”,进而愈发强调“中”的概念。

在2017年5月,《三联生活周刊》旗下的“中读”App正式上线,“中读”名称源于《三联生活周刊》主编李鸿谷提出的“中阅读”概念:阅读传统书籍、杂志是“慢阅读”,手机上的碎片化阅读是“快阅读”,“中阅读”则是介于两者之间的一种阅读状态。“快慢之间有‘中读’”也成了中读一直以来所倡导的理念。

2020年10月，在"西瓜PLAY好奇心大会"上，"西瓜视频"总裁任利锋宣布在未来一年西瓜视频要至少拿出20亿元用于视频创作补贴，与优秀的视频创作者一同发力"中视频"赛道。[1]至此，"中视频"的概念被正式提出。

（二）中视频的发展

任利锋认为"中视频"即时长在1分钟至30分钟的视频内容，大部分为横屏，创作者以PGC为主。根据其定义，回顾过往我们不难发现，中视频并非新产物，而是一直存在于我们的视频产业之中，此前也有人将其称之为类"Youtube"内容、"火锅剧"等。例如，在2019年6月"腾讯视频"推出"火锅剧"，将其定位为"单集时长1~10分钟，题材广泛、形式多元、镜头语言丰富的具备完整叙事的微剧或微综艺"。

表1　我国各平台中视频发展变化

平台	时间	内容
哔哩哔哩	2009年	早期作为动画、漫画、游戏内容创作与分享的视频网站
	2019年	借知识区为大众所欢迎
百度	2017年	推出"好看视频"，借以打造类"Youtube"内容生态
西瓜视频	2018年10月	陆续推出《我和哥哥们》《丹行线》等多部自制微综艺、微纪录片等
爱奇艺	2018年11月	上线短剧《生活对我下手了》，每集5~10分钟左右，其中兼具互动功能
抖音	2019年3月	针对知识类创作者开放5分钟视频权限
	2019年8月	宣布逐步开放15分钟视频时长
快手	2019年4月	开辟"快手小剧场"
	2019年7月	面向部分用户开放5~10分钟视频录制时长内测
	2019年8月	推出旗下App"追鸭"，以此聚焦短剧集
芒果TV	2019年6月	上线短剧《请和男护士恋爱吧》，平均每集7分钟
爱奇艺	2020年4月	上线综合视频社区产品"随刻"，以"开箱类"视频作为核心内容进行主打

[1] 叶丹．中视频会像短视频一样火吗？[N]．南方日报，2020-10-23(B03)．

续表

平台	时间	内容
小红书	2020年8月	上线视频号，面向部分用户开放支持最长15分钟视频发布
微信	2020年6月	“微信视频号”全面开放注册
	2020年9月	上线1分钟以上视频上传功能
西瓜视频	2020年6月	高调挖掘“哔哩哔哩”视频博主
	2020年10月	宣布斥资20亿
微博	2020年7月	启动视频号计划
百度	2020年10月	推出“百度看看”App，定位为综合视频推荐、视频搜索平台
知乎	2020年10月	新增视频专区
腾讯视频	2020年12月	“腾讯微视”宣布正式推出微剧，与阅文集团、腾讯动漫、腾讯游戏等进行IP合作，推出主打制作精良的1~3分钟竖屏连续微剧品牌“火星小剧”

从实际情况来看，中视频在我国的视频产业发展中已经存在了一段时间，它并不是新鲜事物。

从参与中视频产业的各大平台来看，既包括原有的短视频平台霸主“抖音”“快手”等，同样还有长视频平台霸主“芒果TV”“腾讯视频”“爱奇艺”等，此外还有以问答社区和创作者为主体的“知乎”，以美妆、旅游、美食攻略分享社区为主体的“小红书”等各互联网企业参与其中。

从传播形式上来看，中视频的内容形式丰富多样，既包括知识分享类视频，也包括各类影视短剧、微综艺、微纪录片等。

二、中视频传播特点分析

从传播主体的角度来看，中视频的生产为PGC＋UGC结合的模式。相较于短视频以UGC为主，中视频还有大量专业视频创作团队的参与生产内容，与UGC共同站在中视频发展的赛道上。

中视频依赖于各类视频平台通过互联网进行传播，这些平台既有新生的中视频平台“西瓜视频”“追鸭”“随刻”等，更有原有的中视频平台如“哔哩哔哩”

等，另外还有长视频平台参与其中，传播媒介多样化。

相较于1分钟以内的短视频，中视频在传播内容上更为丰富，具有了一定的叙事性。当剧集、综艺以中视频形式呈现，就产生了微剧、微综艺等，这更加匹配用户的移动碎片化场景需求，但相较于短视频，这也意味着创作门槛的提高。从传播对象来看，中视频内容的丰富使得其拥有更广阔的受众，短视频的泛娱乐化、碎片化并不能满足用户的更多需求。而中视频专业的内容属性可以满足用户的不同需求，其用户受众结构具有差异性；且其用户黏性更强，呈现出社区生态式发展，这使其易于维持良好的内容生态环境。

三、从“最省力原则”探析中视频流行的可能性

施拉姆以经济学“最省力原则”为基础，提出计算受众选择传播媒介的概率公式，即人们对媒体的选择概率与媒体产生的功效成正比，而与需要付出的代价成反比。[1]根据这一概率公式，笔者进行相关的问卷调查，发放问卷300份，回收有效问卷293份。

我们假设人们对中视频的选择概率与中视频产生的功效成正比，而与需要付出的代价成反比，本文以这一假设为前提进行研究。调查问卷分为用户观看中视频的成本、用户对中视频观看结果的满意度及用户信息三部分，各选项采用李克特量表法进行赋值分析。

（一）用户观看中视频的成本分析

用户观看中视频的成本分析主要有三部分，即观看精力、观看时间及观看费用。

观看精力指用户在观看中视频的过程中所进行的操作及其体力付出。其中细分为三点：观看工具的易用性、观看App使用功能的便捷性及其带来的个性化服务体验度。观看工具是指我们平时进行视频观看的手机、电脑、平板电脑等操作工具。根据前文我们也可以看到目前参与中视频产业的各大平台类型主体各异，各平台所推出的各类App操作界面与功能也不尽相同，此时我们便需要考虑各类中视频App使用功能的便捷性及带给用户的个性化服务体验度，如点赞、收

[1] 崔波，李武，潘祥辉，等．如影相随的短视频生产与传播[J]．编辑之友，2020(11)：12-22.

藏、评论、转发等功能。

观看时间包括视频加载时长与观看时长两部分。观看工具与网络的连接速度的快慢与视频加载的时间的长短成反比，这也直接影响着用户体验。各中视频平台的页面与中视频的加载速度都与网络连接速度有关，因此加载时间计入中视频用户的观看时间内。

观看费用包括用户观看中视频时连接网络的流量花费、下载App的费用及观看视频内容的付费。

（二）用户观看中视频结果满意度

本文从娱乐、学习、发展等角度入手调查用户对中视频观看满意度，参考《西瓜视频用户调研》《第46次中国互联网发展状况统计报告》，中视频用户具有求知欲强、好奇心强、心态开放等特征，主要考察中视频在用户娱乐化需求、自我发展需求、学习需求、开阔视野需求以及信息交流需求等方面的满足程度。

（三）统计结果分析

《第46次中国互联网发展状况统计报告》显示，中视频用户在受教育程度上呈现学历相对较高的特点，本文调研结果也呈现出此特点，其具体如表2所示。

表2　中视频用户学历调研描述分析结果

学历	频次	占比/%
高中及以下	7	2.39%
专科	24	8.19%
本科	250	85.32%
研究生	12	4.10%

本文对用户观看中视频的自变量“观看精力”中的易用性、功能便捷性以及个性化服务体验度按分值由低到高依次赋值为1（很不易用/便捷/满意）、2（不易用/便捷/满意）、3（易用/便捷/满意）、4（比较易用/便捷/满意）、5（非常易用/便捷/满意），调研结果如表3所示。用户对中视频观看精力各项自变量均值在4~5，表

示用户对中视频观看精力的整体感受呈满意状态，整体用户体验较为良好，标准差均小于1，样本离散程度较小。

表3 观看精力统计量

统计项目	样本量	均值	标准差	95%置信区间
观看工具的易用性	293	4.32	0.64	[2.00,5.00]
使用功能的便捷性	293	4.32	0.74	[3.00,5.00]
个性化的服务体验度	293	4.3	0.66	[3.00,5.00]

如表4所示，根据对中视频用户观看时间的统计量，对用户每天观看中视频的时间进行统计，并采用李克特量表从1~5进行赋值。1（10分钟以内）、2（10~30分钟）、3（30~60分钟）、4（60~120分钟）、5（120分钟以上）。从表4我们可以看出用户手机每天观看中视频的时长均值在4~5之间，大多集中于60~120分钟及以上，偏向60~120分钟。

表4 观看时间统计量

统计项目	样本量	均值	标准差	95%置信区间
手机与网络的连接速度	293	4.08	0.74	[2.30,5.00]
观看时长	293	3.62	0.97	[2.00,5.00]

如表5所示，用户观看中视频所产生的流量付费、App下载付费、观看中视频付费均值处于中间值，标准差大于1，说明大部分用户观看中视频产生的费用与平均值之间差异较大，个体差异较为明显。根据李克特量表进行复制1（太多）、2（多）、3（适中）、4（少）、5（非常少），更多用户表示自己在观看中视频时产生的费用处于适中至非常少的状态。

表5 观看费用统计量

统计项目	样本量	均值	标准差	95%置信区间
连接网络流量话费	293	3.28	1.19	[1.00,5.00]

续表

统计项目	样本量	均值	标准差	95%置信区间
下载中视频App付费	293	3.84	1.11	[1.30,5.00]
观看中视频付费	293	3.73	1.18	[1.00,5.00]

(四)相关性分析

从表6可知,利用相关分析去研究用户观看中视频付出成本与满意度之间的关系情况,验证其是否有关系、关系紧密程度情况等。使用皮尔逊相关系数去表示相关关系的强弱情况。

表6　相关性分析

		娱乐化需求	学习需求	自我发展需求	开阔视野需求	信息交流需求
观看工具的易用性	相关系数	0.349**	0.248**	0.180**	0.370**	0.360**
	p值	0.000	0.000	0.002	0.000	0.000
使用功能的便捷性	相关系数	0.338**	0.285**	0.217**	0.299**	0.367**
	p值	0.000	0.000	0.000	0.000	0.000
个性化的服务体验度	相关系数	0.293**	0.252**	0.274**	0.358**	0.359**
	p值	0.000	0.000	0.000	0.000	0.000
视频加载时长	相关系数	0.298**	0.341**	0.284**	0.371**	0.388**
	p值	0.000	0.000	0.000	0.000	0.000
观看时长	相关系数	0.127*	0.218**	0.217**	0.143*	0.246**
	p值	0.030	0.000	0.000	0.014	0.000
连接网络流量花费	相关系数	0.193**	0.072	0.088	0.140*	0.110
	p值	0.001	0.220	0.131	0.017	0.059
观看视频付费	相关系数	0.090	−0.024	−0.097	0.003	0.058
	p值	0.126	0.688	0.098	0.955	0.325
下载App付费	相关系数	0.064	−0.027	−0.113	0.028	0.010
	p值	0.278	0.642	0.054	0.632	0.865

*表示 $p<0.05$,**表示 $p<0.01$。

娱乐化需求与观看工具的易用性、使用功能的便捷性、个性化的服务体验度，视频加载时长、观看时长、连接网络流量花费共六项之间全部均呈现出显著关联性，相关系数值分别是0.349、0.338、0.293、0.298、0.127、0.193，均大于0，意味着娱乐化需求与这六项成本之间有着正相关关系。同时，娱乐化需求与观看视频付费、下载App付费共两项之间并不会呈现出显著关联性，相关系数值接近于0，说明娱乐化需求与观看费用（观看视频付费、下载App付费）成本之间并没有相关关系。但结合我国目前中视频市场情况来看，绝大部分中视频类App并没有进行App下载收费，观看中视频收费目前也是少数，因此呈现没有相关关系。

学习需求与观看工具的易用性、使用功能的便捷性、个性化的服务体验度、视频加载时长、观看时长共五项成本之间均呈现出显著关联性，相关系数值分别是0.248、0.285、0.252、0.341、0.218，均大于0，意味着学习需求与这五项之间有着正相关关系。同时，学习需求与观看费用（连接网络流量花费、观看视频付费、下载App付费）成本之间并不会呈现出显著关联性，相关系数值接近于0，说明学习需求与观看费用之间并没有相关关系。由此我们可以判断，用户观看中视频的学习需求并不会随着观看费用这项成本的变化而变化。

自我发展需求与观看工具的易用性、使用功能的便捷性、个性化的服务体验度、视频加载时长、观看时长共五项成本之间均呈现出显著性，相关系数值分别是0.180、0.217、0.274、0.284、0.217，均大于0，意味着自我发展需求与这五项成本之间有着正相关关系。同时，自我发展需求与观看费用这项成本之间并不会呈现出显著关联性，相关系数值接近于0，说明自我发展需求与观看费用这项之间并没有相关关系。

开阔视野需求与观看工具的易用性、使用功能的便捷性、个性化的服务体验度、视频加载时长、观看时长、连接网络流量花费共六项之间均呈现出显著性，相关系数值分别是0.370、0.299、0.358、0.371、0.143、0.140，均大于0，意味着开阔视野需求与观看精力成本（观看工具的易用性、使用功能的便捷性、个性化的服务体验度）、观看时间成本（视频加载时长、观看时长）、观看费用（连接网络流量花费）之间有着正相关关系。同时，开阔视野需求与观看费用（观看视频付费、下载

App付费)成本之间并不会呈现出显著关联性，相关系数值接近于0，说明开阔视野需求与观看费用(观看视频付费、下载App付费)成本之间并没有相关关系。

信息交流需求与观看工具的易用性、使用功能的便捷性、个性化的服务体验度、视频加载时长、观看时长共五项之间均呈现出显著关联性，相关系数值分别是0.360、0.367、0.359、0.388、0.246，均大于0，意味着信息交流需求与观看精力成本(观看工具的易用性、使用功能的便捷性、个性化的服务体验度)、观看时间成本(视频加载时长、观看时长)之间有着正相关关系。同时，信息交流需求与观看费用成本(连接网络流量花费、观看视频付费、下载App付费)之间并不会呈现出显著关联性，相关系数值接近于0，说明信息交流需求与观看费用成本之间并没有相关关系。

根据上述调查分析结果，结合受众选择传播媒介的概率公式，中视频符合“最省力原则”，从理论层面上进行分析，中视频具有流行发展的可能。

四、中视频发展的机遇与挑战

(一)“Quibi”的失败

“Quibi”是2020年4月由杰弗里·卡森伯格和梅格·惠特曼成立的短视频平台，用高达每分钟10万~15万美元的预算来制作中视频内容，平均每集时长控制在10。“Quibi”的订阅套餐分为5美元每月的含广告套餐和8美元每月的无广告套餐，由此我们可以看出其盈利模式以付费为主、广告为辅。

但“Quibi”在推出之后半年左右就已经宣布停止服务。“Quibi”在宣布停止服务时表示，其失败的原因主要是概念并不足以支撑一个独立流媒体平台的运营，另外推出的时机也不好。卡曾伯格在访谈中表示，4月推出的时候由于新冠肺炎疫情，人们对于手机短片的需求大幅降低。原因真的是这样吗?

为何符合“最省力原则”的中视频平台“Quibi”最终失败，分析其失败原因，一方面在于宏观经济波动带来的影响，另一方面在于其盈利与其巨大的投入并不能成正比。“Quibi”的失败似乎让我们看到了一个严重的问题，那就是中视频的创作投入。

（二）中视频的创作门槛

回望短视频的迅速崛起之路，我们不难发现其中很重要的一部分原因是短视频极低的内容创作门槛，人人都可以成为短视频的创作者，这也带来了大量短视频的内容。反观长视频制作，其背后则是专业的制作团队与巨大的资本投入。

介于二者中间的中视频位置似乎有些尴尬。时长比短视频长就更加要求其内容的完整性，其中意味着内容元素的增多、场景语言的复杂运用、叙事完整性的提高，等，制作成本也会大大提高。由此也提高了中视频的创作门槛，从而导致内容生产量相较于横扫市场的短视频大大减少。

其次还有版权问题，内容的丰富意味着需要更多的素材及内容资源，而UGC受限于自身能力等问题，也将影响内容的创作，例如“papitube”旗下艺人打了互联网历史上第一场版权官司，因为创作者使用的背景音乐没有得到授权就擅自在其制作的视频中使用而造成侵权。

各大中视频平台也同样意识到了这些问题。“西瓜视频”首先解决的问题是保障内容创作者的利益，拿出20亿的现金补贴保障内容创作者的创作，并提出要将创作人职业化；其次是提供创作工具，降低创作成本。紧接着“西瓜视频”联手“抖音”“剪映”推出中视频剪辑工具，此外“西瓜视频”还将免费为创作人提供视频创作素材，包括200万条视频l50万首音乐、1000个字体以及2000万张图片。

我们可以看到中视频平台从资金、技术、版权等各方面为创作者提供了支持，尤其是技术与资金支持，这一方面可以帮创作者迈入创作门槛，另一方面也有利于版权的保护，从而营造良好的内容生态环境。但这些支持都将建立在资金投入的基础上，如此巨大的投入是否能够维持长期的发展、带来良好的回报，我们也将持续观察。

（三）5G技术的应用普及

我们常说5G时代将改进用户的视听体验，回望2012—2013年4G技术发展之初，我们无法想象未来的今天它是怎样彻底改变我们的生活的。而眼下关于5G技术的畅想似乎又都缺乏了那么一些想象力，但毋庸置疑的是我们都相信5G

技术的应用普及将会给我们的生活带来新的精彩,这也为中视频的发展带来了无限可能。

结　语

随着“中视频”这一概念的正式提出,市场上涌现了大量有关“中视频”的讨论。腾讯研究院的陈孟、汤旺鑫在《中视频——内容行业的未来之选?》一文中提出:“用户可能会在下意识地选择在碎片化时间观看短视频,同时利用整块时间观看长视频。在这种用户逻辑下,中视频可能沦为一个伪概念。”❶

随着5G时代的到来,短视频的“短”已经不能满足人们的内容需求,而长视频的“长”似乎又不能完全融入我们日渐加速的现代化生活。我们需要思考视频的长短与其传播力之间的关系。但决定视频生命力的不是它的长短,而是其专业的内容属性。根据上文的调查分析我们可以看到,影响用户选择中视频的内容时造成的成本内容与视频带来的功效具有相关性,也就是说用户的视频选择,和他的需求有关,其关联性的差异也就造成了用户愿意付出的成本的不同。而长、中、短视频的不同绝不只是时间长短与形式上的差异,而在于内容定位的不同,概念的不断明晰,也就意味着市场的不断细分,视频的市场定位也在不断清晰,这些都有助于视频内容的专业化发展,从而形成良好的内容生态环境。

❶ 陈孟,汤旺鑫.中视频:内容行业的未来之选?[N].中国信息化周报,2020-11-30(020).

网络直播传播内容及运营策略分析
——以“哔哩哔哩直播”为例

马辉玲

摘　要：随着互联网技术的发展与普及，网络直播以集文字、图片、声音、视频等多类型信息呈现形式于一体和高度互动的传播方式出现在人们面前。它的出现，赋予了网络视听节目更为丰富的表现方式。在新时代，网络直播的迅猛发展带动了国内经济、文娱、科教等领域的共同进步，不断展现出其巨大的商业潜力和社会价值，逐渐融入人们日常生活的各种场景中。本文将视频平台“哔哩哔哩”（以下简称“B站”）的直播板块作为主要研究对象，采用文献分析法和案例分析法，结合网络直播和“B站”直播的相关研究以及自身的观察体验，对其平台中网络直播的主要传播内容和运营策略进行分析，并结合网络直播行业的发展态势和“B站”直播存在的问题，提出可行性建议。

关键词：网络直播　传播内容　运营策略　哔哩哔哩

引　言

（一）研究背景

网络直播逐渐成为人们生活中一种新的在线交互方式，娱乐、教育、电商、社交等内容的汇聚使网络直播与社会发展和大众生活紧密联系在一起，专业团队和草根主播的共存让网络直播迸发出不竭的生机活力。“B站”于2009年正式成立，其直播平台于5年后正式开启。直播作为综合视频平台“B站”提供的服务功能之一，凭借其丰富多样的直播内容和特色服务吸引了大量主播和普通用户，近年来的发展速度不亚于其他垂直类直播平台。本文正是以“B站”直播为案例分析对象，着眼于其目前的传播内容与运营策略，分析其发展现状及存在的问题，以寻求其未来良性发展的更佳路径。

(二)文献综述

2002年,第九届全国人民代表大会第五次会议开幕会第一次采用了网上直播的方式。新华网利用互联网真正实现了向全球直播两会的盛举,使网络直播在当时电视直播风靡的时期开辟出了一片天地。[1]由此,社会和公众的注意力开始向网络直播聚焦,各平台也不断探索着网络直播的多种形式和内容。赵梦媛提出,网络直播依靠直观的视频影像联结了不同于微信、微博等依靠文字图片为主的传播交际系统,使人们可以更直观地接触对方,是网络人际交流的新平台、新空间。[2]李沁提到,网络直播平台是"浸媒体"的一种,而"浸媒体"是后内容时代的产物,其中心更偏向为体验和感知,而不再是内容。[3]而后伴随着互联网的迅猛发展,网络直播也搭上了前进快车。李婷婷指出,2015年后网络直播的发展更为迅速,直播场所逐渐拓展到各种PC终端,直播内容也不再局限于游戏,户外直播、二次元直播等开始普及。[4]但近年来,随着网络直播行业的发展出现了多种乱象,在社会上备受关注。张兴认为,现阶段网络直播平台存在内容质量不高、恶性竞争频发、平台主播素质参差不齐等问题。[5]万思鸣则认为,治理网络直播乱象,需要从强化法律管制和行业管理、加强平台自身监管机制、注重受众自身素质的提升等多方面发力。[6]

结合以上研究发现,目前国内对网络直播的发展和规制等方面的关注度较高,且对于直播平台的研究大多集中于国内知名的垂直类直播平台。但本研究以综合视频平台"B站"中的直播板块为主要研究对象,此研究方向在当下已有的研究中较为缺乏,具有新意,也具有一定的现实意义。

---

[1] 李俊. 网上直播的魅力[J]. 中国记者,2002(4):51.

[2] 赵梦媛. 网络直播在我国的传播现状及其特征分析[J]. 西部学刊(新闻与传播),2016(8):29-32.

[3] 李沁. 沉浸媒介:重新定义媒介概念的内涵和外延[J]. 国际新闻界,2017,39(8):115-139.

[4] 李婷婷. 网络直播的现状与发展[J]. 声屏世界,2018(8):64-66.

[5] 张兴. 试论新时期网络直播平台发展现状[J]. 电视技术,2020,44(12):15-17.

[6] 万思鸣. 网络直播深陷"乱象门"的分析与研究[J]. 数字通信世界,2020(1):168-169.

（三）研究方法

本文主要采用文献分析法与案例分析法两种方法开展研究。

文献分析法：在阅读各种相关文献与网站资料的基础上，对网络直播的要点内容进行梳理。并借鉴已有的在网络直播规范和相关的研究成果，作为本次研究的基础信息与支撑材料。

案例分析法：以“B站”直播为案例剖析对象，对“B站”直播进行深入考察和体验，同时参考网络直播行业内其他平台或社会关注的案例，总结出“B站”直播目前的发展状况及存在的问题。

一、网络直播及“B站”直播平台概述

（一）网络直播发展现状

2021年2月3日，中国互联网络信息中心（CNNIC）发布的第47次《中国互联网络发展状况统计报告》中提到，截至2020年12月，我国网络直播用户规模达6.17亿，占网民整体的62.4%，其中电商直播的用户规模为3.88亿，真人秀直播为2.39亿，游戏直播为1.91亿。[1]网络直播作为一种新兴产业，目前其发展模式已趋成熟，且随着移动互联网的发展，人们收听观看网络直播的方式更多地偏向于通过各种移动终端设备，通过直播来实现消磨闲暇时光、参与社交、拓展自己的生活和学习技能等多样需求。

纵观各类直播平台，可将其细分为视频直播和音频直播两大类别，二者都可结合图像、文字、声音等元素来实现，但也可从主播是否展现其自身形象以及凭视觉或听觉为主要感官参与方式等来进行区分。目前一些较为出名的直播软件有“斗鱼”“YY”“虎牙直播”等，在行业中受到众多用户的青睐。除此之外，许多其他功能类型的软件也在其主要服务模式下，开设了直播板块，进一步扩宽其服务方式。如综合视频平台“B站”、综合电商购物平台“淘宝”等。不同类型的视频直播平台根据其面向的受众、推出的产品、内容定位的差异来提供相适应的服

[1] 中国互联网络信息中心．CNNIC发布第47次《中国互联网络发展状况统计报告》[EB/OL]．(2021-02-03)[2021-03-06]．http://cnnic.cn/gywm/xwzx/rdxw/20172017_7084/202102/t20210203_71364.htm.

务。随着网络直播市场的不断发展变化,不同平台的各自优势与存在问题也逐渐显露出来。

(二)"B站"及其直播板块发展现状

"B站"由上海宽娱数码科技有限公司创建,网站于2009年6月26日正式成立。"B站"深受年轻人喜爱,是目前中国年轻人聚集的文化社区,其80%以上的用户年龄为35岁以下。"B站"发布的2020年第四季度财务报告显示,其月均活跃用户已突破2亿,日均视频播放量达到12亿次。[1]"B站"为广大用户创作和分享视频成果提供了开放、多元、自由的创作环境,深受视频内容创作者和接收者的喜爱。近年来,其举办的跨年晚会和百大UP主(上传者)颁奖典礼等活动也备受社会关注,更助力其在同类型的平台竞争中脱颖而出。

"B站"直播是"B站"总平台中包括视频、游戏、影视、漫画、电商、演出活动等服务的分支,于2014年正式开启。在"B站"直播平台,普通用户可以根据自身需求选择进入各种类型的直播间观看,能够通过弹幕、评论的方式与主播和其他普通用户进行交流,形成一对多和多对多共存的实时交流互动模式,很好地拉近了网络虚拟世界中人与人之间的社交距离,满足了主播和普通用户的多样化需求。

二、"B站"直播传播内容

(一)传播内容类别

将"B站"直播的内容进行细分,可分为游戏、娱乐、电台、生活、学习、虚拟主播等多个类型。其中与游戏相关的内容标签占较大比重,如网游、手游、单机游戏这三类都主要为用户提供游戏直播观赏服务(具体类别数量情况见表1)。

[1] Bilibili Investor Home.BilibiliInc. Announces 2020 Fourth Quarter and Fiscal Year Financial Results[EB/OL].(2021-02-24)[2021-03-06]. https://ir.bilibili.com/static-files/39ef18bd-2906-47a2-a521-2541639434dc.

表1 “B站”直播分类及内容数量表

单位:个

直播标签	具体类别数量
网游	45
手游	62
单机游戏	67
娱乐	5
电台	4
虚拟主播	1
生活	4
学习	5

数据来源:“B站”直播平台,截至2021年8月12日。

“B站”的直播范围从专业赛事的直播、转播和解说,到个人生活内容展示,专业和草根内容同在,十分丰富多元,且直播的内容也正在向更多领域不断延伸。同时,每天有数以万计的在线直播间开设,并设有不同分区直播间的热度排行榜,激励着不同主播之间的相互竞争。

(二)传播内容特征

“B站”直播内容具有多样性、UGC占主导等特点。首先,“B站”直播的内容没有特定限制,只要是符合法律和平台规定的内容即可在直播中进行展示,其简单易行的直播方式也在一定程度上推动了直播内容的丰富。想要直播的用户只需通过一系列简易程序(即注册、实名认证、证件绑定等)完成主播认证,再连接直播设备便可在手机或电脑上开播,通过其特色内容和方式吸引其他普通用户前来观看,并与之互动。当前,“B站”直播的大多数内容仍以UGC模式下产出的内容为主体。主播无须经过专业化培训即可开播,且直播内容可以从主播的擅长和感兴趣领域开始。但由于主播数量庞大以及其自身知识水平与创作能力的差异,UGC模式下用户原创直播内容水平参差不齐。

三、"B站"直播运营策略

(一)鼓励主播发展,挖掘多元内容

直播平台要保持不竭的生机活力,实现有效的运营,最基本的还是要保证直播内容的数量和质量。"B站"直播目前拥有多种类型的直播内容,涵盖游戏、生活、电台等多方面。一直以来,"B站"重视主播的培养和发展,为主播提供官方的直播教程讲解和数据服务,其中包括官方签约主播和素人主播的直播特权、直播推广系统、直播收益的分成及提现、各种类型的直播玩法、进行粉丝引流与维护的专属粉丝勋章等。可见,"B站"既鼓励素人主播开发,也大力吸引专业性高水平的主播入驻,如2019年底签约人气主播冯提莫等,"B站"不断拓展自身不同层次主播类别与内容资源的丰富度。以"B站"直播内容中占重要地位的游戏类直播为例,游戏类直播可分为专业主播直播和官方赛事直播等类型,能够给予观者刺激的观感、强烈的代入感及别样的游戏体验感,实时的游戏画面辅以主播的互动解说,更能充分调动观者的观看热情。同时主播的专业化技术操作与游戏技巧示范也能满足观者希望通过学习来提升自身游戏能力的需求。"B站"用户主体为18~35岁的年轻人,而游戏的受众也恰好集中在这样的年龄阶段,因而在其直播平台大力建设游戏内容的直播能更好地迎合受众喜好。但直播平台和其主播在进行游戏直播时,为避免产生侵权,应提前确认该平台是否已取得游戏的直播许可,在得到游戏著作权人及开发者的授权许可后,才能进行游戏的转播、重播、录播,并进行营利。近年来,"B站"积极与时下热门游戏签约,如"英雄联盟""王者荣耀""绝地求生:刺激战场"等,并在2019年获得了"英雄联盟"全球总决赛连续三年的国内独家直播版权,逐步构筑其在游戏直播方面的内容优势。

(二)培养粉丝群体,助力直播变现

在"使用与满足"理论中,把受众成员看作有着特定"需求"的个人,把他们的媒介接触活动看作基于特定的需求动机来"使用"媒介,从而使这些需求得到"满足"的过程。[1]"B站"直播致力于满足受众的多样需求,如提升自身游戏技能的

[1] 郭庆光.传播学教程[M].北京:中国人民大学出版社,2011:165-169.

需求、观看影视作品的需求、陪伴学习提升学习效率的需求、单纯与主播进行聊天互动的需求等。满足受众用户需求的同时,为进一步增强用户黏性,“B站”直播平台为主播和用户提供了专门的粉丝服务。粉丝勋章即主播粉丝的一种特殊标识,此标识可以在用户个人空间、直播间发送弹幕评论中显示。粉丝勋章的名称由主播进行个性化设置,用户在主播的直播间赠送50个“电池”或20个“硬币”便可领取。粉丝勋章还设有等级制度,等级会随着用户通过赠礼、评论等方式带来的与主播亲密度的增加而提升。领取和佩戴粉丝勋章,会给用户带来一种归属感和集体认同感,与生活中人们为“追星”加入演员的粉丝应援团相似。笔者通过一段时间内对“B站”上一些主播及直播间的观察发现,有些主播在直播过程中不断推动普通用户向粉丝进行转化,鼓励用户领取粉丝勋章,扩大主播的粉丝队伍,同时主播为了增强与粉丝之间的联系,还会创建多个粉丝微信群和QQ群,进行开播提醒和开展直播时间之外的互动,这也促进了不同粉丝之间的相互交流。

主播进行直播,一方面是为了扩大粉丝群体,更重要的还是引导粉丝参与直播打赏,以获取直播收益。“B站”用户在观看直播的过程中,可以通过自己在“B站”使用过程中积累获得的虚拟资产进行兑换或付费购买的方式,获得不同价位的虚拟道具、虚拟产品、特权、身份等,将其赠送给主播。

以普通礼物为例,现有的普通礼物道具种类多达20种,单个普通礼物的价格转换为人民币为1角到1200多元不等。直播结束后,主播可将其累计收到的用户赠送的虚拟增值服务,以“B站”平台收益分成的规则进行计算后,获得相应的直播收益并提现。

“B站”直播平台粉丝服务的打造,是从粉丝服务角度开展的运营模式,为平台和主播打造了一条强有力的营收途径,促进直播活动的商业变现,既提高了主播的积极性,也有助于平台用户规模的扩大和知名度的提升。对于用户而言,可以拉近自己与喜爱的主播之间在虚拟世界中的亲密联系,也能使用户通过自己的打赏行为对主播的直播活动进行支持。

四、"B站"直播存在的问题及发展建议

(一)加强版权保护

网络直播的形式逐渐丰富,内容也覆盖到人们生活的方方面面。随着其蓬勃发展,网络直播也正面临着各种版权纠纷问题,困扰着整个行业的发展。

2019年深圳市腾讯计算机系统有限公司向法院提起诉讼,称上海宽娱数码科技有限公司即"B站"组建公司的主播以网络直播方式传播《地下城与勇士》游戏,侵犯了其著作权。[1]当前,类似的直播侵权案件并不少见,对于"B站"直播乃至整个网络直播行业而言,如何采取有效方法来减少和治理网络直播过程中平台或主播产生的侵权行为,加强版权保护,成为当下亟须解决的问题。

对于网络直播的管控而言,制定完善有效的法律法规是至关重要的。而目前我国网络直播领域的法律还有所欠缺。因此,我国应该不断加强直播方面的立法与规范的制定。例如,为了减少侵权行为和纠纷的产生,可制定线上授权相关政策,鼓励著作权人借助互联网技术形成线上"一对多"授权通道,并由著作权人提前对许可的收费标准进行界定,从而方便网络直播的平台和主播获得直播购买过程中采用的游戏、音乐等要素内容的合法使用权。进而可在此基础上依托互联网大数据技术形成一个许可数据库,降低许可程序的时间成本,许可合同依照双方意愿订立。[2]如此一来既能方便著作权人、直播平台、主播三方之间的许可授权,还能随着线上授权形式的普及来强化主播对直播过程中相关版权问题的重视,避免产生侵权行为。

当前,我国网络直播受到中央网信办、广电总局、文化和旅游部、工信部等多个机构的管理。同时,在行业协会方面,中国短视频与直播联盟、中国演出行业协会网络表演(直播)分会、网络直播行业自律联盟等多个行业联盟的成立,共同促进了网络直播行业的健康发展。但目前相关监管部门制定的政策规范存在重复、遗漏甚至冲突的情况,行业协会的运作模式也存在着一些问题,未能起到实

[1] 中国裁判文书网.上海宽娱数码科技有限公司、深圳市腾讯计算机系统有限公司著作权权属、侵权纠纷、商业贿赂不正当竞争纠纷二审民事裁定书[EB/OL].(2020-12-21)[2021-03-06]. https://wenshu.court.gov.cn/website/wenshu/181107ANFZ0BXSK4/index.html?docId=4f42e2ebd7624b269a78ac9800ade08c.

[2] 陈天鑫.网络直播中音乐著作权侵权问题研究[D].兰州:西北民族大学,2020.17.

质性的规范作用。[1]所以，政府和行业协会应时刻紧随行业发展动态，进一步创新有效监管方式，挖掘行业协会管理潜能并建立明确的行业准则，打击网络直播行业中的不良竞争，共同出力营造风清气正的网络直播生态，严防严控直播侵权现象的出现。

（二）重视主播素质培养

"B站"直播对于主播的准入门槛较低，目前许多草根主播凭借其多样有趣的直播内容受到了广泛关注，但大多数主播在版权保护这方面意识还很缺乏，对其直播的内容是否存在侵权问题仍无法清晰认识，导致直播的水平受到不良影响。且在大多侵权案件中，网络直播平台需要对其主播在该平台上产生的侵权行为负责，并承担主要的侵权责任。因而，平台为减少侵权现象的发生，一方面必须提高自身主体责任意识，加强监管，并将监管落到实处；另一方面更需加强对平台主播的培训，增加其版权意识，提高自身素养，从根源上解决问题，并引导其推出高质量、合法合规的直播活动。

平台可通过发布以保护作品版权和防止侵权等为主题的宣传视频、定期发起版权保护相关知识答题活动等方式，生动形象地为主播讲解与之息息相关的版权知识，并给予参与视频和答题活动的主播用户一定的奖励，如直播首页优先推荐、优秀主播认证等，以此来引导主播形成良好的版权观念，倡导其为观众带来积极向上、弘扬真善美的正规直播内容。同时，也从通过相关活动让他们明白违规侵权直播行为的后果，由此起到一定的震慑作用。再者，平台还可以采取设置主播信用分等方式对主播的行为进行严格约束。如果该主播在直播活动结束后的一定时间内，经平台后台核验后未发现有违规侵权行为的存在，并且未收到其他用户对此主播的合理举报，即可获得额外的直播收益；如果一旦出现违规行为，可降低该主播信用分评估，减少其直播收益，情节严重时可以对其账号进行封号处理。

（三）整治网络直播打赏风气

为吸引与激励主播进行直播活动，提高主播与平台的商业收益，"B站"直播

[1] 包圆圆．新冠疫情下网络直播行业社会责任治理研究[J]．中国广播电视学刊.2020(7)：92-95.

设有用户打赏功能。直播打赏原本是一种多方受益的运营模式，却衍生出一系列社会问题，遭来大众非议。尤其对于“B站”而言，其面对的受众年龄层次偏低，更有大量的未成年人用户在“B站”直播平台观看直播，在主播的引导下或自愿在直播间内进行打赏。一般而言，未成年人的思维方式不够成熟、自控能力不强，其打赏的资金一般来源于监护人，大部分打赏行为是没有得到监护人允许的，而且此类现象频发，造成监护人财产损失。2021年3月2日，最高人民法院召开新闻发布会，通报了七件未成年人权益保护典型案例，并正式回应未成年人参与直播打赏问题。明确提出，限制民事行为能力人未经其监护人同意，参与网络付费游戏或网络直播平台“打赏”等支出与其年龄、智力不相适应的款项，监护人请求网络服务提供者返还该款项的，人民法院应予支持。❶在2021年3月召开的全国两会中，人大代表李君便提出应规范平台规则，关闭平台打赏功能，净化网络直播环境。❷不仅仅是青少年，也有一些具备民事行为能力的成年人曾因直播打赏行为造成严重的财产损失，与平台和主播产生经济纠纷。

当前，关闭平台打赏功能只是一项建议，但对于直播平台而言，应当引起足够重视，不能一味追逐经济效益，而忽略了社会效益。平台可对用户每日在直播间进行的打赏次数和额度进行限制，避免一次性大额度的打赏消费情况出现。平台应认真遵守国家网信办、全国“扫黄打非”办公室等七部门联合发布的《关于加强网络直播规范管理工作的指导意见》，设置打赏金额上限、冷静期、延时到账等。❸通过这些方式来对直播打赏行为进行有效规范，正确引导用户在自身消费能力范围内进行“健康绿色”打赏，促进整个网络直播行业打赏风气的良性转变。

结　语

网络直播作为新兴行业，在近几年展现了强劲的发展态势。“B站”直播从2014年推出至今，凭借其丰富的直播内容和强大的运营策略，既为用户带来了

❶ 腾讯网．未成年人游戏打赏主播能退吗？法院：可以！[EB/OL]．(2021-03-04)[2021-03-06]．https://new.qq.com/omn/20210304/20210304A0CTNB00.html.

❷ 新浪科技．杜绝博眼球、擦边球，全国人大代表建议关闭平台直播打赏功能[EB/OL]．(2021-03-03)[2021-03-06].http://finance.sina.com.cn/tech/2021-03-03/doc-ikftssaq0353100.shtml.

❸ 徐建辉．直播打赏有必要设置限额和冷静期[N]．中国消费者报，2021-02-22(001).

多样的直播服务，也为其平台带来了可喜的经济收益，进一步扩大了其行业影响力。但各种网络直播乱象的频繁出现，既扰乱了直播平台的发展秩序，又为社会和网络直播行业带来了诸多问题。“B站”直播若要寻求未来持续良性发展路径，还需政府和相关部门在大环境中完善法律和政策法规、加强政府监管，并加强行业自律，平台自身要通过引入高效技术手段等来助力版权保护，通过举办相关宣传活动，加强用户的版权保护意识，推出平台规范提升主播的基础素质，并积极正确地引导用户进行直播打赏等行为。此外，在发展过程中，要时刻关注社会和网络直播行业的动态，发掘直播平台主播和普通用户的多层次需求，满足不同用户的文化娱乐需求，从而实现更稳、更快发展。

媒介融合背景下地方媒体音频客户端地域文化传播模式探究

——以佛山电台“花生FM”为例

郑泽钒

摘　要：“耳朵经济”时代，音频内容需求不断增长，作为担当社会责任的地方媒体机构和媒体人，既要积极拥抱媒体融合，又要肩负起弘扬本土特色文化的使命。“花生FM”是佛山电台打造的一款移动音频应用软件，以粤语音频作为切入口，把弘扬传播岭南文化与媒体自身融合转型升级相结合，从内容融合、人才创新、技术融合、产业融合多个维度发力，在挖掘传承岭南文化精髓、发掘培育优秀创作人才队伍、助力城市外宣、赋予广府文化以新的活力等方面做出了卓有成效的探索，其经验值得地方媒体借鉴。

关键词：媒介融合　地方媒体　音频客户端　花生FM　地域文化传播

上海艾瑞市场咨询有限公司发布的《中国网络音频行业研究报告（2020年）》显示，中国网络音频市场迎来“耳朵经济”蓬勃发展新时期，2019年中国网络音频行业市场规模为175.8亿元，预计2020年达到272.4亿元。此外，中国网络音频行业用户规模持续增加，2019年达到了4.9亿，相比于2018年，增速为30.4%（如图1所示）。

《2020中国网络视听发展研究报告》显示，当前我国网络音频市场呈现“一家独大，第三梯队洗牌”的格局：“喜马拉雅FM”稳居第一梯队，处于第二梯队的有“荔枝”“蜻蜓FM”，有“企鹅FM”“猫耳FM”“快音”“FM电台收音机”处于第三梯队，其中第一梯队和第二梯队共占比92%（如图2所示）。从市场全局来看，打造音频平台对于地方媒体来说可谓夹缝里求生存。但从局部来看，地方媒体因其鲜明的地域性特点，所服务的用户相对集中，更容易在用户自愿的基础上与公众建立深度联系，获得区域影响力。与此同时，在媒体融合不断向纵深发展的背景下，作为担当社会责任的媒体机构和媒体人，地方媒体在弘扬本土文化、培养文化自信及唤醒文化认同方面有着义不容辞的责任。

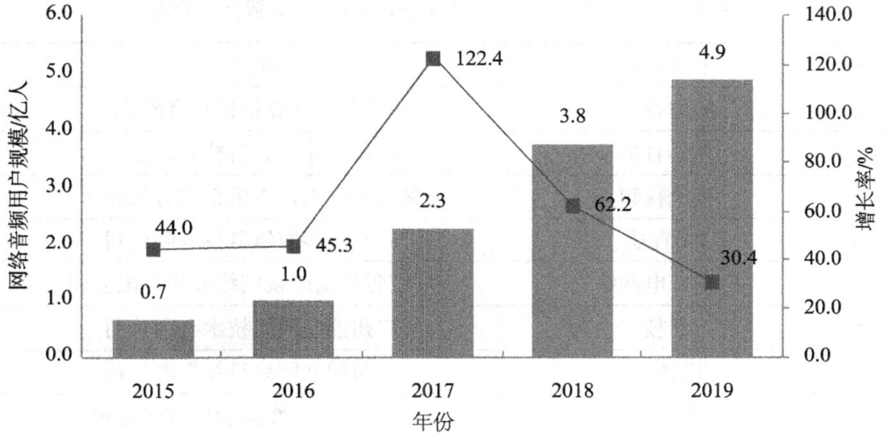

图1　2015—2019年中国网络音频行业用户规模

数据来源：《中国网络音频行业研究报告（2020年）》。

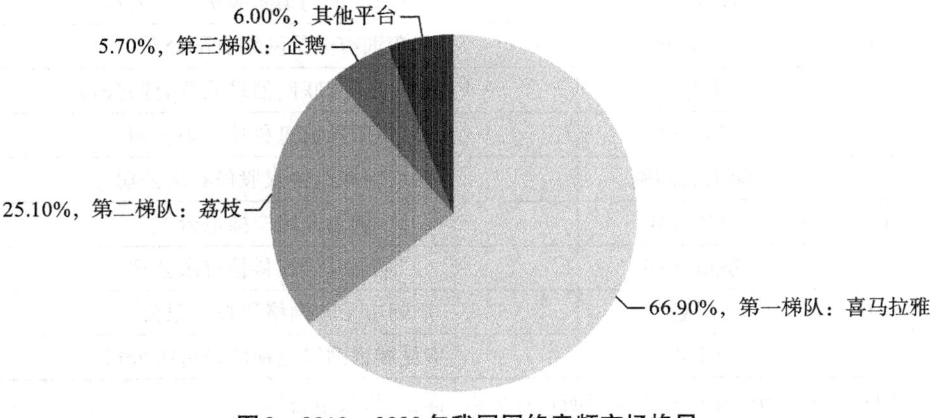

图2　2019—2020年我国网络音频市场格局

数据来源：QuestMobile。

广东省网络视听新媒体协会与有关机构联合编制的《2019年广东网络视听产业发展“祥云”指数报告》显示，“花生FM”是唯一一个入围“2019—2020年度广东网络视听平台20强祥云榜单”的地级市产品，其生产力、创新力及影响力均突出，值得其他地方媒体借鉴学习。

表1　2019—2020年度广东网络视听平台20强祥云榜单

序号	平台名称	所属单位
1	酷狗音乐	广州酷狗计算机科技有限公司
2	虎牙直播	广州虎牙信息科技有限公司
3	腾讯视频	深圳市腾讯计算机系统有限公司
4	YY直播	广州华多网络科技有限公司
5	广东广电网络	广东省广播电视网络股份有限公司
6	荔枝	广州荔支网络技术有限公司
7	TT语音	广州趣丸网络科技有限公司
8	喜粤TV	广东南方新媒体股份有限公司
9	天威视讯	深圳市天威视讯股份有限公司
10	懒人听书	深圳市懒人在线科技有限公司
11	21CN	世纪龙信息网络有限责任公司
12	珠江数码	广州珠江数码集团股份有限公司
13	全景网	深圳市全景网络有限公司
14	太平洋网络	广东太平洋互联网信息服务有限公司
15	YY一件	广州朱雀信息科技有限公司
16	深圳新闻网	深圳新闻网传媒股份有限公司
17	花生FM	佛山人民广播电台
18	触电新闻	广东触电传媒科技有限公司
19	56视频	广州市千钧网络科技有限公司
20	CUTV	华夏城视网络电视股份有限公司

数据来源：《2019年广东网络视听产业发展“祥云”指数报告》。

一、从媒介融合角度探究“花生FM”

媒介融合这一概念最早由美国麻省理工学院媒体实验室的浦尔教授在1983年出版的著作《自由的技术》中提出，它是指各种媒介呈现出多功能一体化的发展趋势。[1]在我国，蔡雯是最早进行“媒介融合”研究的学者，她于2004—2005年在美国进行富布莱特项目研究时，最早发表文章把“媒介融合”概念介绍到国内。她提出：“‘媒介融合’包含媒介内容融合、传播渠道融合和媒介终端融合三个必不可少的核心内容。”[2]而在此后的数十年里，学者们纷纷基于不同视角提出了自己对媒介融合的理解，媒介融合被赋予了更加丰富、全面的内涵。

“花生FM”是佛山人民广播电台打造的一款区域性的创新融媒聚合平台，是我国最早、最大的粤语音频综合平台，服务庞大的粤语使用人群，致力于打造全球最大粤语网媒平台。2014年5月，“花生FM”正式上线，以粤语音频作为切入口，把弘扬传播岭南文化与媒体自身融合转型升级相结合，探索出一条适合自身发展且具有鲜明地方色彩的新路子，2020年入选“广东省广播电视媒体融合发展先进典型”。截至2020年底，“花生FM”用户下载量突破1200万，月活跃用户超32万，可以说“花生FM”的诞生及其发展，就是媒介融合背景下地方媒体全新传播模式的展现。

（一）“花生FM”在媒介融合背景下的内容融合

1．孵化原创粤语精品产品，挖掘传承岭南文化精髓

党的十八大以来，以习近平同志为核心的党中央，深刻把握时代发展大势和媒体发展规律，做出了推动传统媒体和新兴媒体融合发展的重大决策。[3]中央深化改革领导小组第十四次会议审议通过的《关于加快推进媒体深度融合发展的意见》强调，加快推进媒体深度融合发展须“建立以内容建设为根本、先进技术为支撑、创新管理为保障的全媒体传播体系”。在媒体深度融合的大潮中，地方媒体必须始终坚守“内容为王”，用内容优势来赢得发展优势。俗话说“一方水土一

---

[1] 潘宁．互联网冲击下传统纸媒的深层变革探究[J]．东南传播，2019(6)：22-24.

[2] 蔡雯，王学文．角度·视野·轨迹：试析有关“媒介融合”的研究[J]．国际新闻界，2009(11)：87-91.

[3] 潘宁．互联网冲击下传统纸媒的深层变革探究[J]．东南传播，2019(6)：22-24.

方人。"每一座城市都有属于自己的独特文化,文化是城市魅力的关键。位于佛山这片文化底蕴深厚的土壤上的佛山电台立足于自身和本地的特色,自制的生活类幽默风趣、富有较强地域色彩的粤语广播剧《佛山一家人》,每期剧本紧跟当下热门话题,用轻松幽默的方式做大家喜闻乐见的东西。该广播剧的主线内容有三条:一是民生民情热点的事件,以"短平快"的方式推出应节应景的热点内容呈现;二是佛山传统,关注佛山品牌、民俗风情,挖掘传统文化;三是家庭伦理、温馨温情,传递爱家的正能量。截至2021年2月,《佛山一家人》在"花生FM"平台上的点播量已超460万人次,赖金糠、死仔、安仔等为听众熟悉的各个角色早已成为佛山人"朝见口晚见面"的好街坊。

2. 用粤语讲述故事,"粤"讲"粤"传承

粤语作为岭南文化具体的外化表达之一,是岭南文化不可或缺的一部分,也是当地文化的重要代表。当前,"耳朵经济"迸发活力,粤语作为互联网音频蓝海中一个重要而又独特的细分市场,具有巨大潜力。作为国内首个粤语音频平台,"花生FM"以粤语为切入口,力求通过粤语这一垂直文化领域实现突破。"花生FM"平台不仅集纳珠三角多套粤语电台的直播回听,而且通过与出版集团、版权机构等合作,推出多部粤语有声读物,用粤语讲述故事,助力粤语文化传承。例如,"花生FM"与花城出版社合作,将作家熊育群撰写的12.5万字的长篇纪实作品《钟南山:苍生在上》改编为有声纪实文学。《钟南山:苍生在上》粤语有声版已于2020年12月12日上线"花生FM"平台,由佛山电台资深时政民生节目主持人大田播讲,截至2021年2月,《钟南山:苍生在上》在"花生FM"平台上的点播量已超16万人次。

(二)"花生FM"在媒介融合背景下的人才创新

1. 电台主持人转型全媒体主播,聚拢"讲粤语的年轻人"

人才问题是媒体融合中的关键问题,电台主持人转型全媒体主播是媒体深度融合发展的重要一环。2017年,"花生FM"隆重推出"主播圈"功能,近80名主持人在"花生FM"平台上开辟主播圈与用户实时互动,此功能有利于主流媒体扩展影响力和引导力。2018年,"花生FM"在促进电台主持人转型全媒体主播上持续发力,首批引进陈蕾、刘博颖、温伟伦、梁诗诗、刘韵筱、白靖等佛山电台主持人

共十名，用他们的声音和创意共同打造特色鲜明的多类型网络直播间，用更加有趣和创新的形式聚拢“讲粤语的年轻人”，服务年轻人社群。其中，佛山电台FM94.6主持人白靖实力“圈粉”，他主持的宠物节目《铲屎官的春天》一经推出就受到佛山本土年轻的养宠一族及爱宠人士的喜爱，该节目荣获“2019超级碗全国十佳案例”，白靖也成为“花生FM”最受欢迎的互动主播之一。

2. 孵化校园粤语自媒体IP，培育优秀粤语音频创作人

“功以才成，业由才广。”培养优秀创作人才，是助力全媒体人才队伍建设的过程，也是继承优秀传统文化的过程。围绕着粤语音频内容，2017年，“珠三角高校广播联盟”正式成立，由“花生FM”牵头组建、多所广佛高校签约进驻，开展高校主持人大赛、高校节目分发等合作，培育了一批优秀粤语音频创作人。2018年，“花生FM”在高校联盟的基础上继续深化合作，启动“互联网音频+高校”人才培养计划，孵化更多原创校园粤语自媒体IP，并通过建立粤语孵化实习基地，为移动音频新声代提供阶梯式成长计划，为传统媒体和孵化平台提供人才储备。

（三）“花生FM”在媒介融合背景下的技术融合

多种技术加持，创新岭南文化传承。技术是媒介融合的引领者，VR、AR、超高清等新技术助力媒体融合走向新阶段，而近年来大热的智能技术集群也将对音频信息渠道生态、音频内容创新生态、音频用户与商业生态进行全面渗透和升维，勾勒出未来“耳朵经济”发展的基本框架。可以说，我国电台的发展史就是一部传播技术的革新史，作为岭南文化视听作品制播平台，佛山电台在对新技术的追求上永不停止。在视频产品的制作上，“花生FM”充分运用延时拍摄、航拍等技术以及4K高清拍摄新设备，以精品创作为中心环节，打造了《大城佛山》《功夫佛山》等原创优质短视频项目，成为佛山向世界展示岭南文化的新窗口。此外，2020年，佛山电台在中国共产党成立99周年之际，深挖佛山红色资源，并运用音视频、VR、AR等新技术、新手段盘活红色资源，隆重推出“新时代网红地标——佛山VR体验馆”，市民足不出户，在“花生FM”平台上即可360度全景游览探访铁军公园、中共南海县委旧址、廖锦涛故居等红色遗址，以亲历者的观赏视角收获不一样的文化体验。在作品的传播推广上，“花生FM”平台运用智能算法、大数据统计技术，基于用户喜好的标签，来匹配推荐最可能适合的内容，让用户轻

松“逛”到更具专属性的内容，给予用户更智能、更丰富的体验，好评如潮。

（四）“花生FM”在媒介融合模式下的产业融合

1．广播产业与旅游产业融合，助力佛山城市宣传

佛山是独具特色的岭南水乡，拥有佛山祖庙、西樵山、清晖园、南风古灶、岭南天地等著名旅游景点。独特的文化旅游资源是地方文化的重要组成部分和鲜明标签。传承地方文化，须通过一定的载体和手段，以群众喜闻乐见的形式进行，这也对媒体提出了更高的要求。[1]“媒介即人的延伸”，作为区域主流媒体，佛山电台“花生FM”发挥佛山的自主优势和区域特色，突破传统广播的局限性，通过耳目一新的互动形式将粤语音频延伸到智能语音、城市服务等更多领域，拓展声音线下的更大空间场景。比如，2017年“花生FM”的声音博物馆（景点语音导览系统）率先落户佛山祖庙，游客可通过下载“花生FM”App，进入首页点击“声博馆”即可获取详细图文介绍或通过收听双语（普通话、粤语）语音导览来了解佛山祖庙文化。“声音博物馆+旅游产业”不仅盘活了当地的文旅资源，还有助于佛山城市宣传，向世界展示佛山的美好城市形象。有声博物馆现已进驻佛山多个旅游景区，深受游客喜爱。

2．广播产业与文化创意产业融合，赋予传统广府文化以新的活力

作为全球最大的粤语网媒平台，“花生FM”不遗余力推进广府文化传承。早在2019年，“花生FM”在第五届中国（广东）国际“互联网+”博览会上便推出“叻”潮T、“大城佛山”笔记本、“上上签”利是封、“花生大笑”表情包贴纸等限量版文创产品。2021年春，“花生FM”团队隆重推出“好事花生牛年限定福袋”，福袋包括“饭饭都掂”帆布袋、“好事花生”挥春套装、“发财好事”利是封、“醒神粤语”表情包贴纸等具有地方文化特色的原创文创产品。其中，“醒神粤语”表情包贴纸选取了“花生FM”的吉祥物作为创作蓝图，融入了地道的粤语，赋予传统广府文化以新的活力。

结　语

习近平总书记强调：“文化兴则国运兴，文化强则民族强。”作为中华文化体

[1] 孙晓红．论地方文化传承与媒体责任担当[J]．中国报业，2018(12)：12-13.

系中极具鲜明特色的地域文化之一，岭南文化源远流长，灿若星河，涵盖文学、书画、戏曲、工艺、建筑、饮食、语言、民俗、侨乡文化等众多方面，具有极高的保护传承价值。作为区域主流媒体，佛山人民广播电台肩负文化传承的重任，既要积极拥抱媒介融合，又要注重发挥广播的声音优势和本土特色，从内容融合、人才创新、技术融合、产业融合多个维度发力发展音频客户端，让粤文化的声音价值得到最大化开发，让岭南文化绽放出更加迷人的光彩。在未来的日子里，“花生FM”将继续用现代眼光去解构岭南文化，以声音服务城市发展、连接美好生活，致力于打造新时代岭南文化面向全球的、长效性的辐射传播平台。

网络动漫及IP产业研究

网络视频平台动漫IP的OSMU模式开发浅析

——以“爱奇艺”为例

王子乾

摘　要:随着我国动漫产业的发展,各大网络视频平台也纷纷开始布局动漫领域。“爱奇艺”借鉴国外经验,结合中国国情提出的“一鱼多吃”(OSMU)模式就是一个典型案例,研究它的成果和不足,可以为我国文化产业的高质量、可持续发展提供参考。本文采用文献检索、案例分析和数据统计方法,从内容、商业、技术三方面研究“爱奇艺”动漫IP开发运营的OSMU模式,并发现它存在内容精品、商业耐心、头部资源、品牌效应四个方面的不足。最后,本文针对“爱奇艺”存在的不足,尝试提出了精品化、大众化、开放化、游戏化等四点建议,以期给各大网络视频平台带来启示与反思。

关键词:网络视频平台　“爱奇艺”　动漫IP　OSMU模式

据2021年2月CNNIC统计,我国网络视频用户规模达9.27亿。[1]同时,中国二次元用户规模有望在2021年突破4.2亿。[2]随着用户规模增长放缓,消费能力更强的年轻用户将成为网络视频产业发展的重要动力。对需要扩大年轻受众群、留住消费主力军的网络视频平台来说,动漫IP的储备及开发运营能力是必须提高的核心竞争力。基于“动漫即未来”的判断,“爱奇艺”以IP为源头,借鉴国外经验,探索中国特色的“一鱼多吃”(OSMU)模式。

“OSMU”是“One Source Multi Use”的缩写,指一个资源,多重利用,简称“一

[1] 中国互联网络信息中心.第47次《中国互联网络发展状况统计报告》[EB/OL].(2021-02-03)[2021-03-21]. http://www.cnnic.net.cn/hlwfzyj/hlwxzbg/hlwtjbg/202102/P020210203334633480104.pdf.

[2] 艾瑞咨询.2020年中国动漫产业研究报告[EB/OL].[2021-03-21]. https://www.iresearch.com.cn/Detail/report?id=3580&isfree=0.

源多用”，即对一个IP资源进行多元开发和利用。“一源”指一个核心IP，“多用”指围绕核心IP开发影视、游戏等衍生品。用OSMU模式围绕核心IP进行开发时，不同衍生品能配合推进，形成相互依存又相互区别的产品链。[1]

当前，迪士尼等国际文化产业巨头的IP开发普遍都采用OSMU模式。与OSMU模式较成熟的国家比，我国OSMU模式起步较晚，仍处于初级阶段。[2]“爱奇艺”提出的“一鱼多吃”模式就是一个全新案例，研究它的成果和不足，可为我国文化产业的高质量、可持续发展提供参考。

一、“爱奇艺”动漫IP的OSMU模式开发路径

（一）内容为本，广泛引流

要实现“一源多用”，首先要拥有优质的、具有多元开发潜力的IP。但在资本收购的热潮下，优质IP奇货可居，“爱奇艺”聚焦孵化、打造自制原创动漫IP，建立了以IP为中心的全产业、多元化布局。

1. 牵头开展多方协作，助力实现互利共赢

2012年，“爱奇艺”创立国内首个由新媒体颁发的动画作品奖项“金花瓣”奖，为优秀原创动漫作品提供展示平台，同时为制作方、投资方、发行方建立完善的信息交互渠道，打开三方的合作通路。2018年，“爱奇艺”联合国内一线动画公司及优秀创作人发起“晨星计划”，为优秀作者和团队提供资金支持，实现作者、团队、平台的三方共赢。

“爱奇艺”秉承制作人中心制，从源头把握IP的题材、创意和内容策略，通过与合作方的持续优化打磨，使作品从孵化之初便具备可拓展、可衍生的能力。比如，“爱奇艺”与中国电视剧制作产业协会青年工作委员会（青工委）合作，聘请知名编剧担任“特聘内容制作人”，与作者共同打造IP，从源头为作品提供创意、注入影视基因，为衍生开发打下基础。

2. 创新产品内容形态，满足用户个性需求

在移动化、碎片化的时代，网络视频平台除了单向输出内容，也要满足用户

---

[1] 南爽纯．出版内容的跨媒体创新之路[J]．河南大学学报（社会科学版），2010（6）：146-149.

[2] 韩韶君．网络文学IP的OSMU模式开发探析[J]．出版广角，2018（21）：22-25.

多样化的喜好与需求。

“爱奇艺”于2020年推出了“轻动画”的创新内容形态。轻动画是基于漫画的一种动画表现的新产品形态，是动态漫画升级版，形态上更接近动画。与动态漫画相比，轻动画的画面制作更精良，剧情节奏更紧凑，还利用动画特效和声优配音来提升观感。轻动画更贴近年轻人的喜好，能更好满足用户个性化的需求。同时，轻动画的成本比动画低，但“爱奇艺”给轻动画的定级分账价格并不低，合作方基本能靠轻动画业务实现盈利并反哺漫画业务，为IP的基础开发提供支撑。

此外，“爱奇艺”在2017年独家上线中国首部网络动画电影《星游记之风暴法米拉》，累计分账收入达1027.1万元，开拓了动漫IP内容形态的全新市场。

3. 探索跨界多维联动，推动产品双向赋能

“爱奇艺”利用在网剧、网络大电影和网络综艺方面高效的资源统筹与协同能力及专业丰富的自制经验，通过全平台共同发力，反哺动漫IP的创作。

例如，“爱奇艺”自制综艺《青春有你2》在热播的同时上线同名漫画，既满足了综艺受众的需求，也提高了综艺IP在非综艺受众中的认知度和影响力，形成同一IP不同形式之间的双向赋能。

“爱奇艺”还打造了首家代表中国新生代潮文化的虚拟偶像厂牌“RiCH BOOM”。相比传统偶像，虚拟偶像的可控性高，能随粉丝喜好和要求迭代更新，以完美形态展现出来；同时可结合VR等技术推出各种衍生品，维系用户情感；还能融合品牌信息，进行跨场景品牌代言，提高品牌知名度。RiCH BOOM通过差异化定位，以高辨识度的形象，依托“爱奇艺”的高频曝光，获得市场认可后再反哺平台，实现双向共赢。

另外，“爱奇艺”在IP开发上并未局限于将漫画或小说动画化的一般做法。2018年，由周杰伦歌曲改编的同名漫画《爱在西元前》在“爱奇艺”独家上线，这是国内首度将音乐IP改编为动漫。

4. 深耕原创儿童动画，提供丰富多元产品

“爱奇艺”与国际知名动画企业合作，提供多元的儿童动画产品。比如，它与尼克儿童频道合作的原创儿童动画《无敌鹿战队》，创作之初就定位全球市场。

考虑到海外平台对儿童内容制作品质和播出标准的高要求,"爱奇艺"提出"预购+监制"的创新模式,即在原有创作流程基础上,从前期就邀请尼克团队参与创意及意见反馈,在制作过程中全程监制,及时避免因文化差异导致的创作盲区,为内容"出海"保驾护航。

(二)商业增值,广纳百川

IP只有形成从内容创作到商业变现的正向、良性循环,才能获得长久生命力,实现长线价值。[1]"爱奇艺"运用OSMU模式进行产业联动,挖掘放大动漫IP的商业价值与市场号召力。

1．保证内容创作与升级商业合作相吻合

"爱奇艺"2017年推出"苍穹计划",发挥平台引流作用,将产业链上下游联结起来,为漫画IP打造商业变现渠道。"苍穹计划"至今已发展到第四期,在授权维度、合作机制、合作方品质和配套资源上实现了升级。比如,在现有分账网剧、网大合作的基础上,扩充了轻动画、游戏、真人短剧等新合作方向,提供一站式宣发等资源支持。

为吸引更多合作方,"爱奇艺"采取前期零授权金开放独家漫画IP、后期收益分成的低门槛合作模式。在制作上,"爱奇艺"联动一线影视制作公司与自有工作室,以专业评审会的形式评估合作方的策划方案、主创团队等。

比起热衷于投资动画制作公司——"腾讯"和"B站","爱奇艺"扬长避短,采用"工作室策略",靠旗下五个动画工作室和两个漫画工作室进行动漫内容开发。虽然这种模式目前看来相对封闭孤立,难以保障持续高效优质内容的产出,但是在动漫改编过程中,从原生内容到制作公司改编,"爱奇艺"对自有工作室的把控更便于降本增收。

2．粉丝情感运营与品牌创意营销相融合

如何在快速圈粉的同时完成商业变现,对动漫IP的开发运营来说至关重要。"爱奇艺"在IP开发前期,就明确了内容创作、粉丝情感运营与商业开发同步的路线,让IP发挥最大价值。

---

[1] 新商业邮报.爱奇艺如何将动漫IP"一鱼多吃"?[EB/OL].[2021-03-21].https://mp.weixin.qq.com/s/JXh6d0I3I_kM690POPaesg

以“爱奇艺”的自制动画《有药》为例，针对它的特性，“爱奇艺”进行了差异化开发和跨平台、多渠道内容联动。

在品牌商业合作上，《有药》为品牌提供了灵活的跨界营销与合作模式。某感冒药在《有药》中的软性植入，就是巧妙利用它的穿越元素，找到了合适的场景化玩法。在《有药》的喜剧穿越题材语境下，从片名，到“他有病，我有药”的广告语，再以“古风穿越版”在片中大方露出，既增加了品牌植入的趣味性，同时也拉近了年轻受众的距离，也为后续衍生产品的开发开拓了一条通路。

在IP衍生授权上，《有药》将故事和角色的“梗点”化为了合作的创意点。比如在与某平台的合作上，“爱奇艺”从粉丝情感需求出发，定制体现品牌特征的专属内容，让用户与《有药》的主角“楼主”进行每月“亲密电话”互动。楼主风趣十足，熟知现代潮流元素，与用户形成接地气的互动场景，拉近了粉丝与品牌的距离，实现了品效合一的营销效果。《有药》的直播发布会还与主打穿越文化的网红火锅店合作，把现实场景与《有药》的虚构场景打通，在导流引客的同时塑造了新的消费模式。

只有尊重粉丝情感，与粉丝共同实现IP的价值，才会获得粉丝与商业的双成功。[1]在公开发布的战略中，“圈层定制”是“爱奇艺”发力动漫市场的关键词之一：深刻洞察用户，布局多元内容，围绕不同圈层用户进行定制开发与深度经营，激发用户情感共鸣，打造差异化作品；同时围绕头部动漫IP，提供基于年轻人的营销触点，如开发虚拟人物代言、主题快闪店、剧本杀等新的消费场景，为品牌创造与年轻用户交流的更好方式，扩大品牌价值和IP增长空间。

3. 线上虚拟服务与线下实景展会相结合

“爱奇艺”建立了“FUN会员”服务体系与阅读内容付费的IP商业化盈利模式；在自有平台“叭嗒”App拓展电商领域，打通粉丝从看到买的营销闭环，串联起动漫IP分发、社交、二次创作、周边衍生等资源，拓展IP的长线价值；在“叭嗒”App上线虚拟偶像UGC工具“V豆”帮助用户快速自动生成虚拟偶像角色模型的视频内容，让粉丝与虚拟偶像同框互动，满足其个性化表达需要。

2019年，“爱奇艺”在连续四年直播初音未来日本演唱会后，成为初音未来中

[1] 三文娱．一手粉丝经济，一手商业赋能，爱奇艺动漫是如何玩转旗下IP的[EB/OL]．[2021-03-21]．https://mp.weixin.qq.com/s/Tly62LtlJB6ZnAh3C4eRCw.

国巡回演唱会的联合主办方，直接参与筹备并共享票务分成，将动漫IP的商业价值延展到线下。“爱奇艺”还推出了“爱奇艺动漫游戏嘉年华”“夏日追番大作战”及“国风鉴赏会”等线下主题活动，全方位满足二次元用户的多样需求。

“爱奇艺”还通过《龙心战纪》等项目试水日本的“动画制作委员会”商业模式，即由制片方牵头，组织广告代理商、游戏开发商、周边生产商、音乐制作公司、动画制作公司等利益相关方，共同组成“动画制作委员会”，共建IP、共担风险、共享利润。

（三）技术赋能，提升内容品质

“爱奇艺”不断探索新技术与内容制作的融合，以新技术替代操作简单、重复性高且烦琐的基础性、非原创性工作，优化生产流程，提高工业化水平。

在内容创作阶段，“爱奇艺”利用平台大数据，引入IP价值评估、用户偏好分析、流量预测等手段，分析用户喜好与消费特征，为IP的孵化策略提供依据，形成精准满足用户需求的创作模式，提高内容变现效率和收入水平。

在内容生产阶段，“爱奇艺”通过智能上色、智能标注和动漫智能制片管理系统等技术提高效率。比如，在自制动画《四海鲸骑》等作品中使用Zoom AI视频增强技术和动作捕捉技术，使人物动作和画面更加流畅，提高观众视听体验度。另外，“爱奇艺”自主研发的智能上色引擎，可自动识别线稿内容，并根据预选风格上色，比纯人工上色节约了三成的人力，帮助制作方更高效地完成线稿上色工作，帮助平台降本增产。

在内容分发阶段，“爱奇艺”通过智能推荐、AR互动等方式，为用户带来更丰富友好的观看体验。比如，在“爱奇艺”为0~8岁孩子和儿童自主设计的儿童版“爱奇艺”App“奇巴布”中，通过坐姿矫正等功能，保护儿童眼睛不受伤害；通过绘本录音功能，丰富亲子互动形式。此外，“爱奇艺”在2018年发布了全球首个AI手语主播，将AI技术与其自制的3D虚拟偶像“奈奈”结合，通过语音识别新闻中播报的内容并自动转换成手语，为听障人士带来全新体验。“AI+虚拟偶像”的结合赋予了AI翻译丰富的3D虚拟形象，不仅能够直观展示手语，可定制的形象也让该技术能适应不同场景的需求。

二、“爱奇艺”动漫IP的OSMU模式不足之处

（一）内容精品不足

为提高内容生产效率，“爱奇艺”采用了“内容不够，类型/数量来凑”的方式，造成内容粗制滥造现象日益严重。

以“爱奇艺”近年的自制动画为例，豆瓣评分8.0以上的，只有《少年歌行》一部作品；且奇幻或玄幻题材的作品占比达70%以上，这种题材的作品多数依赖改编的网络小说（如表1所示）。在网络文学头部资源几乎被竞争对手“瓜分殆尽”的情况下，“爱奇艺”显然没有优势。

表1 “爱奇艺”部分自制动画豆瓣评分

编号	名称	类型	播出/上映年份	版本	豆瓣评分	备注
1	少年歌行	奇幻、古装、武侠、热血、冒险	2018	网络轻小说改编3D动画	8.7	19475人评分
2	春秋封神	奇幻、古装、仙侠	2021	网络漫画改编3D动画	7.9	286人评分
3	四海鲸骑（第二季）	奇幻、冒险	2019	长篇网络小说改编3D动画	7.8	1012人评分
4	万古仙穹（第一季）	热血、冒险、玄幻	2017	网络轻小说改编2D动画	7.5	941人评分
5	有药	搞笑、恋爱、奇幻	2020	网络轻小说改编2D动画	7.4	4064人评分
6	神明之胄	儿童、历史	2015	网络动漫改编2D动画	7.4	150人评分
7	万古仙穹（第三季）	热血、冒险、玄幻	2019	网络轻小说改编2D动画	7.4	347人评分

续表

编号	名称	类型	播出/上映年份	版本	豆瓣评分	备注
8	灵域（第二季）	奇幻、爱情、冒险、动作	2016	网络小说改编2D动画	6.8	357人评分
9	四海鲸骑（第一季）	奇幻、冒险	2018	长篇网络小说改编3D动画	6.7	1937人评分
10	灵域（第三季）	奇幻、爱情、冒险、动作	2016	网络小说改编2D动画	6.6	401人评分
11	灵域（第一季）	奇幻、爱情、冒险、动作	2015	网络小说改编2D动画	6.5	600人评分
12	大主宰	奇幻	2019	网络小说改编2D动画	6.5	1065人评分
13	今天开始做明星	搞笑、偶像	2019	网络漫画改编2D动画	6.4	1139人评分
14	动物特工局	喜剧、冒险	2020	原创3D动画院线电影	6.2	4975人评分
15	邪王追妻（第一季）	搞笑、恋爱、古装	2019	网络轻小说改编2D动画	5.6	796人评分
16	龙心战纪	奇幻	2016	游戏改编2D动画	4.6	100人评分
17	万古仙穹（第四季）	热血、冒险、玄幻	2020	网络轻小说改编2D动画	暂无评分	评价两极分化
18	邪王追妻（第二季）	搞笑、恋爱、古装	2020	网络轻小说改编2D动画	暂无评分	评价两极分化
19	灵域（第四季）	奇幻、爱情、冒险、动作	2016	网络小说改编2D动画	暂无评分	评价两极分化
20	灵域（第五季）	奇幻、爱情、冒险、动作	2017	网络小说改编2D动画	暂无评分	评价两极分化

续表

编号	名称	类型	播出/上映年份	版本	豆瓣评分	备注
21	剑王朝（第一季）	奇幻、剧情	2017	网络小说改编2D动画	暂无评分	评价两极分化
22	剑王朝（第二季）	奇幻、剧情	2017	网络小说改编2D动画	暂无评分	评价两极分化
23	万古仙穹（第二季）	热血、冒险、玄幻	2018	网络轻小说改编2D动画	暂无评分	评价两极分化
24	爱在西元前	奇幻	2019	音乐改编2D动画	暂无评分	普遍差评
25	吞噬永恒	奇幻	2020	网络小说改编轻动画	暂无评分	评价一般
26	仙尊奶爸当赘婿	恋爱	2020	网络漫画改编轻动画	暂无评分	普遍差评
27	无敌鹿战队	儿童	2020	原创3D动画	暂无评分	评价一般
28	只好背叛地球了	搞笑、都市、恋爱、冒险	2021	网络漫画改编2D动画	暂无评分	评价两极分化
29	万界奇缘	武侠、玄幻、热血、古装	2021	网络小说改编3D动画	暂无评分	普遍差评
30	星武神诀	奇幻	2021	网络小说改编3D动画	暂无评分	普遍差评

注：数据截至2021年8月19日。

尽管“爱奇艺”自制动画也有改编自漫画的，但最好的数据还是在网络文学的驱动下创造的。如果大部分流量都集中在网络文学身上，动画本身就会被“客体化”。[1]过度依赖改编的网络文学，还会导致创新水平下降，更不利于优质内容的产出。

[1] 刘子晗. 网文IP剧集动画开发视角下的国漫发展探析：以腾讯动漫为例[J]. 人文天下，2018（14）：67-70.

“爱奇艺”在将动漫作品改编为真人影视上的表现也不略显不佳。尽管近年来有内容形态的创新，如全网首部真人互动漫改竖屏短剧《只好背叛地球了》，以及融合了真人实拍与动画特效、二次元文化与京剧艺术的《戏隐江湖》，也有“破圈”的高口碑爆款，如改编自同名日本漫画的《棋魂》，但与推出了《斗罗大陆》等超级IP改编剧的“腾讯”相比，“爱奇艺”的优势已不明显。“爱奇艺”的网络大电影质量也同样堪忧（如表2所示）。

表2 “爱奇艺”部分出品/独播动漫相关影视豆瓣评分

编号	名称	类型	播出/上映年份	版本	豆瓣评分	备注
1	棋魂	青春、剧情、奇幻、运动	2020	日本漫画改编网剧	8.7	220477人评分
2	画江湖之不良人	武侠、古装	2016	网络动画改编网剧	8.2	20325人评分
3	戏隐江湖	喜剧、剧情、动画	2018	原创网剧（真人与动漫结合）	7.7	1910人评分
4	从前有座灵剑山	喜剧、爱情、动作、武侠	2019	网络小说改编网剧	7.0	65025人评分
5	只好背叛地球了	喜剧、爱情、科幻、短片	2020	网络漫画改编真人互动竖屏网剧	6.7	525人评分
6	灵域	奇幻、古装	2021	网络小说改编网剧	6.2	17765人评分
7	剑王朝	剧情、古装	2019	网络小说改编网剧	6.2	59525人评分
8	恋爱吧，食梦君	爱情	2020	网络漫画改编网剧	6.1	3137人评分

续表

编号	名称	类型	播出/上映年份	版本	豆瓣评分	备注
9	北灵少年志之大主宰	剧情、奇幻、古装	2020	网络小说改编网剧	4.9	92584人评分
10	特化师	剧情、爱情、励志	2017	网络漫画改编网剧	4.7	1801人评分
11	灵契	奇幻	2018	网络动画改编网络大电影	4.2	395人评分
12	春秋封神	玄幻、恋爱、悬疑、魔幻	2019	网络漫画改编网络大电影	暂无评分	普遍差评
13	谋爱上瘾	剧情、爱情、悬疑	2019	网络漫画改编网剧	暂无评分	普遍差评
14	剑王朝之九境长生	古装、喜剧、武侠、魔幻	2020	网络小说改编网络大电影	暂无评分	普遍差评
15	妖怪名单之苏九儿	爱情、奇幻、动作	2020	网络动画改编网络大电影	暂无评分	普遍差评

注:数据截至2021年6月14日。

另外,“爱奇艺”自制的国内首档虚拟偶像才艺竞演综艺《跨次元新星》,尽管打造了虚拟偶像文化与综艺剧情结合的创新内容模式,但豆瓣评分仅有5.0,被二次元用户吐槽“尴尬”,口碑热度远远不如预期。

以上的种种不足都说明“爱奇艺”现在即便“取己之长”也难“补己之短”,今后仍需根据自身特色、花费更多精力打磨精品内容。

(二)商业耐心不足

“爱奇艺”近年保持“投钱—押中爆款—会员增长—投更多钱”的粗放式增

长，主要是因为它相对孤立，生态不完善，缺乏长期竞争力，导致对动漫IP开发和商业化布局过快，常常“地基”未稳就开始下一步，后续发展只会更吃力。比如，“爱奇艺漫画”App进入市场较晚，没有先发优势，还存在内容少、质量差、体验不佳等问题。操之过急导致“爱奇艺”的原创动漫IP在内容质量与商业潜力上远不如“腾讯”“B站”等网络视频平台。另外，将动漫IP改编为真人影视，在快速带来更大商业价值的同时也会带来更大风险：改编所投入的时间、精力、成本等都很高，稍有不慎就会造成巨大损失；同时，改编成真人影视虽能带来更高关注度，但现阶段难以在广告、超前点映等变现模式里获得较好成绩。

随着用户可接触内容渠道的增加和IP迭代速度的加快，为IP吸粉固粉变得愈发重要，想取得大范围的“破圈”效果和高收入的商业成绩更加需要耐心。

（三）头部资源不足

“爱奇艺”之所以缺乏内容精品和商业耐心，关键还是因为“一源多用”的核心——IP资源的不足，尤其是头部资源。尽管坐拥《航海王》等经典动画的独播权，但“爱奇艺”在动漫IP资源上的储备，并不如“腾讯”等竞争对手那么琳琅满目，整体的IP体量与粉丝认知度相对逊色。再加上不可避免的认知局限性和处处不甘人后的开发急迫性，使“广撒网、粗制作”成为“爱奇艺”动漫IP开发的常态，甚至导致了“遍地开花，遍地狼藉”。

目前，“爱奇艺”主要通过“原创自制”和“付费外购”来获取IP资源。

原创自制的不足在于，平台必须储备大量具有优秀内容创作能力的人才及配套的体制机制，“爱奇艺”这方面还不完善；同时，原创自制需消耗大量资源，越是优秀的IP，需要的投入便越多，一旦市场反馈不佳，将带来巨大盈利压力。

付费外购的不足在于，第一，资本过度介入导致部分IP采购成本快速上升，影响作品投入产出比，加重平台亏损；第二，外购IP易出现著作权人将财产权拆分交易的情况，导致后续开发面临未知的版权困境；第三，著作权人参与IP开发，容易与开发者理念不合而导致IP价值不能最大化；[1]第四，被选中并成功开发变现的往往是自带原著粉的大IP，但这种IP数量有限，知名度不够的IP又很难保证赚钱；第五，引进海外的成熟IP固然可以吸引、稳固更多年轻用户，但高

[1] 陈飞．腾讯实行“IP”全版权开发的相关研究[D]．上海：上海社会科学院，2017.

昂的版权费用及文化差异导致的"水土不服",都有可能导致回报不及预期。

(四)品牌效应不足

一个明星IP的诞生,既能延长IP本身寿命,产生品牌效应,获得高影响力和高回报,还能提振创作者及合作方对平台的信心。掌控了明星IP这个"万用之源",就相当于垄断了IP产业链下游的变现环节。相比爆款频出、精品云集的"腾讯"等网络视频平台,"爱奇艺"拿得出手的明星动漫IP并不多(评分最高的《少年歌行》,其续作播出平台已不再是"爱奇艺")。

除了发掘明星IP的品牌价值,企业品牌建设也很重要。消费者对形成独特品牌的企业有更高的信任度和兴趣值。比如,"正午阳光"因为近几年在电视剧领域的出色表现成为观众心中的"国剧之光",从而大大降低了宣传成本。而"爱奇艺"的品牌理念尚未烙印在其动漫产品里,只是停留在IP开发上,还未将自己的企业品牌整体融入OSMU模式中。

三、"爱奇艺"动漫IP的OSMU模式改进建议

(一)关注用户情感,坚持精品化内容策略

IP是经过市场检验的可以承载人类情感的符号。情感是IP社会价值的根基,经过市场检验是IP商业价值的体现。[1]传统动漫IP的开发运营,往往更注重功能性与实用性,也就是商业价值。随着产业边界融合及用户品质需求的提高,IP社会价值的培育成为关键,要更注重故事性和情感性。[2]只有基于优质IP内容,坚持精品化开发路线,赋予IP更多故事性、情感性,同时拓展IP的灵活性、多样性,才能最大化其社会价值,保证IP的长线生命力和更好的变现能力。

(二)贴近用户生活,尝试大众化"破圈"路线

IP商业化并非一成不变,每个IP都有独特的核心价值。商品属性和跨圈联动的拓展性,是检验IP商业价值的重要指标。IP用户群体的活跃度和留存率,

---

[1] 戴斌. 企鹅洞察丨关于IP的一些基础思考:从一只著名的猴子说起[EB/OL]. (2016-09-21)[2021-03-21]. https://mp.weixin.qq.com/s/2GM_bY3oOdE8aYZxNQiC2A.

[2] 刘斌. IP运营视角下动漫产业价值链创新[J]. 中国出版,2019(3):37-40.

则是直接反馈IP价值的体现。好IP一定是立足于用户情感需求，又能突破用户认知圈层、达到破圈留存价值的。因此，在挖掘IP核心价值的同时，要不断靠“破圈”拉近与用户的距离，这才是打造IP价值的目的。[1]比如，可结合中国传统文化，实现动漫和文化旅游相融合：结合作品内容，与非遗技艺融合推广；创建文化创意主题景区，将虚构世界融入现实景区，打造全新的创意性文旅体验和大众化破圈路线。

（三）激发粉丝热情，探索开放化共赢模式

可尝试与其他网络视频平台或动漫制作公司进行开放合作，围绕共同目标共担风险、共享利润，同时基于功能互补来提升彼此的能力。另外，可适度开放版权，在保护自身利益的同时，推动粉丝的改编或二次创作，如同人小说、绘画、视频或角色扮演（cosplay），以激发粉丝群体自发的创作与传播热情，这是动漫IP营销的最佳手段和形成明星IP的必要条件之一。当然也要防止恶意的侵权行为，在保护与开放间寻找平衡点，让粉丝基于动漫内容和形象二次创作的作品在社交媒体上传播，进一步强化IP影响力。

（四）调动粉丝兴趣，拓展游戏化运营思维

虽然“爱奇艺”通过线上线下各种活动来调动受众积极性，加强受众参与程度，但在形式上基本还是依照传统模式进行，缺乏长效性、趣味性的活动。因此，可通过思维游戏化，在各方资源的联动下，让受众以沉浸式的方式参与其中，增强粉丝黏性、延长IP寿命。[2]比如，用“彩蛋”来隐藏作品中的有趣细节供人们思考和娱乐，赋予动漫形象强烈的人格，使其形象深入人心，让用户对某一动漫形象产生深度迷恋和长期追随，延伸整个作品的生命力。

结　语

随着资本热潮褪去、泡沫消散，我国动漫产业整体发现发展缓慢、盈利不足

---

❶ wuhu动画人空间．什么样的IP内容值得平台青睐？平台如何打造IP?［EB/OL］.［2021-03-21］. https://mp.weixin.qq.com/s/V8dI5yCyG5W2iYu_dF5Hng

❷ 任旭姣．超媒介叙事视角下动漫IP的开发策略研究［D］．太原：山西大学，2020.

的多重困境,围绕动漫IP展开的生态布局将成为网络视频平台竞争重点。各平台要取长补短、重构路径,秉持互利共生和良性竞争意识,探索创新OSMU等动漫IP开发运营模式,实现资源的联动协同;要步步为营、稳扎稳打,维护创作源头,保证源头活水,以优质动漫IP内容为基石,以挖掘其商业价值和社会价值为核心,推动平台向年轻化、品牌化、国际化迈进,更好地满足用户精神文化需求,促进我国文化产业的高质量、可持续发展。

网络文学IP开发路径及发展方向探析

——以《庆余年》为例

李文哲

摘　要:本文梳理了网络文学IP开发的概念及现状,并在此基础上以热门网络文学IP《庆余年》为例,分析了其开发路径。最后提出了网络文学IP开发的发展方向:坚持质量第一,打磨核心IP内容;珍惜原著精神,传递正向价值观念;优化内容表达,做好形式内容差异;维护粉丝经济,同时突破固有圈层;引入高新技术,定向提供技术支持;树立全球视野,推动IP走出国门。本文旨在以优秀案例为学习对象,深入分析,为我国网络文学IP开发产业提供一定的参考。

关键词:网络文学　IP开发　《庆余年》

近年来,网络文学发展迅速,网络文学网站的主要盈利点已从广告收入和付费阅读转向版权销售与开发。[1]近些年涌现出的热门网络文学IP,如《诛仙》《全职高手》《大江东去》等,在影视剧及周边产品的开发方面大获成功。本文将以《庆余年》为例,深入探析我国当前的网络文学IP开发路径,并结合现状分析其未来发展方向。

一、网络文学IP开发概念及现状

(一)网络文学IP开发概念

从广义上说,"网络文学"指在网络上发表的文学作品,凡是在网络上首次发表的文学作品(如小说、散文、诗歌等)均属网络文学的范畴。结合我国网络文学

[1] 陈彩银.基于男频文和女频文的网络文学IP差异化开发模式探究[J].新媒体研究,2020,6(15):34-36,52.

现实情况，狭义的“网络文学”指首发在网络文学网站（如“起点中文网”“晋江文学城”等）的连载小说作品，以言情、玄幻、武侠等题材为主，主要阅读方式为借助手机、平板电脑等电子设备进行的移动阅读。

IP，即 Intellectual Property 的缩写，直译为“知识产权”，包括文字作品、图像作品、原创游戏等在内的具有商业价值的文化产品的素材版权。IP 开发指深入挖掘素材版权的商业价值，开发相关产品，利用其原有的用户基础和相关衍生产品质量，提升作品知名度和影响力，激发用户的付费意愿，从而获取商业利润。

网络文学 IP 开发，即以网络文学为核心，围绕其展开的相关产品的开发。

（二）网络文学 IP 开发现状

据中国社会科学院和阅文集团发布的《2019 年度网络文学发展报告》，2019 年我国网络文学用户数量已达 4.55 亿，半年增长率达到 5.2%，五成以上网民都是网文读者；国内网络文学创作者已达 1755 万人。[1]网络文学大规模的用户为 IP 开发提供了商业上的可行性，使资本看到网络文学相关产业的巨大消费群体带来的巨大利益，热门网络文学 IP 开发成为热门的投资选择。同时，庞大的网络文学创作者团队为网络文学的高质量、高速度发展提供了不竭的后续动力，为 IP 开发提供了优质素材。

我国目前网络 IP 开发的方向主要有影视剧、游戏、动漫及周边实体产品的开发，其中最热门也是盈利最高的部分为影视剧。大电影《诛仙 Ⅰ》不俗的票房表现、电视剧《大江大河》（改编自《大江东去》）的高收视率体现了网络文学 IP 影视化的商业价值。此外，以唐家三少《斗罗大陆》IP 为核心开发的影视剧、动漫及手游也大获成功，吸引了大批原著读者及动漫、游戏爱好者，获得了口碑与利润双赢。

我国目前网络文学 IP 开发土壤深厚、渠道多元、受众广阔、发展迅速，应把握好方向，借助利好政策与高新技术的“东风”，促其健康有序发展。

---

[1] 中国社会科学院．2019 年度网络文学发展报告[R/OL]．(2020-02-18)[2021-02-26]．http://www.chinawriter.com.cn/n1/2020/0220/c404027-31595926.html.

二、《庆余年》IP开发路径探析

(一)IP核心:小说原著

《庆余年》是一部架空历史的小说,作者猫腻,首发于“起点中文网”。该小说共计约379万字,内容已完结近十年。作者在创作的过程中,深受读者的影响,在情节设置、剧情走向、人物姓名等方面均有听取读者建议。作为一部大体量的网络小说,《庆余年》以跌宕起伏的情节、具有人格魅力的角色和精彩的场景描写吸引了一众粉丝,2008年多次获得“起点中文网”月票榜单的前三名。截至2017年10月,已有五十万人在“起点中文网”收藏该小说。同时,该小说在“起点读书”“QQ阅读”等平台读者超300万,登顶“百度小说风云榜”,成绩斐然。《庆余年》在“亚马逊电子书销售排行榜”上被归类为“男频历史网络小说”,该书小说的分卷包揽了这一分榜的前五名。

该小说的纸质版图书由中国友谊出版公司出版发行,2008年连发六本,豆瓣评分均高于8分,收获大量好评。修订版于2019年起陆续由人民文学出版社出版发行,并在原有书名基础上为每一单本增加了副标题,一至六卷的副标题分别为:《远来是客》《人在京都》《北海有雾》《龙椅在上》《悬空之刺》《江南钦差》。

(二)小众优质:广播剧

《庆余年》同名广播剧由“猫耳FM”出品,于2019年6月17日首播,目前第一季已完结,共更新13集,是平台部分付费内容。“猫耳FM”(又称“M站”)是第一家弹幕音图站,同时也是中国声优基地,其口号为“来自二次元的声音”“用二次元声音连接三次元”。广播剧相较于影视剧,受众面较为狭窄,广播剧《庆余年》官方微博“监察院八处”仅有一千左右的粉丝。但是《庆余年》广播剧相较于其他非热门IP的广播剧,热度较高,在“猫耳FM”平台上累计播放量在半年时间内已过百万,听众评价较高。究其原因,一是原著小说的粉丝基础强大;二是该剧制作精良且由圈内知名声优担纲;三是“猫耳FM”官方运营得当,在自有平台及微博等渠道采用符合该剧调性的运营方式进行宣传。

（三）爆红引流：影视剧

电视剧《庆余年》第一季于2019年11月20日开播，主演为张若昀、李沁、陈道明、吴刚等优秀中、青年演员。在宣传海报上明确标有“根据阅文集团起点中文网作家猫腻同名小说改编”，既吸引原有的“原著粉”，又给想要阅读网络小说原文的“剧粉”们明确“指路”，增加原著曝光量。电视剧编剧王倦合理改编原文小说，大大丰富了原著的角色形象，重塑了IP的价值取向，在张扬原著所推崇的个体本位论时，又对绝对的个体本位予以了质疑。

在第26届上海电视节白玉兰奖颁奖典礼中，编剧王倦获最佳编剧（改编）奖，王启年饰演者田雨获最佳男配角奖，电视剧《庆余年》同时获得多项提名，证明了该剧质量上乘，深受观众喜爱。

原著小说的粉丝积累、中青两代实力演员的加盟、编剧的合理改编，在众多合力的作用下，剧版《庆余年》自播出起就收获了大量关注，共计登上微博热搜榜单114次，官博粉丝151万。上文提到的人民文学出版社出版的修订版《庆余年》正是趁电视剧大火之时推出，阅文集团也将自己在“亚马逊kindle商城”售卖的电子书封面更换为带有主演形象的剧版海报。该剧的热播大大带动了原著小说的销量，完结十年后，《庆余年》重登“起点读书畅销榜”第一。

（四）未来规划：游戏和动漫

《庆余年》同名手游于2019年7月开启预约，几个月的时间预约人数已破50万。手游官博已累计过万粉丝，不时发布一些游戏画面、角色形象等“剧透”海报。手游官博在电视剧播出时期也一直在为电视剧宣传助力，并借助电视剧的画面与角色为游戏宣传。《庆余年》手游在还未开放公测、正式上线前，就已经积累了不少关注者，每条微博下都有关注者在催促手游上线。

阅文集团旗下上海阅文影视文化传播有限公司已经申报两部《庆余年》IP动漫，分别为《庆余年第一季·出入京城》和《庆余年第一季·名扬庆国》，目前也已进入筹备阶段。但是尚未开始进行宣传、运营，也暂无预计上线日期。

三、网络文学IP开发发展方向

(一)坚持质量第一,打磨核心IP内容

"质量第一"始终是出版人要坚持的原则与目标导向,在进行网络文学IP开发的时候也要坚持此原则。网络文学自出现之日起,就因文辞粗糙、情节经不起推敲、人设前后不一等质量问题被读者诟病,似乎网络文学因不受严格的出版审查制度限制而成为低质量文学的代名词。而近年来,读者的文化水平不断提升,对网络文学也提出了一定的质量要求,高质量的作品更能吸引读者阅读、提高阅读量、吸引影视化等IP开发资本的关注。网络文学网站的主要盈利点从付费阅读和广告收入转向IP开发产业链后,越来越多的网络文学作者,尤其是有一定作品和粉丝积累的作者,在创作之时就考虑到改编为影视剧的可能性并主动向影视化靠拢。

网络文学IP开发涉及的质量标准主要涵盖以下方面:一是核心故事质量,主要是情节是否合理且吸引人、故事传达的价值取向是否符合公序良俗;二是语言文字质量,主要是语言是否优美、表达是否准确、别字病句数量是否在被允许的范围内;三是核心内容的可改编质量,主要是文字作品是否适合影视化、动漫化的改编。网络文学作者、编辑以及IP开发产业链相关工作人员要从上述几个方面考察作品质量,并将IP核心,即初始文字作品认真打磨,使其经受得起读者与市场的检验,在各领域收获忠实受众。

《庆余年》作为一部颇受关注的网络文学,完结于十年前。当时作者可能并未注重内容质量,情节未做严谨推敲,语言也没有过多的修饰,导致部分情节前后矛盾、文字表述过于粗糙,整体质量不高。在后来出版的纸质书版本中,作者和编辑对内容进行了改写与深度加工,大大提高了原著质量,并为后续开发打好基础。

(二)珍惜原著精神,传递正向价值观念

原著是网络文学IP开发的核心,原著精神也是一个IP成功开发的基础。读者能被一部网络文学作品吸引,不仅是因为巧妙的情节设置与优秀的文字表达,

更是因为蕴藏在作品字里行间传达出来的精神内涵。就小说《庆余年》而言，主人公范闲原是现代青年，“重生”至古代的庆国，但他仍保留了现代的思想，包括人人平等、婚恋自由、鄙弃封建陋俗等。在局势动荡的庆国，范闲尽自己所能与整个封建社会的阶级制度和人们心中的成规陋见做对抗。这是这部作品的核心精神，所有的人物设定与故事走向都基于此。在做IP开发，尤其是影视剧开发时要把握住原著的核心精神，切不可胡乱改编，使其失去核心价值，变为只有情节的“空壳”。

电视剧《庆余年》对原著小说做了很好的改编，不仅没有失去原著作品的精神内核，还丰富了原本的正向价值观。编剧将范闲的护卫藤子京（剧中为滕梓荆）一线做了大量改编，将他在牛栏街刺杀中由中毒受伤改为当场殒命。剧中滕梓荆去世后，主人公范闲开始思考众生价值平等，不断地反驳他人“死的只是个护卫”的观点，并通过滕梓荆妻子的视角加深这一态度。[1]编剧说：“本来滕梓荆可以做个忠诚的属下，一直默默无闻跟到最后，可如果这样，他就是个记不清面目的配角，对主线无关紧要。”他选择拿护卫角色做改编，不仅使人物形象更明确、情节更吸引人，而且突出了作品的人文价值取向。这一改编对部分原著读者而言难以接受，他们认为编剧使范闲直来直去、办事果断的大男主变为刻意追求人人平等的道德“圣母”，违背了原著的人物形象。但对于受众面更广的影视剧来说，这一改编更符合大众的价值认知，也能在社会层面倡导人人平等的正向价值观，无疑是一次成功的改编，这也是值得其他IP开发人员学习和思考的地方。

（三）优化内容表达，做好形式内容差异

由于网络小说、影视剧、广播剧、游戏及其他各种表达形式载体、使用方式等方面具有天然不同，IP开发人员不得不考虑围绕IP核心内容展开适合各种形式的内容表达方式。例如，在将小说改编为影视剧时要考虑到镜头语言的特殊性，利用编剧、导演、演员等影视工作人员，将小说文字内容转化为视频内容。小说作为单纯以文字表达的作品，只能通过作者的文字功底来讲述故事、提升质感；而影视剧则可通过台词、构图、音效、特效等多方面全方位地展现故事细节。将小说改编为影视剧、游戏等各种形式，不是要将原著中的情节原封不动地还原，

[1] 段晓琳．网络文学影视改编的价值取向：从《庆余年》谈起[J]．文艺论坛，2020(1)：68-70.

而是要根据不同形式优化各自的表达方式。

在小说《庆余年》开篇，范闲重生时用到了大段的心理描写："忽然，他想到自己脸上的手，难道手也能动了，难道自己的病真的好了？那眼前的这一切究竟是怎么回事？这难道只是在做梦？"由于影视画面不适合展现婴儿的心理状态，剧版《庆余年》中没有对婴儿范闲进行心理描绘，而是运用威亚等技术完成了追杀场景拍摄，并通过特效镜头表达了范闲的真实困境。编剧选择了适合影视剧的表达方式，将内容的形式差异化展现得淋漓尽致。

（四）维护粉丝经济，同时突破固有圈层

纵观优秀的IP开发案例，都将维护粉丝经济放在IP运营的重要位置。2015年上映的电影《唐人街探案》及之后的电影、网剧、周边等联合打造的"唐探"IP非常火爆，在运营方面不仅建立官方的微博及抖音账号，更是开发了解谜类游戏"crimaster犯罪大师"App，让粉丝可以通过侦探类游戏与电影中的人物互动。App中的"推理社区"功能，可以让该IP的粉丝多向交流互动。另外，"唐探"IP也在不断突破固有圈层，选用不同类型的优秀演员、设计"喜剧+推理"的合家欢剧情、辅以大力的宣传推广，使电影《唐人街探案3》票房突破45亿，成功破圈。

而《庆余年》原著作受众以男性为主。在改编为影视剧的过程中，没有把受众群定位为"喜爱原著的粉丝"，而是在不断努力突破固有圈层，选用年轻的实力演员和颇受喜爱的"老戏骨"们，加之在微博等平台的大力宣传，以高质量的作品吸引了大量未读过原著的观众来观看此剧。

（五）引入高新技术，定向提供技术支持

IP开发与运营需要高新技术的帮助，只有主动地去应用相关技术，才能在稳步扩大受众群、提高经济效益的过程中不被时代抛弃。现阶段的5G、VR（虚拟现实）、AR（增强现实）、区块链、大数据等高新技术均可应用于IP开发，如何用好这些技术成了我们需要首先考虑的问题。

第一，5G高速率、大容量、低时延的特点为VR、AR技术应用于IP开发产品的用户体验提供了保障。在4G网络时代，速率较为低下，时间延迟严重，用户在使用VR、AR产品的时候容易受到网速的影响，高频卡顿非常影响用户体验，也

在一定程度上影响了新形态产品的推广。由此看来，由IP开发的绘本、网络游戏等形态产品都可以与AR、VR进行结合，以直观、清晰、立体的方式呈现IP内容。第二，目前区块链技术已逐渐成熟，可以逐步应用于版权溯源。《庆余年》的小说和影视剧都是盗版行为的受害者，而参与版权产品生产、传播的人大多因为盗版溯源难度较大而逍遥法外。区块链技术的去中心化、不可篡改、全程留痕、可以追溯、集体维护、公开透明等特点恰好可应用于盗版溯源，可大大减少被盗版造成的经济损失。第三，大数据可用于网络小说、网络视频等网站向目标用户定向推送产品信息，提高宣传效率。同时也可利用大数据了解受众喜好，从而有针对性地开发出受欢迎的IP产品。

在技术发展日新月异的今天，高新科技层出不穷，可以应用于IP开发的技术也在快速发展。相关开发人员应不断关注科技发展，站在时代前列，不断尝试将新技术引入行业，为IP开发提供技术支持。

（六）树立全球视野，推动IP走出国门

在经济全球化背景下，中国IP走出国门、走向世界要坚持“讲好中国故事，传播好中国声音”。因此，网络小说作者在写作时、影视剧团队在创编时、相关开发人员在制作时要坚守文化自信，树立全球视野，为IP走出国门打好基础。

《庆余年》作为一部主体背景为中国古代的小说，其中蕴含了大量优秀的传统文化，如唐诗文化、《红楼梦》文化等，在海外传播的时候可以向外推介本国优秀的传统文化。《庆余年》影视剧在“腾讯视频”及其海外版“We TV”同步更新，收获了大量好评。《庆余年》小说也已在韩国出版，同样受到追捧。优秀IP走出国门不仅能为出版方带来良好的经济效益，更能为中国文化的传播与世界文化的多样性贡献巨大力量，将是未来IP开发的重点方向。

结　语

综上所述，目前国内网络小说IP开发如火如荼，前景广阔。相关从业者应保持高度的职业敏锐度，不断学习，努力探索IP开发的新路径、新形式。在IP开发过程中，坚持把社会效益放在首位，向外传递正向价值；同时要兼顾经济效益，将IP的内在价值挖掘至最大化。《庆余年》的开发路径为未来的IP开发提供了借

鉴，值得我们参考、学习，但是我们也不应被现有模式与路径所局限，而应不断创新，以开阔的思维与敢于尝试的勇气推动网络文学IP开发产业的繁荣。

参考文献

[1]刘竞阳．我国本土网剧IP改编的对策研究：以《庆余年》为例[J]．视听，2020(12)：28-29.

[2]赵云．全版权形态下IP改编的发展前路[N]．文艺报，2020-10-26(8).

[3]杨涛，颜怡然．泛娱乐背景下网络文学IP的开发及运营：以网络小说《楚乔传》为例[J]．武汉理工大学学报(社会科学版)，2020，33(5)：124-129.

简析《著作权法》修订前后对游戏直播产业的影响

伍昕阳

摘　要：随着网络游戏的不断发展，直播行业与之融合发展成为文化产业中的重要产业之一，产业产值高，发展速度快。同时也出现了大量未经许可使用他人视听、游戏、音乐等作品进行直播的行为，相关的侵权案件层出不穷，使得游戏直播行业版权保护现状堪忧。新版《著作权法》于2020年修改之后，对作品的定义进行了扩充和发展，承认了视听作品的概念，为网络直播、游戏直播产业带来了积极而重大的影响。

关键词：《著作权法》修改　游戏直播产业　侵权案件

一、研究背景

2019年，我国游戏行业整体发展稳定，移动游戏行业稳健上升，市场饱和但产值依旧走高，付费游戏、游戏直播随着移动终端的普及更加普遍。经济的快速发展也带动社会各群体对游戏付费意愿更加强烈和实际，这一转变也直接拉动游戏相关产业的高速发展。有关数据显示，2019年我国游戏市场实际收入2036.1亿元，轻松突破2000亿元，领先其他文化产业。同年横向发展比较可见，其他文化产业相对发展缓慢，游戏市场持续走高，这也表明了游戏市场在未来仍然具有巨大的发展空间；纵向发展来看，相较于2017、2018年，增幅有缓慢回升。[1]网络游戏行业数据统计指出，2019年我国游戏用户规模达到5.83亿人。[2]

大规模的游戏用户人数增长源于两大原因：一是随着经济社会的发展，中国

❶ 中商产业研究院.2018年中国游戏行业市场前景研究报告(简版)[EB/OL].(2018-03-23)[2021-03-05].http://www.askci.com/news/chanye/20180323/113038120343.shtml.

❷ 前瞻产业研究院.2019中国网络游戏行业市场现状及发展趋势分析技术升维、题材多元、文化较蛤[EB/OL].(2019-12-06)[2021-03-05].http://bg.qiamzhan.com/report/detall/300/191206-f969a00f.html.

人均GDP收入稳健上升,人均可支配收入增加,基础日常生活的需求向精神文明需求转变,移动互联网设备的普及催生了庞大的游戏用户群体;二是游戏题材和类型不断丰富和发展,游戏行业从做大做强到做精做专的转变,也吸引了不少的群体成为游戏行业的用户。丰富的竞技、卡牌、休闲、棋牌等游戏类型基本可涵盖15~50岁的主流玩家,[1]该群体也是付费意愿最为强烈的用户群体,具有实际的购买能力和行为,在促进游戏行业发展方面功不可没。

经过多年的发展和探索,网络游戏产业也在不断地寻求创新融合发展。其中游戏、影视、动漫跨行业的融合发展也逐渐与IP这一概念紧密结合,不断延展产业链,从而提高游戏的附加产值;不断探索多种类型、多样玩法的游戏形态,线上线下紧密结合在一起;不断地维系老用户的黏度需求、挖掘新用户的游戏需求,使得用户的付费意愿更加强烈。

随之而发展的是游戏直播行业,大到著名游戏赛事直播,例如LOL全球各赛季赛事、DOTA等国际游戏,小到各小众游戏的"用户主播"进行个人游戏直播展示,通过用户留言、打赏进行营利。[2]相应地,"虎牙""斗鱼"等专注于游戏直播的平台也不断地形成头部效应。目前,"虎牙""斗鱼"等App合并呼声也越来越高,从用户数据来看,"虎牙"移动端MAU(Monthly Active Users,月活跃用户)为7470万,付费用户为610万,"斗鱼"移动端MAU为5660万,付费用户为760万;从营收数据来看,"虎牙"全年营收为24.12亿元,净利润1.71亿元,"斗鱼"全年营收为22.78亿元,净利润2.545亿元。[3]由此可见,两大游戏直播行业巨头的整合必将引起行业的洗牌,促使游戏直播产业集聚效应更加明显。[4]

总而言之,在未来很长一段时间,游戏直播产业将成为我国文化产业的经济增长点,尽管目前大众对于网络游戏的社会评价不一,对于游戏带来的负面社会

[1] 皮书说.数字娱乐产业蓝皮书:中国游戏产业发展报告(2020).(2021-04-13)[2021-04-17].http://www.pishu.cn/zxzx/xwdt/564925.shtml.

[2] 前瞻产业研究院.2019中国网络游戏行业市场现状及发展趋势分析[EB/OL].(2019-12-06)[2021-03-05].http://bg.qianzhan.com/report/detall/300/191206-f969a00f.html.

[3] 胡珊珊.互联网行业新热潮战略合并动因分析:以虎牙并购斗鱼为例[J].现代企业,2021(7):161-162.

[4] 小葫芦大数据.2020游戏直播行业数据报告:斗鱼、虎牙占比33.60%和26.50%成最大赢家[J].国际品牌观察,2021(11):67-70.

影响关注度依旧偏高，但从实际发展来看，网络游戏将为互联网经济带来无限可能。

二、直播行业侵权困境

虽然游戏市场现状和前景都一片大好，但《著作权法》对其版权的保护力度明显不足。现行《著作权法》自从1990年颁布以来，仅修改过两次，第一次《著作权法》修改后的十年间，游戏行业快速崛起和发展，网络游戏著作权纠纷案件呈现爆发性增长，所涉法律纠纷复杂、关乎行业利益巨大，亟须修订。且网络游戏并不属于《著作权法》中所列举的独立作品类型，因此，网络游戏客体属性问题是目前最大的争议点。网络游戏直播行业作为网络游戏的下属产业链也遇到了法律困境，即网络游戏直播是否符合《著作权法》中对于“作品”的定义，进而得到《著作权法》的保护。

本文将以“广州网易计算机系统有限公司”（以下简称“网易公司”）与“广州华多网络科技有限公司”（以下简称“华多公司”）著名的游戏直播侵权案件为例进行分析。[1]2014年11月24日，网易公司起诉华多公司，称其在“YY”等直播平台直播《梦幻西游2》相关的游戏内容，且“YY”平台对此类大流量主播进行推送宣传，从而在主播直播行为中获取收益，网易公司认为其构成侵害著作权及不正当竞争，希望华多公司立即停止侵权并且给予道歉和1亿元的赔款等。经过对案件的整体了解并结合双方意见，整个案件争议点聚焦在以下三点：

一是被告方展示的游戏直播画面是否属于类电作品；二是被告方游戏直播行为是否属于《著作权法》保护范围；三是被告方游戏直播行为是否属于对游戏的合理使用。

关于问题一：由对作品的概念可知，对于作品独创性的判断，应参考作品是否能体现作者独立完成作品以及对作品的表现形式具有个人的选择和判断。涉案游戏画面显然属于作者对游戏故事、游戏情节、游戏玩法的综合考虑，其中作者对于作品中可能出现的文字、美术、音乐等要素的选择，也可能会因其独特的

[1] 黄桂林. 直播网络游戏案，需清晰认识玩家贡献度与作者、合理使用与侵权问题[J]. 中关村，2020(7)：98-99.

选择和编排成为新的独创性的作品，从而成为《著作权法》保护的文字作品、美术作品、音乐作品，因此应当认定该创作符合《著作权法》中对于“作品”的定义。对于类电作品的争议，只要满足以电影或类似摄制电影的方法，同时由一系列有伴音或者无伴音的画面组成，并且满足作品可复制的要求，就可认定为类电作品。❶因此，涉案游戏符合类电作品的相关概念，可以认定为类电作品。但这种认定存在的问题表现在以下两点：一是对主播玩家在输出网络游戏画面过程中实施的创造性劳动的忽略；二是网络游戏画面属于类电作品，是网络游戏作品的演绎作品（一审判决结果），但其著作权并不属于原告，那么网络游戏画面的著作权人属于原告还是网络游戏开发商？一审判决结果过分强调“创造性的劳动”在著作权人认定问题上的重要性，那么是否可以判断网络游戏画面的制作者应为著作权人，由此可见，一审判定结果前后也充斥着矛盾。

关于问题二：华多公司上诉称涉案游戏整体画面构成作品并不妨碍游戏直播画面构成新的作品，两者并不冲突，而对游戏直播画面具有创造性的主播玩家更应成为著作权人受到法律的保护。❷法院认为其上诉不合理，游戏直播行为不成为新的作品。通过分析华多公司提交的视频材料，法院认为游戏直播以游戏画面为主要整体画面，而主播辅以小窗口的口头解说，小占比露脸甚至不露脸，涉案游戏占据直播的绝大部分，剩下的小部分直播画面展示主播实时画面。但直播内容主要涉及游戏内容、任务、游戏情节、人物角色、场景地图等因素，主播聊天的内容也仅仅是简单的介绍以及和用户互动聊天。由此可见，游戏直播画面属于对游戏的记录，游戏主播大多是基于对游戏技巧、玩法的探索，而非对作品创造性的表达，故而不成为新的作品。但这样的认定具有的前提逻辑在于，被诉行为存在触犯《著作权法》的边界，但不能被有名权利所覆盖，如果当《著作权法》的边界不清时，又如何认定该行为侵犯了《著作权法》？先判定侵权，再去找相关证据显然是不合理的，这样的判决结果也显示了现有《著作权法》对于边界模糊不清带来的著作权归属问题判决不清。

关于问题三：从当时的《著作权法》相关概念来看，其并未对游戏、直播等新

❶ 邓丹云．角色扮演类网络游戏挂机画面的作品属性认定：上海菲狐网络科技有限公司诉广州某际网络科技有限公司等著作权权属、侵权纠纷案[J]．法治论坛，2021(1)：336-350.

❷ 赵恩迪．网络游戏直播画面的著作权合理使用研究[D]．重庆：重庆邮电大学，2020.

兴产业的作品规定类型。[1]在司法过程中形成两种观点：其一，认为游戏连续动态画面和电影作品有着相似特征，认定游戏连续动态画面属于类电作品的范畴，应以《著作权法》进行保护；其二，认为游戏连续动态画面是对游戏过程的不确定、不稳定的随机选择，且游戏具有的“双向交互性”也与电影作品有着本质上的差别，这样的差别也决定了其不能成为类电作品。基于现行的两种司法实践观点来看，对于“合理使用”的这一概念讨论较少，该案例中的一审判决认为被告行为并不属于《著作权法》的有名权利，即不为合理使用，逻辑自洽，但这样的认识对于实际案例来说，未免显得过于苛刻和呆板。合理使用的行为是指降低高交易成本、导致低损害的使用作品的行为。在游戏直播行业中对于游戏的“二次开发”是否成为降低高交易成本并且对游戏本身而言是低损害的行为，个人认为，游戏直播和游戏虽采用相对固定的游戏界面，如游戏地图、游戏人物等，但对于游戏本身而言承担了不同的功能，游戏重在体验和操作，而直播重在感受和氛围，游戏直播从很大意义上来讲对游戏行业宣传起到促进的作用，尤其是小众游戏。如果进一步详细探讨直播行业和游戏产业的关系和两者的利弊问题，那么对于该案中的直播行为是否属于合理使用的结果会更加合理，判定结果也可能会完全不同。

对该案的探讨便可明白涉及《著作权法》的众多基本理论问题，在部分焦点问题上业界有着重大分歧，关于游戏直播产业和游戏产业本身的关系讨论不清，对于“作品”“类电作品”“合理使用”等基础概念在司法实际中也存在模糊不清的地带，虽然该案例做出了一审、二审判决，认为被告侵权并要求进行损失赔偿，但在双方争执的焦点问题上并未从法律层面给予明确的条令支撑，使得该案引起业内广泛热议。因此在《著作权法》的修订和完善过程中，既应该明确司法在具体实践中的保护作用，也要尊重市场给主要权利人的知识产权，更要对核心、焦点问题给予关注和评论，为著作权人、平台、主播各方提供合理的制度保障，这样才能保证产业实现良性长久的发展。

---

[1] 赵恩迪．网络游戏直播画面的著作权合理使用研究[D]．重庆：重庆邮电大学，2020.

三、新法修订拓宽边界

(一)"作品"延伸的无限可能

2010年修正的《著作权法》中对作品的定义是文学、艺术和科学领域内具有独创性并能以某种有形形式复制的智力成果,[1]而新《著作权法》中对这一概念有了"微妙的修改",认为作品指的是文学、艺术和科学领域内具有独创性并以一定形式表现的智力成果。探究可知,新、旧《著作权法》的修改点在于"有形形式"到"一定形式",将作品的概念从固定介质中解放出来,有形形式到一定形式的改变,揭示了新兴技术的发展给法律设定带来的弹性空间,为更多新技术、新形态的作品版权提供更加合理的保护。[2]同时,对于网络游戏直播这一表现形式而言,新《著作权法》对其包容程度明显更高。对于急速发展的新媒体时代,"一定形式"的改变将激励更多产业的创新发展、融合发展,催生出网络游戏创作多终端、多形式、多玩法的作品,从而对更多外延作品进行保护。

(二)"视听作品"重磅登场

新《著作权法》除了对作品定义外延进行不断延伸之外,还做出了一个非常重要的调整:将"类电作品"明确修改为"视听作品",这一举措与国际接轨。《视听作品国际登记条约》中的"视听作品"意指由一系列相关的固定图像组成,带有或不带伴音,能够被看到的,并且带有伴音时能够被听到的任何作品。[3]互联网科技的快速发展使得创作连续动态图像、有声音或没声音的视频更加容易,形态也日益丰富,旧《著作权法》中对类电作品,即"电影作品和类似电影作品的摄制方法"的定义难以涵盖多种发展形式,这样粗浅的分类也难以顺应网络时代的发展,而新《著作权法》的修改,符合国际环境中对于类电、视听作品的定义,从外延上涵盖了现行微电影、直播、电视、录像、MV等多种形式的作品,更加顺应互联网时代的发展,也为网络游戏直播产业提供了更加有利的法律保障空间。

---

[1] 朱欣琦.游戏直播视听作品的定性分析——兼评新《著作权法》的视听作品[J].新经济,2021(7):109-112.

[2] 张锦浩.新旧著作权法对比视角下短视频著作权侵权的法律认定[J].经济师,2021(5):51-53.

[3] 管育鹰.寻找新《著作权法》实施中的平衡点[N].中国社会科学报,2021-08-25(004).

(三)侵权赔偿不再“廉价”

旧《著作权法》中,关于著作权侵权损害赔偿的数额问题,会首先根据实际损失确定,当实际损失难以核算清楚时,将按照侵权人违法所得对著作权人予以赔偿,但当两者都不可确定时,法院会根据实际侵权情况判决侵权人50万元以下的赔偿。这样的赔偿制度会导致以下两个弊端:其一是《著作权法》规定的赔偿原则对数字空间的侵权案件出现难以追责、定量偏差的问题;其二是虽然原《著作权法》中对于赔偿方式规定了3种,但在大多侵权案件中皆由法官根据案件情况对侵权人判决50万以下的处罚,容易出现侵权违法成本低,难以有效遏制违法行为的出现。但新《著作权法》表明当权利人无法证明或确定其实际损失的时候,他才有权根据侵权人实际侵权违法所得利益来计算赔偿数额,这样的修改直接保障了权利人的主体地位。面对数字网络空间下信息传播速度快、影响广、盈利源多等“弊端”,新《著作权法》起到了更好保护著作权人的作用,对于侵权行为的成本低、赔偿难也做出了有力的回击,在高昂的赔付面前,个人相信侵权行为不会依旧“划算”。

结 语

近年来网络直播业态发展迅速,各产业融合发展日趋明显,随之而来出现了很多未经许可使用他人视听作品进行直播的现象。而旧的《著作权法》并未对直播、游戏等新兴行业做出明确界定解释,在很多方面已很难再继续保护各权利方,法官根据司法经验进行判决很容易出现“一念之差”的结局。上述案件便出现了同时期一审、二审判决结果差异大的特点,这与法官个人判断离不开关系,更重要的是没有明确的司法条文进行参考和判决,由此可见旧《著作权法》在很多问题上已经无法提供保障,而新《著作权法》的修订从多角度、多方面对旧《著作权法》进行补充和完善,更加明确了基础概念,这有利于在直播行业构建良性的版权保护环境。同时,上文浅析的《著作权法》新修内容对网络游戏直播行业各主体客体的保护力度也明显增强,对于作品、视听作品的概念正在不断修订和完善,包容度不断增强,相信在未来,网络游戏作为泛娱乐中心产业,能在《著作权法》的合理保护之下,创造出更高的社会价值和经济价值。

参考文献

[1]曾晰.网络游戏著作权法保护问题研究[D].广州:华南理工大学,2019.
[2]田辉.计算机游戏著作权保护问题研究[D].重庆:重庆大学,2018.
[3]张伟君.关于《著作权法》第三次修改的再思考[N].中国新闻出版广电报,2020-10-29(5).
[4]法宣.新修改的《著作权法》为创作者进一步"撑腰"[J].党的生活(黑龙江),2020(12):63.
[5]刘承韪.论著作权法的重要修改与积极影响[J].电子知识产权,2021(1):4-13.

文化解构与重塑下的国产动画电影的发展与思考

——以《姜子牙》为例

倪 聪

摘 要：近几年大火的动画电影，几乎均以中国传统文化为根基进行解构重塑，从而创造出具有中国文化符号的动画电影。本文将以《姜子牙》为例，运用个案研究法和比较分析法，分析国产动画电影在人物形象、叙事理念、表现手法、电影内涵等方面的创新。深度挖掘传统文化对国产动画电影的影响，解读当下动画电影如何解构重塑传统文化价值观，并对我国动画电影未来的发展方向产生新的思考。

关键词：国产动画 动画电影 传统文化

一、文化融合下的国产动画电影创作

我国国产动画的初创于20世纪20年代，1926年万氏兄弟创作了第一部国产动画《大闹画室》。1940年，万籁鸣受到美国《白雪公主》的影响，以本土神魔故事为灵感创作了《铁扇公主》。在20世纪70年代到80年代的国产动画繁荣期中，《哪吒闹海》《大闹天宫》等带有鲜明传统文化色彩的作品问世，不仅成为一代观众的童年回忆，更是让国产动画在国际享有美誉。

动画电影开始发展的时代，正是科学技术迅速发展的时期。在动画电影产生以前，我国皮影戏就已经存在了，可以说它是电影的前身。20世纪80年代起，网络的发展和新媒体技术的应用，使得动画电影迅速发展。技术不仅改变了动画电影的制作方式，也改变了其传播方式，使得各种文化不断融合创新，可以说动画电影的发展是在文化全球化的大背景之下的。

全球文化的丰富与融合，不可避免地在动画电影中表现出来，其结果就是动画电影以一种全新的角度呈现在观众面前，带给观众全新的体验。以“孙悟空”

这个形象为例，在《大闹天宫》电影中树立起的“孙悟空”形象，是不可一世、不惧权威、具有赤子之心的“妖怪身，英雄心”的形象，是比较符合观众心中对“孙悟空”这个形象的认知的。到了《西游记之大圣归来》时，“孙悟空”形象发生颠覆，它失去了“齐天大圣”的荣耀，瘦长的身体、颓废的神态，无一不与传统“孙悟空”形象相违背。艺术本质在于通过形式的陌生化，使人们习而不察的事物变得新奇而富有魅力，唤起人们对事物敏锐的感受，德国戏剧理论家贝托尔特·布莱希特认为：“陌生化通过对众所周知的事件和人物性格进行剥离，使演员与观众之间产生距离感，进而使观众获得新奇感。”[1]《西游记之大圣归来》中的孙悟空不再是毫无弱点的“神性”人物，而是有弱点、有恐惧的形象，这种陌生化手法重新解构了“齐天大圣”的形象，令观众发现虽然电影冠以“西游记”的名称，但确实有截然不同的形象，具有新奇感。

动画电影作为电影艺术的一个分支，不可避免地也要承担起文化宣传、传递思想的任务，纵观近几年国产动画的发展，不难看出，我国国产动画在秉持中华文化独特性和民族性的同时，还在不断学习国外先进的技术，在不断融合中发展，重塑传统文化，在保留传统内涵的前提之下，追随时代的脚步，从而实现自我突破与自我发展。

二、《姜子牙》中对传统文化的解构重塑

姜子牙是“彩条屋”和“中传合道”共同出品动画电影，这是“彩条屋”出品的“神话系列”中紧接《哪吒之魔童降世》推出第二部神话类动漫电影，从中可以对中国影业在动画电影方面的野心略窥一二。国内优秀的电影人在《哪吒之魔童降世》(后简称《魔童》)所取得的现象级成功上，看到了国漫崛起的希望。实际上，在2015年的《西游记之大圣归来》上映取得不错反响后，观众都对国产动画重燃希望，但之后的《大鱼海棠》《白蛇：缘起》等作品，却反响一般，直至《魔童》上映，直接突破国产动画电影的票房纪录，冲到影史第二的位置，仅次于爱国电影《战狼2》(如表1所示)。

[1] 李蕾．国产动画电影的创新路径研究：以《哪吒之魔童降世》为例[J]．视听，2021(2)：52-53.

表1　中国过亿动画电影排名

排名	片名	票房	年份
1	哪吒之魔童降世	49.34亿	2019
2	姜子牙	16亿	2020
3	西游记之大圣归来	9.56亿	2015
4	熊出没之原始时代	7.09亿	2019
5	熊出没之变形记	6亿	2018
6	大鱼海棠	5.65亿	2016
7	熊出没之奇幻空间	5.21亿	2017
8	白蛇:缘起	4.48亿	2019
9	罗小黑战记	3.11亿	2019
10	熊出没之雪岭熊风	2.95亿	2015
11	熊出没之熊心归来	2.87亿	2016
12	熊出没之夺宝熊兵	2.48亿	2014
13	喜羊羊灰太狼之开心闯龙年	1.68亿	2012
14	新大头儿子和小头爸爸3:俄罗斯奇遇记	1.57亿	2018
15	喜羊羊灰太狼之兔年顶呱呱	1.5亿	2011
16	十万个冷笑话2	1.34亿	2017
17	喜羊羊灰太狼之虎虎生威	1.28亿	2010
18	大卫贝肯之倒霉特工熊	1.26亿	2017
19	喜羊羊灰太狼之洋洋过蛇年	1.25亿	2013
20	小猪佩奇过大年	1.24亿	2019
21	十万个冷笑话	1.2亿	2015
22	风语咒	1.13亿	2018
23	神秘世界历险记4	1.05亿	2018
24	赛尔号6之胜者无敌	1.03亿	2017
25	喜羊羊灰太狼之牛气冲天	1亿	2019

通过整理我国票房过亿的动画电影数据，进行排序后发现，我国动画电影票房表现两极分化严重，《魔童》以近50亿的票房一马当先，《姜子牙》以16亿的票房紧随其后。在这25部过亿动画电影中，票房成绩较好的几部均立足于中国传

统文化,《魔童》和《姜子牙》取材自《封神演义》,《白蛇:缘起》取材自民间神话传说,《大鱼海棠》和《罗小黑战记》都有中国神话的影子,《西游记之大圣归来》取自《西游记》的人物形象。就像涂彪认为的那样,未来在中国电影市场,只有具备中国美学、中国故事、中国哲学的高质量动画电影才能真正赢得市场。❶

(一)人物形象塑造

《姜子牙》和《魔童》一样,采用陌生化的手法,重塑主角形象,《魔童》中,哪吒的形象从经典的穿肚兜、唇红齿白的儿童,变成了双手插兜、化着烟熏妆、长着尖牙齿、留着厚刘海并且性格乖戾的具有反派属性的形象。而姜子牙的形象在电影中被颠覆得更加彻底,在普通大众的心中,大家更加熟知的形象是神魔小说《封神演义》中的姜太公形象。过往的电视剧和电影形象的刻画中,姜子牙是具有"神性"的道德完美的人,出场往往是仙风道骨、令人尊崇的老人形象。《姜子牙》解构下的姜太公,变成了冷酷的、充满故事感的大叔形象,是人界第一个通过天梯登上天庭,手持打神鞭的天之骄子,但是因为解不开自己的心魔被罚下界,这样一个失意者的形象不免给观众带来了更多的新鲜感。

(二)价值观理念

国产动画自"动画学派"的鼎盛时期过去之后,在国际上沉寂了相当长的一段时间,随着迪士尼和日本动画电影产业的繁荣,我国开始学习借鉴,不仅仅体现在技术的进步上,还有价值观的融合吸收。同时西方动画也想进军内地市场,但是像《花木兰》《变形金刚》《疯狂动物城》等美国动画电影,在国内的评价和票房都处于中等,并没有像《魔童》一样取得巨大成功,因为这些电影的内核和传递出的价值观都是西方的,本质上是西方的哲学和资本主义下的产物,而不是像《魔童》这样富余的东方文化元素和东方价值观念。

《姜子牙》这部动画电影与《魔童》最大的区别,在于《姜子牙》并不是一部合家欢的电影,该电影整体的氛围是压抑的,整部电影的价值理念围绕着"救一人,还是救苍生"这样一个较大的哲学命题展开,电影中登场的人物都不再是黑白分明的,狐妖、元始天尊甚至姜子牙,都不能简单地用正义和邪恶来区分。导演试

❶ 刘颖慧. 国产动画电影于变局中开新局[N]. 中国电影报,2021-02-03(009).

图刻画和丰富每个人物的故事背景，但是奈何电影背景设定太大，一部电影的维度无法将每个人物刻画细腻，这就导致九尾妖狐和元始天尊等人物形象的违和感。而姜子牙在质疑元始天尊、为追寻真正的真相下界后，目睹百姓的战乱困苦，这时他不再以一个“神”自居，当他不再是“神”，之后的“救一人，也救苍生”的感悟甚至孤身一身打断天梯等举动，才会更令人深思。以往的影视作品中，“神”的形象是高高在上，地位不可置疑，权威不可侵犯，但是在《姜子牙》中，人与神之间的壁垒被打破，“神”并不是全然正确的，是可以推翻的，当姜子牙手持打神鞭喊出“愿天下再无不公”时，电影的立意便体现了出来。可以说程腾导演在该电影中对经典神话的解构是颇具勇气的。

但是《姜子牙》剧本的缺陷也是很明显的，单一的拯救剧情与复杂的背景设定是不相匹配的。作为一部探索心灵成长的动画电影，《姜子牙》的艺术化表达远高于《魔童》带来的大众娱乐性，但是它叙事和情节展开上的不足，使得主角心灵的成长、人物的共鸣、意识的思考很难一言以蔽之去总结。[1]电影的时长撑不起这样一部立意宏大的叙事，导致很多故事没有交代清楚便草草收场，例如，元始天尊没有说的真相是什么；天尊之上还有神，那么天宫的秩序是怎样的；人间生灵涂炭，为何天尊之上的秩序没有管制；等等，都无法自圆其说，使得整个剧情显得单薄。

（三）叙事方法和表现形式

在电影的叙事方式上，我国现在普遍借用西方的叙事模式。国产动画电影开始沿用好莱坞三幕剧（建制—对抗—解决）模式，为了明快单纯地叙述主人公的个人历程。[2]基本的叙事模式就是建立矛盾冲突—双方对抗达到高潮—冲突解决这样一个单线程的叙事过程。《姜子牙》中矛盾始于姜子牙违抗天尊被贬下界，寻找妖神大战的真相，在与九尾狐的对抗中得知真相达到电影高潮，点明“愿天下再无不公”的立意，最后推翻原始天尊。可以说整个叙事有西方“个人英雄主义”的意味，但也不是全盘借鉴，而是对西方价值观的“取精华去糟粕”。

---

❶ 马婷，张君至，黄若冰．封神的标准：国漫《姜子牙》的制作突破与叙事偏差[J]．上海艺术评论，2020(6)：57-59.

❷ 房雅珉．异质文化融合视域下的国产动画电影[J]．电影文学，2021(3)：58-60.

在制作团队上,《姜子牙》的制作是“纯国产”,其表现形式具有浓厚的中国韵味,画面展现采用二维和三维相结合的新颖方式,二维的精致平面场景展现故事发生的背景,开头具有浓厚民族风格的场景是创作团队吸收敦煌莫高窟的艺术符号,融入平面创作,展现出具有中国艺术风格的精致画面。三维动画的制作,对准业界最高标准,渲染场景逼真,天梯、元始天尊宫、冤魂遍布的古战场、斩妖台等众多大场景的制作水平甚高,无数的小细节堆砌,展现在观众面前的仿佛就是远古神魔大战的壮美画卷。在具体细节的刻画上,九尾妖狐、玄鸟等妖兽设定参考《山海经》制作,保留东方魔幻色彩同时又结合《封神演义》的描写,不乏民间传奇色彩。《姜子牙》在人物设计上,极具特色又富有质感,仿佛将奇幻神秘的神话世界直接呈现在观众的眼前,整部电影的制作水准放在国际上,比之迪士尼和日本动画也不会逊色太多。此外,配音和背景音乐的运用也贴合电影氛围,整部电影的观看感受和氛围渲染是极强的。

从《姜子牙》的动画制作形式可以看到,具有中国民族元素和审美的作品才能体现我们文化的优点和自信,如在“动画学派”鼎盛时期创作的作品《大闹天宫》《葫芦兄弟》《九色鹿》等都具有浓浓的中国风元素,极具中国特色。在全球文化相互交融的今天,固定的传统文化符号已经失去其本身的民族美学特性而极有可能被好莱坞文化霸权所吸收和改造为资本主义文化符码,那么凸显动画材料或动画基底的物质性,或许是重塑电影中的传统文化的出路所在。❶

三、以传统文化为根基构建“封神宇宙”

当动漫IP发展成为文化现象,国人开始关注自身文化的传承和发展,这也是近几年国产动画电影票房表现不错的主要原因。讲好中国的本土故事,就必然要立足于自己的传统文化,将具有中国元素的符号融入动画创作的背景和人物设计等方面,既发扬了传统文化,又实现了融合创新。

在《西游记之大圣归来》和《白蛇:缘起》后,《魔童》取得巨大成功,使得国产动画有意无意之间想要打造中国的动画IP,打造类似于“漫威宇宙”“DC宇宙”这样具有巨大影响力和收益的“封神宇宙”系列,试图构建完整庞大中国动画的世

❶ 韩坤妮.解构与重塑:国产动画电影中的传统文化符码[N].中国电影报,2021-01-27(010).

界，以打造中国特色的动画IP产业。在2021春节档，继《魔童》后，又一部以哪吒形象为原型的动画电影《新封神：哪吒重生》上线，票房成绩表现良好，这时动画电影产业的野心已经显现出来，"新封神"的前缀，意味着这并不是一部电影，而是"封神"系列的组成作品。该电影的最后放出了电影《杨戬》和《青蛇：劫起》的预告，将在同一世界之中，讲述其他故事。《封神演义》作为家喻户晓的神魔小说，一直以来都是影视剧改编的热门IP，像《西游记》《聊斋志异》这样的古典志怪小说，能满足观众看故事的需要，并且娱乐性强。《封神演义》中的神魔世界奇幻绚丽，每一个人物角色塑造得活灵活现，并且书中世界观体系完整，有巨大的改编价值，里面的故事家喻户晓，像哪吒、姜子牙、雷震子、杨戬等每一个人物拿出来都可以创作一部影视作品。当然，已经有动画公司开始策划制作这个系列了，《杨戬》也将在2022年上映。"封神榜"这样的IP，是最适合进行动画制作的，里面仙风道骨的"神"，妖异奇幻的"魔"，神魔大战的壮烈场景，法术激斗的画面，绚丽的服饰和法宝，都可以通过电脑技术进行制作和渲染，由此打造出栩栩如生的"神魔世界"，带给观众巨大的视觉冲击力。哪吒一系列的改编作品和未来计划上映的《杨戬》等作品，让我们看到打造"封神宇宙"，已经在逐步实现当中。但是想要做到"漫威宇宙"和"迪士尼"这样巨大的品牌IP，不是寥寥几部作品和喊口号就可以的，这不仅需要好的剧本作构建，还要精细的电影制作水准，完善的电影产业链，各行业之间的配合，这些都要消耗巨大的财力物力和精力。

《姜子牙》和《新封神：哪吒重生》让我们看到，不模仿美日动画，也能做出高水平，具有中国风格的优秀作品。但这些作品还是有很多缺陷和不足的，姜子牙的人物形象具有浓重的"漫威英雄"的味道，极具个人英雄主义色彩，如果想要打造自己的"封神宇宙"，就要传达出中国哲学和中国价值观。只有当国漫凝聚的精神内核是中国本土的，才称得上"国产动漫"。[1]因此，如果想要实现"国漫崛起"，打造属于中国动画IP的"封神宇宙"，那么就要用中国的视听语言讲述中国传统故事，不能进行魔改，这才能彰显我们的深厚的文化底蕴。

---

[1] 徐金龙，林铭豪.《姜子牙》撑起了国漫的"封神宇宙"吗[J]. 群言，2021(1)：54-57.

结　语

《姜子牙》的制作水平可以说是在《西游记之大圣归来》之后国产动画电影不断学习和反思带来的结果，尽管在制作水准、画面场景以及打斗戏等技术方面，《姜子牙》的水平已经很高了，但是在剧本的创作、叙事能力、人物设定、改编尺度等等方面，这部电影显然还不够成熟，还有很大的进步空间。

《姜子牙》《魔童》可以说是为中国动画电影发展开了一个好头，电影制作人已经发现了电影创作的宝贵素材——传统文化，如果将中国历史、神话传说进行精细的制作，然后搬上荧幕，以现代价值观去重新解构重塑传统理念，可以让中国文化有更加多元的展示渠道和表现方式。

手机游戏在数字文化品牌建设中的现状研究

——以“叠纸”网络游戏公司为例

王佳丽

摘　要：近年来，在中国网络游戏产业和智能终端快速发展的背景下，出现了一批精品创新游戏，如何在竞争激烈的手机游戏市场中通过品牌建设从而延长产品生命周期成了一大难题。“叠纸”网络游戏公司当前拥有“暖暖”系列及“恋与”系列这两条主要产品线，具有较强的品牌营收能力。本文尝试将“叠纸”网络游戏公司作为研究对象，主要运用个案研究和文献分析法，从其品牌建设的角度出发，分析其发展历程和成功因素，从而为小众游戏的品牌建设提供一定的借鉴。

关键词：手机游戏　品牌建设　游戏产业

绪　论

（一）选题背景

随着社会经济的发展，人们的生活水平逐步提高，也更加重视娱乐生活。中国网络游戏产业快速发展，从20世纪90年代开始到如今已经进入了稳定发展的成熟期。我国手游用户付费习惯逐渐养成，付费转化率也已高达78%。在经历了2018年缩减游戏版号后，网络游戏进入了注重产品质量和精品化精细化运营的阶段，带动了一批精品创新游戏亮相，网络游戏市场规模也有了可观的增幅。

《2020年中国游戏产业报告》显示2020年中国游戏产业收入2786亿元，同比增长20.71%，海外收入首次过千亿元。2020年，中国移动游戏市场实际销售收入2096.76亿元，比2019年增加了515.65亿元，同比增长32.61%；2020年，中国移动游戏用户规模达6.54亿,同比增长4.84%。[1]手机游戏的市场规模能在三大终端中占有绝对优势是由于手机性能的提高满足了开发者和用户两方面的需求。

(二)研究的目的和意义

我国手机游戏市场已经具备一定规模,但是很大一部分游戏无法长期运营,存在着产品无法持续创新、粗制滥造、山寨等问题,也有一些制作精良的精品游戏由于没有特色品牌的支撑,市场知名度低,无法获得资金支持来持续运营。当然也有独立游戏寻求头部企业如腾讯游戏公司的合作,但是仍然存在缺乏自身品牌效应和用户黏性而导致的产品生命周期短和后期运营乏力的问题。资金缺乏和版号稀缺不断威胁着中小游戏公司的生存,在头部游戏厂商占据绝大部分手游市场的情况下,"叠纸"游戏公司旗下"暖暖"系列产品存活八年之久,拥有着大量用户并培养了一批忠实的消费者群体。本文希望通过对"叠纸"游戏品牌和旗下产品这一个案的研究,探究其发展历程和成功因素,为手机游戏的品牌化建设提供一些参考。在我国手机游戏市场的研究中,产品的创新玩法、完成度以及IP游戏化是研究的重点,而游戏的品牌的研究相对较少,像"叠纸"公司旗下的"暖暖"和"恋与"系列产品这种拥有精准目标受众的游戏打造出了自身特色的游戏品牌,对小众游戏的品牌建设具有一定的借鉴意义。

一、"叠纸"品牌概况

(一)品牌简介

品牌以产品为起点,产品的特性、质量等因素共同决定了品牌的价值,是附着于产品之上的符号。"叠纸"品牌以系列游戏为载体,专注于互动娱乐领域的发展。公司当前拥有"暖暖"系列及"恋与"系列这两条主要产品线。其开发的"暖暖"系列第一代作品《暖暖换装物语》开创了中国换装手游的先河。"暖暖"这一系列现已有《暖暖换装物语》《暖暖环游世界》《奇迹暖暖》《闪耀暖暖》四个产品,外表甜美的19岁女生暖暖是这一系列的最大标识。这一系列的品牌产品拥有较

[1] 王坤宁.《2020年中国游戏产业报告》发布[EB/OL].(2020-12-18)[2020-03-21]. http://www.nppa.gov.cn/nppa/contents/280/75438.shtml.

强的营收能力，以2019年8月上线的《闪耀暖暖》为例，至今已创造约11.54亿元的总流水。

（二）发展阶段

“叠纸”品牌的发展主要分为四个时期。第一个时期是萌芽时期，2012年12月“暖暖”系列第一代《暖暖换装物语》上线，暖暖的形象由此被广大玩家认识，玩家可以通过搭配通关获得更多服装奖励。这款游戏画风唯美，结合毒舌NPC大喵为游戏添彩，基本没有上手难度，吸引了大量的女性玩家参与游戏。这款游戏曾在“GameApe行动游戏金像奖”获得“最佳女性游戏”奖项。游戏很准确地将目标人群定位为女性轻度游戏玩家群体，在大量男性手游市场的环境中开辟了休闲换装类游戏的半壁江山。

这款游戏在上线一年半后“叠纸”品牌进入了其发展的第二个时期——快速成长期，2014年7月“暖暖”系列第二代《暖暖环游世界》上线，成为国内第一个进入主流视野的换装手游，也曾达到了四大地区iOS付费榜第一名。自2014年7月10日开启限免后稳定在iPhone、iPad免费双榜第二名的位置，畅销榜排名也双双进入前三十。基于以上的成绩，2015年“叠纸”品牌发展就进入了第三个时期——增长爆发时期，2015年5月“暖暖”系列第三代《奇迹暖暖》上线，曾位列“AppStore”下载榜首，目前在全球累计已有1亿注册用户，拓展了日本、美国、东南亚地区等海外市场，2018年在中国海外市场游戏登上TOP30榜单，收入近1亿美元。2017年“叠纸”游戏首次尝试恋爱经营玩法的《恋与制作人》，上线后即引爆了内地女性向游戏市场，迅速引起了用户及行业关注。上线至今，《恋与制作人》已拥有近1亿注册用户，并斩获了多个业内重要奖项。[1]

2019年4月“暖暖”系列第四代、次世代3D手游《闪耀暖暖》登陆台港澳地区，“叠纸”品牌发展进入第四个时期——稳定成熟期。几个月后该游戏在国服上线，首日登顶“AppStore”免费榜。2020年10月23日，“叠纸”发布了一部实机画面PV，宣布全球首款次世代3D恋爱动作手游《恋与深空》开始制作，这也标志着“叠纸”品牌将“小众”的文化变成流行的目标，在乙女游戏品类开辟了一片新

---

[1] GameLook. 首月收入或超1亿元：《恋与制作人》急速爆红[EB/OL].(2017-12-16)[2021-05-26]. http://www.gamelook.com.cn/2017/12/315627.

的疆域，成为品类拓荒的主力军。

（三）主要用户群体

“叠纸”品牌旗下的“暖暖”“恋与”系列产品的用户群体主要为年轻女性，以《恋与制作人》这款产品为例，超94.2%为女性玩家，19岁及以下的玩家占15.8%，未成年玩家并非此类游戏的主要群体；20~24岁年龄的玩家占比57.9%，处于大学阶段或是初入社会的玩家占绝大部分，这些玩家属于拥有一定的可自由支配收入的人群。[1]用户兴趣倾向于动漫、音乐等，经过用户社群观察及深度用户采访发现，“叠纸”品牌游戏用户付费意愿较为强烈，多喜爱二次元文化，大多数玩过一款以上的由“叠纸”游戏开发制作的产品，多数玩家平均每天在线时间超过半小时，玩家在多种平台聚集，游戏讨论度高，具有较强的用户黏性。

（四）品牌经营策略

“叠纸”网络游戏公司利用其能在一些小众的、独特的文化土壤中创作新产品和IP的优势进行了多维度的品牌建设。“叠纸”注重游戏产品的精细化精品化制作，使其产品在这一目标市场中达到无法被轻易取代的地位。举例来说，2017年上线的“恋与”系列手游《恋与制作人》就填补了我国“乙女向”市场的空白，成为现象级话题刷爆了社交网络，其精美的画面、创新的游戏互动模式和顶级的声优团队都是其他竞品难以匹敌的因素。2019年上线的《闪耀暖暖》也属于市场上罕见的3D换装游戏，凭借着行业高标准的建模水平取得了这一市场的垄断性地位。在品牌的特色强化方面，“叠纸”主要的两条目标方向都以女性玩家市场为主，力图打造市面上前所未有的、技术水平最高的换装和恋爱游戏，所以凭借着这些优势为用户和市场展现了其精品、女性向、二次元、换装、恋爱等品牌特色。“叠纸”游戏品牌建立了线上线下联动一体化的品牌营销矩阵，与各大网络平台、社区和线下漫展、主题展合作密切，试图用高质量的游戏产品结合优秀的市场运营来达到提高公司品牌效应的目的。

不仅如此，“叠纸”游戏公司还具有独特的市场敏锐力，比如在版权开发运营

[1] 新浪游戏．女性向手游的变迁与展望（二）：细分品类与产品[EB/OL].（2020-03-04）[2021-03-21]. http://games.sina.com.cn/y/n/2020-03-04/imxyqvz7813803.shtml.

上，其围绕着“暖暖”“恋与”这两大IP进行多元开发，不仅对于已有的IP进行技术和规模的升级，创作在技术和规模上进一步升级的游戏版本，还在延长产业链的方向上发力，包括IP联动、原创漫画、实体服装、线下密室，还有动画番剧和3D动画等。通过以上这些方式拓展了品牌所触达的场景，“叠纸”还充分利用国内、国外两个市场，旗下游戏在日本、韩国、美国、泰国、越南等国家相继发行，提升优势内容和品牌影响力和传播力，打造了国内国际双循环相互促进的格局。

二、“叠纸”品牌运营研究

（一）内容制作精良

“叠纸”游戏的创始人兼CEO姚润昊曾在主题分享中表示：“创作一直以来都是我们公司的研发的一个内驱力，也是我们所认为我们公司一个壁垒所在。在我们看来技术赋予了创作更多的可能，当我们做到一定程度的时候，技术的升级，技术的突破，规模的变大，工业化的流程这些都是越来越重要的事情，也是我们一直在追求的方向。”[1]“叠纸”旨在为用户提供全新的内容和体验，从《暖暖换装物语》到今天的《闪耀暖暖》，名副其实地为市场展现了优质的游戏创作水平，并且每一款产品都能取得很不错的市场份额回报，这也是“叠纸”游戏公司能够一直从产品中获得品牌忠实用户的根本原因。

2019年“叠纸”推出次世代3D手游《闪耀暖暖》，游戏核心团队运用行业前沿技术，在手机上呈现了顶级的视觉表现。在视觉呈现上，这是中国换装类游戏首次采用3D技术，并配以VR视角，使有着服装爱好的目标用户获得了多视角的视觉体验，是一种突破性的创新设计。在建模技术上，《闪耀暖暖》的平均建模水平有5000面，最多可达8000面，建模精度远超业界平均水平，游戏还针对换装这一核心的服饰玩法还原了近千种3D服装材质，比如刺绣、蕾丝、皮革、网纱、镭射、羊羔绒等，服饰纹理细节清晰，配合不同的角度变化、光照和阴影都会使薄纱的透明感、暗纹的反光等产生相应的效果。为了真实地还原人物运动时的衣服变化，团队首先搭建人物基础骨架和扩展骨架，与服装的物理模型进行绑定，再利

[1] GameLook. 叠纸CEO姚润昊：坚持创作是我们的壁垒，投入巨大资源研发UE4游戏[EB/OL].(2020-11-30)[2021-03-21]. http://www.gamelook.com.cn/2020/11/405876.

用物理编辑系统呈现最初始的服装和人体碰撞效果。以裙装为例，当腿部运动人物形象时能正确地向外推裙子，但随着运动幅度加大，基础系统无法准确表现两者的碰撞关系，腿反而会内压裙子。《闪耀暖暖》技术组创新地加入粒子和弹簧两种新的碰撞处理对象，更细致地考虑每一种碰撞可能，达到稳定而真实的衣服动态效果。尤其针对一些细节，比如"辞凤阙"套装中的云肩，有很多流苏配饰，还需要人工手动逐一进行绑定，并反复确认动态效果。在美术方面，"叠纸"游戏公司使用优秀的美术作画团队，使静态游戏人物和场景达到了高水平的视觉效果；在圣诞节发布的全新概念CG《双城奇遇记》中，团队对每一帧的细节进行考究，反复调整光影的效果与颜色，平均每幅迭代2~3次，最终向观者呈现电影级的视觉效果。在配音、故事文案等方面，《闪耀暖暖》选用了知名配音演员进行精彩的声音演绎，为角色增光添彩，整个故事文案也塑造了完整的世界体系。就如"叠纸"游戏技术中心技术总监水牛所说，"叠纸"团队最高的信仰，是对真实和美近乎极致的追求。这也是"叠纸"这一品牌能在竞争激烈的市场中脱颖而出被用户所看到和喜爱的原因。

（二）满足用户需求

"叠纸"品牌产品主要以女性向市场为主，偏向于换装和恋爱类的小众女性游戏市场，旗下产品最初弥补了国内这一市场的空白。"暖暖"系列换装游戏主要是针对玩家对时装的向往和收集的需求，游戏中有着海量的服装款式，其中一些服装的材质和特效是人们在现实生活中无法接触或者设计出来的，而玩家却可以将这些服装自由组合搭配，从而享受换装乐趣进而满足对美的渴望。"暖暖"系列游戏不断地进化，逐渐确立了换装手游的一个成熟框架，可以说是国内换装手游的先驱和集大成者，后来者与之形成差异化的难度较大。随着时代的发展，用户对换装类游戏的需求从最初的对衣服种类丰富性的需求升级到对衣服画风华丽精美度的需求再到如今的追求衣服的真实性、独特性，这也是"叠纸"品牌产品更新换代的目标。

"恋与"系列游戏第一部作品《恋与制作人》是开发者在被男性向游戏主导的市场中投入的试水之作。游戏采用的是卡牌+AVG的模式，剧情占游戏绝对主导，在整个剧情中玩家以第一人称的视角与游戏中的角色进行接触，并可以在游戏中与角色进行手机聊天，对其朋友圈动态进行留言，甚至是单独为其制作综艺节目，这些都使得玩家能够在游戏过程中有沉浸式的体验和更深的代入感。

（三）进行IP运营

“叠纸”品牌的IP都收获了用户很多关注和喜爱，现在市场上的大多数游戏品牌选用IP作为元素融入游戏，从起初用来作为吸引用户的亮点变成了现在游戏中的真正要素，游戏是整体IP产业链中的一环而并非原创IP。而“叠纸”品牌则不同，例如“暖暖”这一IP就是游戏原创IP，是整个产业链中的起点，“暖暖”IP的运营主要集中在游戏出品方也就是“叠纸”网络游戏公司，这对后续的IP开发具有主导权。

“暖暖”和“恋与”中角色形象的IP运营和游戏产品品牌建设相互促进，2018年12月6日国产换装游戏“暖暖”系列的女主角暖暖（Nikki）首次开通微博并发布了个人第一支单曲《无限少女》的MV，从此开始了虚拟偶像之路。从《暖暖换装物语》开始，“暖暖”这一IP积累了大量的粉丝，2019年《闪耀暖暖》一周年纪念日，“暖暖生日快乐”的话题也一度登上微博游戏超话榜前三，暖暖“本人”的微博也有超50万的粉丝数量。“恋与”系列游戏《恋与制作人》中四位男主人公也拥有个人微博，通过在网络分享生活来增加玩家真实感。

“暖暖”和“恋与”这一游戏原创IP开发的方向主要有四种：内容改编或授权、商品授权合作、主题空间和品牌联名。在内容改编或授权上，2017年日本漫画杂志《月刊Princess》开始连载《奇迹暖暖》漫画，作者为樱乃美香，漫画主要讲述了暖暖受到莉莉斯王国女王娜娜莉的召唤，来到奇迹大陆经历种种的故事。由于此部漫画未针对中国市场进行宣传营销，重心更多放在了日本市场，所以并未引起较多市场反响。动漫改编方面有由原游戏配音演员献声和顶级日本声优打造的电视动画片《恋与制作人》，改编自同名恋爱手游。该片由日本MAppA公司负责动画制作，于2020年7月15日起播出，共十二集。开播时间也选在了游戏第二季剧情新版本上线时，并配合大量跨圈层的KOL进行宣传推广，还运用游戏几大男主配音演员的声音录制电话，达到用户裂变传播的效果。这次动漫化整体上说是比较成功的，相对贴合游戏角色形象和性格，但在制作的精细度上还有一定问题，对于该游戏的原玩家来说尚属满意，但没有通过制作吸引到非玩家人群。还有近期宣布的“叠纸”动画工作室，是游戏出品方的制作团队，属于比较少见的游戏公司建立动画公司的例子。团队一般制作其旗下游戏的CG动画，比如在《闪耀暖暖》早期《星夜追击》《云景新愿·序》等CG短片中就有他们的身影，精致的3D建模、绚丽十足的上色及极具拟真感的场景设计，迅速俘获了大批玩家的心，也从旁佐证了“叠纸”动画的专业实力。可以说“叠纸”公司也期望通过系列IP运营和技术团队支持来扩大IP价值和延长IP生命周期。

在商品授权合作方面，洗护品牌“力士”和《闪耀暖暖》进行了跨界合作，“暖暖”成为力士品牌大使；“力士”根据“暖暖”在游戏中的六个经典造型，推出六款“力士香氛沐浴露暖暖联名套装”；知名电脑品牌“华硕”旗下的“A豆”系列笔记本电脑选用“暖暖”为全新虚拟品牌大使，为“千禧粉”和“幻彩白”两种配色设计代言；《闪耀暖暖》还授权形象给淘宝店“十二月暖暖”，出售游戏实体服装、实体玩偶等周边产品。

在品牌联名方面，《闪耀暖暖》使用“暖暖”形象与国家京剧院、《冰雪奇缘》《EVA》《魔法少女小樱》《瑞丽杂志》等IP进行游戏服装上的合作联动；《恋与制作人》与肯德基进行游戏内和线下联动，推出情人节限定冰激凌“恋与玫瑰北海道冰激凌”和肯德基恋与主题门店；杭州公安“小熊警官”与《恋与制作人》进行战略合作宣传网络安全知识。

在主题空间方面，《闪耀暖暖》在北京和上海举办了“搭配师线下聚会”，《恋与制作人》开设了线下沉浸式体验展“In His World”、音乐会“恋与流年——恋与制作人三周年音乐会”、线下游戏“恋语寻心线下沉浸式恋爱游戏”等，能让用户全方位感受沉浸式心动恋爱体验。

综上所述，尽管“叠纸”公司在内容改编授权等方面进行了丰富的尝试，但IP市场占有份额仍处于较低水平，无法与粉丝体量庞大的头部游戏IP抗衡。而且在实体产品开发上仍需要改进，举例来说，《闪耀暖暖》官方授权淘宝店“十二月暖暖”出售的游戏实体服装多为受众面积小的“二次元”的服装，价格较贵、制作周期长、服装不日常等因素造成一个换装类游戏的实体服装店未能获得多数粉丝的响应。不仅如此，玩家呼声较高的棉花“暖暖”玩具也因为产量不足未能大批量贩卖。而游戏官方其他周边如徽章、钥匙扣、文件袋等仅作为抽奖礼品，没有批量开发和公开售卖，这也就意味着“叠纸”无法满足原创游戏IP粉丝的需求。在IP版权保护方面，“叠纸”公司缺乏版权意识，“暖暖”形象的图片和视频被其他公司广告利用进行宣传的现象层出不穷，大量网店利用“暖暖”游戏中素材盈利，“叠纸”公司未采取积极应对的态度。公司应加强对知识产权保护的投入，以坚决的态度打击盗版和侵权，来保护旗下IP的形象和口碑。

(四)传播中华传统文化

《文化和旅游部发布关于推动数字文化产业高质量发展的意见》第四条指出：“培育和塑造一批具有鲜明中国文化特色的原创IP，加强IP开发和转化，充分运用动漫游戏、网络文学、网络音乐、网络表演、网络视频、数字艺术、创意设计等产业形态，推动中华优秀传统文化创造性转化、创新性发展，继承革命文化，发展社会主义先进文化，打造更多具有广泛影响力的数字文化品牌。以优质数字文化产品引领青年文化消费，创作满足年轻用户多样化、个性化需求的产品与服务，增强青年民族自豪感和文化自信心。”[1]《闪耀暖暖》在游戏的世界观、人物设定上加入了我国的传统文化元素。如游戏中的云端帝国是游戏内奇迹大陆历史最悠久的国家之一，无论服饰建筑还是人文习俗等都在设定上大量参照了中国传统文化。“云端风”这一风格服饰是“暖暖”系列游戏世界中参照我国传统服饰而设计的，不仅有汉服、马面裙、齐腰襦裙、旗袍等，还拥有精美的戏曲服饰，例如“辞凤阙”和“月照关山”，“辞凤阙”的头饰参考了国家博物馆所藏孝端皇后凤冠；而“月照关山”是《闪耀暖暖》在与国家京剧院合作中，将京剧《杨门女将》里的一套刀马旦的戏服在游戏中呈现，传递了巾帼英雄的精神。游戏团队仔细研究《杨门女将》的剧本并借来一套实体戏服，在材质、纹理拼接方式和动态表现等方面细细打磨，用时八个月从行家手里还原传统文化的美，并让更多人感受到戏服的制作工艺和手艺人的精神。[2]

中国传统节日中秋节活动服饰“月露生香”在通过对月神、玉兔的想象关联

[1] 产业发展司. 文化和旅游部发布关于推动数字文化产业高质量发展的意见[EB/OL].(2020-12-03)[2021-03-21]. http://www.cgigc.com.cn/info/22006.html.

[2] 游戏葡萄.《闪耀暖暖》上线1年，“叠纸”拍了一部讲述美术技术团队工作的纪录片[EB/OL].(2020-08-07)[2021-03-21]. https://www.sohu.com/a/412050369_204824?_f=index_pagefocus_3&_trans_=000014_bdss_bddk.

中秋的同时，也加入了符合预设人物清冷气质的青鸾元素。兔耳和绒球装饰运用古今结合的手法，融合了当代年轻人在社交网络中喜爱的“兔耳”元素，在参考传统形制的前提下进行发挥创新，为传统服饰合理添加符合现代审美的幻想元素。游戏还通过完善套装背后的月神故事传说，进一步丰富设定游戏人物世界观，赋予套装更多的人文内涵。游戏团队还通过游戏的形式进行文化推广和输出，讲好中国传统服饰背后的故事，让更多外国玩家了解并喜欢中国传统文化。

三、品牌建设的建议与意见

（一）进一步提升产品内容质量

“叠纸”品牌虽然在当前的手机游戏细分市场上有着其他品牌不可比拟的地位，但是其游戏产品内容质量方面仍有很多缺陷。3D游戏的建模是核心，随着《闪耀暖暖》中更多服饰的推出，服饰的建模精细化逐渐给游戏开发带来了一定挑战，技术效果与推新速度不匹配造成了游戏初期服饰与后期质量的差距，穿模、服装部件移位、显示异常等情况时有发生。在游戏的玩法创新和数据平衡度上也存在着一定的问题，大量初期用户流失，市场份额出现下滑。

（二）提高产品的策划能力，注重消费者体验

《奇迹暖暖》《闪耀暖暖》《恋与制作人》这三款游戏是“叠纸”品牌最大的资金流水来源，由于其游戏定价、奖池概率、活动时间安排等方面的各种原因，玩家对游戏策划表现出一定的不满情绪，在微博、贴吧等平台有很多玩家对游戏策划的一些建议，面对玩家的态度和呼声，“叠纸”品牌虽然有相应的工作人员进行记录，但碍于游戏制作和盈利目标等原因未能及时作出调整和改进，导致玩家无法获得较好的游戏体验。

（三）加强品牌形象的维护

品牌的形象是用户选择的一大因素，2020年11月《闪耀暖暖》汉服事件引起的争议明显暴露出“叠纸”游戏公司对公共事件的反应不够迅速，引发大量品牌产品玩家退游与抵抗情绪。事件发生后，《闪耀暖暖》开发商“叠纸”游戏正式发

布公告，宣布《闪耀暖暖》在韩国地区的运营服务关闭，并说明其原因是《闪耀暖暖》韩国版运营过程中因为一件游戏服装引发了大范围中韩两国网民矛盾。这一事件对国内开拓海外市场的游戏企业起到警醒作用：应以严肃、严谨的态度对待历史文化，在追求产品创新和迎合各国用户需求的时候需要切实守住内容的底线，使品牌和产品健康发展。

《赛博朋克2077》对国创游戏发展策略的启示

王紫浩

摘　要：电子游戏是指一切运行于电子设备平台的交互性出版物，作为区别于传统出版物的新兴数字出版物，自20世纪末诞生起就注定会转变人类进行游戏的方式和对"游戏"的定义。本文以2020年12月发售的现象级电子游戏《赛博朋克2077》及其制作过程、营销手段为研究对象，讨论了当前国内外游戏贸易逆差、国创游戏作为数字出版物的重要组成改变发展策略的必要性、国创游戏所应具备的特色。对当今国内外市场消费者需求及游戏出版环境进行分析，得出国创游戏应脚踏实地提高自身水平同时通过高质量的营销手段与健康的产业链开拓创新思路的结论。

关键词：出版特色　贸易逆差　营销创新　运营理念　健全产业链

绪　论

21世纪上半叶，疲态尽显的街机游戏逐渐没落，而随着数字技术的应用，电子游戏相关硬件井喷式发展，直接影响了其依托媒介的性能提升，图形渲染和照明、实时光线跟踪等技术的应用带给了消费者独特的光影体验。同时，智能手机更新换代、无线通信技术的发展将移动游戏的社交性、便捷性、即时性发挥得淋漓尽致。

从文化发展上看，游戏出版作为文化活动的一部分与经济、科技的融合日益增强，游戏产业化将成为拉动经济增长的重要方向之一。欧美日游戏业的强势地位依旧稳固，难以撼动，同时它们在游戏中输出的本土文化价值观在全球也拥有强大的影响力。从总体趋势来看，文化的多样性将是世界范围内出版发展的基本动力，国家间频繁的文化交流也促进了游戏贸易、版权贸易的活跃。游戏业交流同样能够使不同国籍、宗教、语言的人们了解彼此，在推动国际关系发展和国际秩序稳定上发挥重要作用：时任美国总统奥巴马在2014年造访波兰时，波兰总理以本国CD Projekt RED公司的全球畅销游戏《巫师2君主刺客》作为国礼相赠。时隔六年后，波兰人再一次创造出了现象级的作品《赛博朋克2077》。游戏贸易作为文化贸易的一环同样体现一个国家的文化软实力，能够促进优秀文化成果的借鉴与吸收。还有一个不容忽视的事实是，全球范围内的人口流动促进了各种异质文化的碰撞，而游戏个性化、差异化的品质，使文化多样性观念深入人心。

人类文明发展的历史证明一个国家经济的进步必然带动文化在世界范围内的传播。伴随着21世纪初中国经济地位的迅速提高，中国文化的吸引力不断增强，而从全球发展趋势上看，经济全球化必定伴随着文化多样性。当前，世界正迫切需要了解中国，期望共享中国特色的优秀成果，就中国游戏出版而言，这正是一个良好战略机遇，以具有自己鲜明特色的方式，推动中国游戏发展，积极参与游戏出版国际对话。但现实状况是，因为中国游戏出版内容资源的严重不足，游戏出版市场多年来畸形发展，今天的成果远远没有满足行业与市场的需求。尽管版权引进输出比在逐年缩小却并不能掩盖我们在游戏出版内容创新方面存在的缺陷。多年来，我国游戏出版中融入的文化符号一直停留在历史、武侠等元素上，中国文化给予世界的印象是古老的、传统的，缺乏创新与活力。一旦国外对中国游戏出版都是传统文化元素的刻板印象，又何谈扩大海外游戏出版市场份额和中国文化的国际竞争力。

一、《赛博朋克2077》对国创游戏出版的启示

赛博朋克，是世界观，还是美学。1983年美国科幻小说作家布鲁斯·贝斯克在其短篇小说《赛博朋克》(*Cyberpunk*)中首次提到了这个概念。我们把这个合成词拆开：Cyber即Cybernetics，计算机网络或控制论；Punk：一种非主流反叛的亚文化。在文中，布鲁斯用这个词来形容一个精通并且依赖电脑技术的年轻无政府主义者，与后来《黑客帝国》里的尼奥的角色设定十分相似。1984年美裔加拿大作家威廉·吉布森发表的长篇小说《神经漫游者》则真正为“赛博朋克”成为一种艺术概念打下了基础。之后像《攻壳机动队》《黑客帝国》和《时间规划局》等在科幻创作领域占有一席之地的作品，本质上便是赛博朋克风的衍生。赛博朋克

开拓了科幻创作新的领域，它将人们的视线从星辰带回了我们的生活本身，以至于有人认为这种风格的作品狭窄和内向，然而它却用天马行空却不失严肃谨慎的想象描绘了当前社会未来的其中一种图景。

那么发售不到两个月全球销量便已突破千万的《赛博朋克2077》又带给了国创游戏出版从业者什么启示呢？

其一，本土化的营销方案是打开蓝海市场值得借鉴的方式。来自波兰的CD Projekt RED（以下简称CDPR）这次和其他传统游戏出版商不一样，他们在营销的过程中十分注重海外本土化，在国内成立了中国区业务部，并且举办大量的本土化游戏见面会、体验会，在宣传过程中也尽可能使用了本土网络流量市场当中的KOL，在游戏上尽量满足有潜力市场的需求，比如对中国区的玩家投放了全中文的配音和嘴型的适配，这些都成功扩大了中国单机游戏市场，调动了本土玩家消费积极性。CDPR本次在中国市场上的成功为国内大型单机游戏出版厂商提供了一个很好的案例，同时《赛博朋克2077》也向全世界展示了中国市场的可能性，之后会让更多的欧美日单机厂商对国内市场投入更多的精力。

其二，游戏出版商不一定要置身于幕后，要主动站出来接受玩家的目光。传统出版物的制作和销售，出版社与厂商永远是在幕后，而将更多的宣传权限交给了渠道去做。如今互联网如此发达，游戏出版厂商可以更多将自己的公司标识打造成一个品牌，主动引导玩家参与到自身游戏文化和品牌的建设中来，CDPR成功将自己包装成了一个明星公司，更是积极参与到玩家社区文化的建设中去，将更多玩家凝聚在了自己身边。

其三，营造亲民化的人设，比塑造艺术性更能获得玩家的青睐。不是所有的玩家都想要在游戏里追求艺术，绝大部分玩家需要的只是单纯的快乐，游戏出版商应该更多以玩家为本进行考量，而不是想着教玩家如何玩游戏。CDPR能在《赛博朋克2077》上获得如此高的营销回报，其中一个原因在于其历年来通过软件不加密、低价、亲近玩家等策略在消费者心里树立了一个非常好的形象（尽管有一些是被迫采取的方式），这也使得CDPR拥有更多的“自来水”玩家，这些玩家组成了整个CDPR宣传过程中不可或缺的一部分。

其四，出版物宣传的力度需要得到更多维度的判断和把控。CDPR这次产品发售后不久出现内容质量的舆论风波，也从另一个角度带来了一些启示，那就是要把控好对出版物宣传的力度，否则可能捡了芝麻丢了西瓜。任何宣传都不应该过度凌驾于产品本身的属性，出版方需要综合更多维度的数据，去确定宣传口径的标准，而不能让宣传部门随意发挥。一个产品的成功与否不但要看销量数据，还要看对市场，对出版方未来的影响。一个产品当下卖得再好，却失去了长远发展的可能，对于出版方来说都是得不偿失的。

其五，重视出版技术人员。营销部门要和技术部门多交流，避免将太多不合理的需求抛给技术部门，制定一个合理高效的出版流程才能充分发挥技术人员的积极性。

二、国创游戏未来发展策略分析

（一）用游戏技术再现中国传统文化精髓

皮影戏是中国传统民间艺术的精华，随着数字时代到来，不少创作者们将皮影戏与现代科技进行融合，从而达到推陈出新的效果。但在国创游戏领域成功的例子却少之又少，而2018年12月发行的《古剑奇谭三：梦付千秋星垂野》正是一个优秀的案例。自上市以来，其中极富传统文化特色的皮影戏关卡“龙宫”在玩家中好评如潮。在游戏中，画面风格开创性地运用皮影戏的方式呈现，平面与立体的交替演出过渡平滑毫不突兀。[1]精致的镂空角色、酣畅淋漓的动作配合民间打击乐器完美地演绎了一场戏剧性的爱恨情仇。

而故事中也无时无刻不在向玩家表达着“纵然历史长河流淌，亦不忘祖宗之根本”的剧情内核，使体验游戏的玩家在潜移默化中受到中国传统文化精神的影响。《古剑奇谭三：梦付千秋星垂野》不是第一个运用数字技术呈现传统文化的国创游戏，但它作为近年来国创游戏的标杆，以年轻一代为主的粉丝群体对“龙宫”的称赞证明了这是一次成功的设计。将中国传统元素与现代数字技术充分融合，通过新的载体为皮影戏注入了新鲜的活力。国创游戏需要不断推陈出新，而将中国传统经典文化以一种全新的表现形式作为文化符号进行传播，不落窠臼，

[1] 杨奕．传统皮影艺术与电子游戏的“碰撞”：以《古剑奇谭三》“龙宫”关卡为例[J]．艺术科技，2018，31(11)：81.

更有利于改变海内外消费者对中国的刻板认知，体会世界第二大经济体多元的文化魅力。

（二）蓄力开拓亚文化主题的国创游戏

很多传统出版企业在大众营销观念盛行初期将受众归纳为一个尚未分化的市场，而生产在消费者中喜闻乐见的主流文化就是针对出版市场最有效的营销方式。但在出版资源呈现多元化与泛娱乐化的今天，主流头部IP的热度消耗剧烈。随着市场逐渐成熟完善，兼顾质量与潮流的出版内容才是各出版企业的核心竞争力。当大众文化出现审美疲劳，而逐渐失去引发大范围讨论的动力，消费者对更具感官刺激的小众文化产生了迫切的需求。面对受众群体的诉求，更加硬核的亚文化在其中找寻到了新的发展机遇。

在游戏出版这个广阔的市场里，既有活跃的主流文化，也有无数亚文化，大量的文化元素共融、共生，而游戏作为多媒体交互式的新兴出版物为几乎所有类型的文化都提供了展现自我的渠道，国创游戏在主流传统文化传播乏力的情况下，可以从“克苏鲁神话”“废土”“赛博朋克”“蒸汽朋克”等尚未被业界充分发掘运用的亚文化入手，将原本小众的狂欢呈现在大众面前，从而开拓出一条新的发展路径。

（三）用中国特色文化符号打开海外游戏市场

2019年2月5日上映的《流浪地球》被誉为中国科幻电影的里程碑，更难能可贵的是这部电影创下了近年来中国电影在国际市场上映的最好成绩。通过分析《流浪地球》引起海外观众强烈共鸣的原因，国创游戏在跨文化传播方面也能够得到一些启示。

虽然影片表现的是拯救地球这样一个宏大的主旨，但我们在严谨的科学想象和荡气回肠的叙事中看到的是独属于中国人的世界观、思维方式、行为逻辑，无论是“王府井”路牌，一闪而过的地下城街道，还是富有生活气息的兰州拉面店铺[1]；无论是对故土与亲人的眷恋，还是冷漠破碎的家庭关系。尽管很多情节的展开仍然生硬，但正因为每个中国元素都是实打实存在于我们每一个人现实生

[1] 李纯辉．基于《流浪地球》的电影口碑营销成功要素探讨[J]．现代商贸工业，2019，40(21)：67-70.

活中，这种科幻背景下的真实感使得海外观众超越了时间和空间产生了身临其境的代入感，进而取得了很好的口碑与票房。

对于当下国创游戏“走出去”困境，从早年《三体》在国际市场上的热销到今天《流浪地球》的成功，除了刘慈欣个人能力外，其中堪称教科书级巧妙的文化输出，值得游戏出版人们反思。而国创游戏之所以为“国创”，也绝不是一味地将传统中国文化元素与叙事方式模式化输出。国创游戏在叙事、美学、价值观、世界观等方面能做出怎样的探索，都离不开游戏出版人关于什么是“现代中国”的基本思考。

结　论

2021年资本退潮使大量游戏出版厂商陷入融资困难的窘境，国创游戏行业对外出版的增速再度趋于平缓，但在经济全球化的浪潮下，人们对精神文化娱乐的需求随着社会经济发展、生活水平的提高将呈现越来越强烈的趋势。而国创游戏行业作为其中重要的组成部分，是否可以持续发展并以全新的姿态走向世界，更多地取决于游戏出版产品自身的素质是否过硬以及行业大环境是否具备良性竞争氛围。

如果国创游戏仅仅定位于迎合大众的休闲娱乐，发展的空间与前景未免黯淡，更枉谈与欧美日前沿出版厂商在国际市场上一较高低。通过探讨《赛博朋克2077》及其制作过程、营销手段，我们可以清晰地看到，国创游戏与文化产业跨界融合所产生的“化学效应”促进了游戏作品的生命周期和用户黏性等的飞跃式提升，与此同时，文化内涵深厚的游戏作品对产业链的形成也产生了强大的助力。

回首过去，中国游戏市场的迅速壮大得益于自身的“工匠精神”与适逢其时的“引进来”策略；展望未来，中国游戏的持久发展离不开积极创新、深度融合与“走出去”。[1]在走向国际的过程中，越来越多的游戏出版厂商以全球化视野对海外市场进行布局，国创游戏“走出去”的发展策略正成为中国提高国际影响力、增强文化软实力、提高民族自信的重要形式。

[1]余上. 中国传统文化网络游戏“走出去”发展策略研究[D]. 武汉：华中科技大学，2016.